职业彩民丛书

博彩，需要机会，更需要分析与把握
中奖，需要运气，更需要方法与技巧

双色球擒号绝技

（第三版）

中国彩票界最知名、最具人气作者

刘大军 著

擒号秘技全攻略　赚钱中大奖宝典

畅销8年，助力数万彩民学会选号法、提高中奖率

经济管理出版社
ECONOMY & MANAGEMENT PUBLISHING HOUSE

图书在版编目（CIP）数据

双色球擒号绝技/刘大军著 . —3 版 . —北京：经济管理出版社，2015.7

ISBN 978-7-5096-3749-4

Ⅰ.①双… Ⅱ.①刘… Ⅲ.①社会福利—彩票—基本知识—中国 Ⅳ.①F832.5

中国版本图书馆 CIP 数据核字（2015）第 088821 号

组稿编辑：郝光明　王　琼

责任编辑：王　琼

责任印制：黄章平

责任校对：赵天宇

出版发行：经济管理出版社

　　　　　（北京市海淀区北蜂窝 8 号中雅大厦 A 座 11 层　100038）

网　　　址：www. E-mp. com. cn

电　　　话：（010）51915602

印　　　刷：三河市聚河金源印刷有限公司

经　　　销：新华书店

开　　　本：720mm×1000mm/16

印　　　张：25.5

字　　　数：471 千字

版　　　次：2015 年 7 月第 3 版　2015 年 7 月第 1 次印刷

书　　　号：ISBN 978-7-5096-3749-4

定　　　价：68.00 元

第三版　序

　　彩票只占生活很小的一部分，本来不应左右我们的生活，可是很多人的生活却被彩票搞得一团糟。我们本来想依靠彩票来改善自己的生活，想不到自己的生活却先被彩票改变了。我们离最初的目标越来越远，但我们却还"勇往直前"。为什么不静下来想想，究竟哪里出问题了，是技术还是想法？

　　如果您觉得我的方法好，或许会适合您，首先您必须把方法领会，然后自己去总结、去发现，看看有什么规律能够使用。千万不要把别人总结的规律生搬硬套，从而干扰您自己的判断。

　　博彩的最高境界是什么？很多人都认为是以小博大，一注中上几十、几百倍。也许是这样。但作者认为，单纯的以小博大并不可取，只有建立在风险控制基础上的以小博大，才是最理想的境界。要想成为一名成功的职业投机者，想必这是唯一途径。利润是风险控制的回馈，而不是欲望的产品。

　　世界上没有什么必中的博彩技术，每一种技术都只是从其中一个角度来分析彩票号码结构的一种手段。条条大道通罗马。如果有人说他的方法怎么怎么好，或者宣称破解了彩票的密码，对这样的人您完全可以当他是骗子或疯子。

　　不要幻想一夜暴富，更不要孤注一掷。一夜暴富，可遇不可求。孤注一掷，99.99%不能一夜暴富，却可以99.99%让您一下子成为穷光蛋。

　　彩票是智者的游戏，不是愚者的赌局。

　　小玩怡情，大玩伤身。我衷心地希望你们——一如既往地支持我的读者们，都能够科学地看待博彩行为，从技术和思想上做一名聪明的玩家。您只有成为这样的玩家，一夜暴富的概率才会增大。

彩民永远的朋友　刘大军

2014年8月10日

第二版　序

时间过得很快，从作者的第一本集成实战经验和精华的双色球专著——《双色球擒号绝技》（第一版）出版到现在，已经过了整整两年。回想起来，像在昨天一样。

这两年间，围绕着《双色球擒号绝技》（第一版）这部书，发生了很多事情。

有无数的读者给我打来电话或通过各种联系方式表达他们最衷心的感谢，感谢我给他们提供了一本最系统、最科学、最实战的双色球技术精品图书，特别是里面的核心选号技术成为了他们实战中唯一使用的技术，普遍效果极好。

有的读者不但分享了独到的学习心得，更是在细心的阅读和研究后，对本书提出了宝贵的意见和建议，在这里作者对他们说一声"谢谢"，因为有你们的大力支持，才让这本书内的双色球技术更精确、更完善、更实战，同时也让更多的彩民朋友成为更大的受益者。

可喜可贺的是，两年里共有16人通过各种方式联系到我，与我分享中得二等奖的喜悦，并同时感谢这本书带给他们的技术。这里我要说的是，不用感谢我，需要感谢的是您自己，因为这些都是通过您自己的勤奋学习、细心领悟以及举一反三的灵活运用才获得的最大回报。

可惜的是，迄今为止我没有接到一个中得500万元或1000万元大奖的读者的喜报，或许是有，也或许是没有，因为我们深深地知道我们的民族始终保留着"不露富"的优良传统。总而言之，有没有中大奖的读者不得而知。这是一个小小的遗憾，希望在今后的某一天能够有一个有勇气、够胆量的读者站出来大声地说出他的获奖感言："我中大奖啦！我感谢父母、感谢兄弟姐妹，最重要的是我还要感谢《双色球擒号绝技》（第一版）这本书，是因为学习了这本书才让我掌握了最实用的双色球选号技术，才有了今天的双色球大奖！"这里，我更希望作为读者的您就是这样一位有胆识、更幸运的大奖得主，我期待着您的到来，不见不散。

不能不说的是，这本书的面世以及受到欢迎的程度也受到了一些专业或非专业和自认为聪明的人士的质疑：这本书这么厉害，那作者还出书做什么，自己偷偷中大奖多好啊！这里，我不想解释什么，好奇的读者可以继续阅读，相信序言的结尾部分会有您想知道的答案，也算作回答一些人的质疑了。

还不能不说的是，因为这本书在全国的热销，也被猖狂的盗版者盯上作为非法赚钱的工具。据很多读者反馈的信息，全国各地都不同程度地出现了各种版本的盗版。

更为值得一提的是，这本书的全部内容在福建、广东、江苏、深圳等地被一些非官方所谓的彩票技术培训机构作为教材在各地宣讲。这本书作为他们的培训教材被一字不差地被搬上了讲台，更有甚者，宣讲者还被冠以"×××独家发明"的桂冠，说起来对他们的能力也真表示"钦佩"。

不论发生了多少事情，作者在两年前以及两年后的今天最想做的还是同一件事情，那就是把最好的技术呈现给大家，愿与彩民朋友共同分享中奖的喜悦。基于这种理念，更是在经济管理出版社资深编辑郝光明老师的大力支持下，对《双色球撸号绝技》（第一版）一书进行了全面修订。

修订的主要内容如下：第一，对部分章节进行了删改和调整，保留了对读者最具实战价值的章节部分；第二，在更新了一些原有数据的基础上，对一些方便读者进行实战应用的统计数据进行了更完整、更精确的计算，如更新了规律表，重要的是升级了各种遗漏值量化表等，这部分内容修订后，从数据结构上和易用性方面来说更严谨、更科学以及更具有实战价值；第三，采纳了一些读者的反馈意见，删除了占据大量篇幅的双色球历史数据指标统计表，这样做虽然会对需要历史数据的读者造成相当的不便，但是如果读者需要这方面的资料可以登录我们的官方网站获取。

经过两年来读者的反馈，作者发现这本书适合绝大多数喜爱双色球玩法的彩民进行学习和实战使用，同时发现本书也非常不适合一部分人使用。下面粗略地把这部分"不适合学习使用本书"的人归纳为两种，作为本书第二版序的结尾部分，也算作回答一些人的问题吧！

不适合学习使用本书的人士主要分为以下两种：

第一种不适合看本书的人：喜欢质疑的人士

喜欢质疑的人士通常自认为自己的思维逻辑往往与众不同或胜人一筹。不可否认，喜欢质疑从某个层面来讲是好事情，只有这样社会才能进步，才能发展。但是，有时候其实是掉进了自己的惯性思维而产生的一种怪圈。

他们会说，这本书没有什么用处，看了也不会中奖。如果那么厉害，又何必出书，自己偷偷中奖就好了！

首先要声明的是，本书中的任何章节内均没有"保证任何人看了本书一定可以中大奖"的字样。因为我们每个人都清楚地知道，世界上没有"1+1=2"的中大奖公式。如果有，那么彩票这个行业也就没有存在的必要了。

我所倡导的博彩理念是：统计为根本，概率为准绳，一切分析靠数据说话。我出版本书的初衷是：帮助读者学习正确的选号思路，帮助读者掌握科学的选号技术，从而帮助读者100%地提高中奖概率。

我的博彩理念和出版初衷与本书封面上这句话极其吻合，那就是"博彩，需要机会，更需要分析与把握；中奖，需要运气，更需要方法与技巧"。

我的这本书所做的事情就是"授之以鱼不如授之以渔"，虽然不能给每位读者一个大奖，但是我可以教会大家捕捉大奖的技术和方法。这些技术和方法能否学习好、掌握好、运用好，全凭个人努力，当然其中的运气不可或缺。如果说读了一遍本书就认为自己一定可以中大奖，那么就没有学习本书的必要了。

这里我还想请大家思考一个问题：同样是学生，在小学、初中和高中学习的是同样的教材，为什么有的学生考上清华大学，有的却名落孙山呢？这个问题的答案其实大家都明白，因为每个人学习的能力和方法以及付出的多少决定着最后的结果。

在此我想告诉大家，只要您认为本书中的选号思路是正确的、选号方法是科学的，那么再加上您勤奋的学习和灵活的运用，您就一定会获得最丰厚的回报。

第二种不适合看本书的人：懒惰的人士

懒惰的人在什么地方都是存在的，彩民中也不缺少这样的人。彩民的懒惰主要表现在以下几个方面：一是从来不自己选号，不是机选就是通过问别人获得；二是买到书后从来不看，往家里一放就等着中奖，没有中奖还振振有词地说，这本书没有用，不能让我中奖；三是买到书后囫囵吞枣地翻一遍，自以为看明白了或掌握了书内所有的技术方法，结果可想而知，不中奖也一样是怨天怨地，却从来没有想到自身的问题。

　　根据多年的实战经验，大家学习本书不要急于求成，尤其实战之前一定要仔细看书，掌握基础知识以及方法和技巧，不要认为绝招一学就会，一用就灵！您学到的只是技术，这技术发挥如何，要靠您在实践中不断模拟训练、复盘练习、总结体会，才能将技术转为技能！技术可以学来，但技能是学不来的，要靠自己实践、自己学来的技术才能产生技能！

　　不要以为看书后，就会瞬间成为高手或立即中得大奖！所学的技术必须经过一段时间一边理解消化、一边记忆、一边实践，并且不断领悟，才能融会贯通，达到比较高的技术水平！

　　我送给懒惰的人士一句忠告：懒惰只会一无所获，因为大奖总是留给有所准备的人！

　　在这里，我祝愿所有的读者朋友能通过努力地学习本书，掌握真正的双色球实战技术，也更希望作为读者的您捕捉到一个想要的大奖！

　　最后也请您别忘了我们的约定——当有一天您成为大奖得主，作为有胆识的您一定要大声地与我们分享您人生中巨大的喜悦！不见不散。

彩民的朋友　刘大军
2010 年 6 月 6 日

第一版　序

最近一两年，双色球异常火爆，不断有百万元、千万元，甚至上亿元大奖抛出，搅动着全国彩民的欲望。关于各地大奖获得者的传奇故事，也屡屡见诸报端。一位从来对彩票不屑一顾的仁兄终于按捺不住内心的冲动，他走进彩票销售店，掏出2元人民币对老板说："来注双色球，自选，红球号码是1、2、3、4、5、6。"老板顿时目瞪口呆，继而扑哧一笑，心想："兄台，您真行！"

面对奖池中的巨额大奖，人们一面做着"500万元何时到我家"的美梦，一面简单地将大奖得主的春风得意归结为"运气"二字，并感叹自己时运不佳，无福消受。在很多彩民的心目中，双色球的中奖机会是极其渺茫的，他们认为中大奖就是一种获胜希望相当小的赌博游戏，其概率相当于下雨被雷劈，走路被虎追（现在除了在动物园，遇见老虎的机会少之又少）。他们偶尔也买彩票，但不动脑筋，要么机选图省事，要么随口报个数：1、2、3、4、5、6、7。试想，这样的号码组合有可能中得大奖吗？从双色球诞生之日起，还没有产生过如此有规律的中奖号码！

是的，单靠运气来赢得大奖当然是最容易不过了，但是，您又怎么能指望如此好运就一定会降临到您的头上呢？

误解还在继续。很多人认为，双色球的开出是完全随机的，任何方法都无效，我们对此无能为力。有位老者愤愤地说："在所有人中，我最讨厌彩民，那是一群总想不劳而获的人。中奖是不可能的，我活这么大岁数了，从来就没中过。"如果您进一步追问他："您一年买多少次彩票呢？"老者腰板很硬朗，坚定地说："我从来不买！"晕！既然您一次都不买，您怎么可能中奖？

事实上，每购买一张彩票，您就购买了一次改变人生的机会，如果不去尝试，也就无任何机会可言。除了彩票以外，难道还有别的方法可以使2元人民币的投资在一夜之间获得500万元的回报吗？

彩票的种类繁多。一种是即开即兑型彩票游戏，在每一张即开即兑型彩票的上面都印有一注号码，这注号码被一种不透明的物质覆盖着。彩民只需要刮开这注号码，就可以立刻知道自己是否中奖。这是一种纯粹由运气来决定一切的彩票游戏。在这种游戏当中，没有任何技巧可言。还有一种是电脑型彩票，双色球就是其中的一种。这种彩票的特点是，彩民可以自行选择号码进行投注。既然可以自己选号，那么您自然就可以在选号时运用一定的战略战术。就像在运气与技巧并存的纸牌游戏当中，游戏者可以运用智慧取胜一样，彩民在买双色球时也可以通过运用一定的技巧来赢取奖金。

单靠运气您可能赢得大奖，但运用正确的战略战术将极大地提高您选号的精确性，提高您的中奖概率。双色球的奖金诱人，但实用的方法却很少。彩民需要方法，却又找不到好方法，这是一种现实的在短时期内难以调和的矛盾。基于这样一种迫切需求，我们郑重推出职业彩民丛书的第二本著作——《双色球擒号绝技》（第一版）。与一般的双色球指导书相比，本书具有以下几个非常显著的特点和优势。

（1）脉络清。本书分为五部分，第一部分是双色球基础入门，是为初学者准备的双色球的基本知识，以便其快速进入状态，更轻松地阅读后面的内容。第二部分是红球擒号绝技，选号—组号—定号的分析流程循序渐进，逻辑清晰。第三部分是蓝球擒号绝技。第四部分是双色球擒号组合。第五部分是双色球实战资料。这样一种内容编排次序，既体现了双色球的分析思路，又基本符合彩民的阅读心理。

（2）思路新。在介绍红球选号技巧时，本书从红球选号系统、红球组号系统、红球定号系统三大战略出发，步步为营，层层解析，指导彩民如何选择备选号码，如何运用定位旋转矩阵法组号排除不合条件的备选号码，如何利用AC值对号码进行优化，等等。本书深入浅出，言简意赅。

（3）数据多。本书的一个突出优点是包含了大量的实战统计数据。我们主张用数据说话，有理有据。书中的遗漏值量化表、惯性统计表、旋转矩阵公式、双色球排序尾统计表等数据具有非常强的实战价值，彩民可直接拿来使用，作为双色球号码分析的辅助资料。

（4）经验好。本书是作者多年的双色球投注经验的总结，一些购买彩票的指导性原则可指导彩民在双色球实际投注中事半功倍。

总之，说千道万，不如翻开一看。

再说点题外话吧。中国要做世界上的大国，得先有大国的心态；同样，彩民要想得大奖，也得有得大奖的心态。如果哪一天您果真中了500万元，您能保证您有一个健康的心态来承受这种突如其来的狂喜吗？您能保证您能恰当地处理好这笔巨额资金吗？千万别学四川那位彩民，那哥们买了双色球，中得百万元大奖，竟兴奋过头，不得不住进医院。我还听到一个真实的故事：一位仁兄中了500万元，他干了三件事：第一件事是分给媳妇200万元，然后办理了离婚手续；第二件事是买房买车；第三件事是用剩下的钱吃喝嫖赌——主要是赌。没过多久，他把那些钱全输光了，又变卖了房子、车子，也输光了。没办法，他厚着脸皮找到媳妇，死缠烂打，把媳妇手中的200万元要到手，最后输了个精光，重新回到一贫如洗的初始状态。真是"其兴也勃焉，其亡也忽焉"！

因此，在双色球投注过程中，必须保持一个健康的心态，以正确的理念为指导，运用科学实用的投注策略。或许在某个夜深人静的晚上，500万元悄然而至，叩响了您家的大门。

曾　辉

2008 年 5 月 10 日

目　录

第一章　双色球入门一点通

本章主要针对初学者介绍了双色球玩法的五大特点以及双色球玩法的基本游戏常识，并对催生千万元大奖的双色球新规则进行了详细的解读，从而让新老彩民对双色球的特点和游戏规则有一个详细的了解和重新的认识。

第一节　为什么要买双色球

双色球是由中国福利彩票发行管理中心统一组织发行的乐透型电脑彩票品种之一，在全国 32 个省市联合销售，实行"五个统一"，即统一游戏规则、统一奖池、统一开奖、统一派奖和统一形象。

双色球 2003 年上市，短短的几年来用它独特的魅力征服了中国几千万乃至上亿的彩民，也由此拥有了无数的双色球爱好者。双色球究竟凭什么牢牢地吸引了我们？

一、双色球头奖奖金高

据统计，截至 2009 年 9 月 5 日，双色球共计中出 2635 注 500 万元或以上的大奖，造就了 156 个千万元级别以上的大奖得主。

值得一提的是，在 2009 年 1 月 1 日开奖的第 2009001 期，单期中出一注一等奖，单注奖金高达 1400 万元，这是目前为止双色球单注奖金最高的一次。无独有偶，双色球第 2009003 期开奖，由于奖池达 1.8 亿多元，当期销量 1.9 亿多元，且仅中出一注头奖，当期的奖金又是一注 1400 万元巨奖。

第 2006120 期河北一位彩民独中 5000 万元；第 2007119 期，黑龙江一位彩民独中 6504 万元；第 2007139 期甘肃一位彩民独中 1.13 亿元！第 2009076 期广东一位彩民 20 倍投注独中 9668 万元大奖，由于当期全国中出 29 注一等奖导致单注奖金不足 500 万元，否则可能会改写 1.13 亿元大奖的纪录。

历史就是历史，终归会被超越和改写。2009 年 10 月 9 日，双色球第 2009118 期开出 93 注一等奖，河南中了 88 注，单注奖金 409.0714 万元。据检索，河南 88 注一等奖出自同一站点，为安阳梅园庄建行楼下第 41050075 号福彩投注站，中奖彩票为一张 2 注的单式倍投票，两注一模一样的号码倍投 44 倍，投注金额为 176 元，中奖金额高达约 3.59 亿元。据了解，这应为中国彩票史上的最大奖。

河南彩民独中双色球近 3.6 亿元，创中国彩票史纪录！

双色球中奖纪录不断被刷新，创造了一个又一个中国彩市的中奖神话！有理由相信，神话还会继续！

二、双色球大奖频率高

2003 年 2 月 16 日双色球正式在全国发行。截至 2009 年 1 月 1 日，双色球共计开奖 825 期，一等奖共中出 2343 注，平均每期中出 2.84 注。2009 年 1 月 1 日双色球新规则开始实施以来截至同年 9 月 6 日，双色球一等奖中出注数已经超过 600 注，达到 620 注，平均每期中出 5.96 注，远远超过往年，可以看出"523"新规则实施所带来的巨大威力。

三、双色球中奖概率高

双色球是红、蓝双区组合的中大盘玩法，红区 33 选 6，蓝区 16 选 1，选中"6+1"就中一等奖，选中"6+0"就中二等奖。一等奖中奖概率为 1772 万注分之一，二等奖中奖概率为 110 万注分之一，最吸引人的是只要中一个蓝球，就可中得 5 元奖金，相对于每注彩票 2 元的投入也是翻倍的收益。

四、双色球奖池累积快

历史上双色球曾有数轮大奖连出，奖池被挖空，但令人称奇的是双色球奖池资金恢复迅速。例如，第 2007119 期奖池被挖空后，仅隔 6 期奖池资金又累积到 1.33 亿元，其间还中出 9 注 500 万元以上的大奖和 1 注 1100 万元的大奖。第 2007148 期也是仅隔 6 期奖池累积到 1.11 亿元，其间也中出 14 注 500 万元的大奖。据不完全统计，在已开奖的 689 期中，有 338 期奖池资金过亿元，由此双色球被誉为亿元彩池的"彩市航母"。

大奖频出的背后我们发现，双色球奖池资金居高不下，甚至多期攀升至 3

亿元以上，平均周销量更是接连刷新历史纪录，目前周销量稳定在 2 亿元左右。双色球"523"新规则的实施以及时刻充足的奖池是千万大奖的最佳保证。据数据统计，双色球奖池最高一期为 2009026 期的 3.51 亿元。奖池不断地飙升，直接带动了彩民的投注热情，也拉动了销量的不断提升。

双色球玩法所体现出来的四大优势和无穷的魅力，但凡是彩民都无法抗拒！选择了双色球，就选择了一个为之奋斗的梦想。人生只要有梦想，才会生活得更精彩！

第二节　双色球基本游戏常识

一、双色球玩法

双色球投注方法多样化，广大彩民可以各取所需达到中奖效果，这也是双色球最大的特点之一，同时也体现了"双色球"特有的娱乐性。

双色球投注区分为红色球号码区和蓝色球号码区。每注投注号码由 6 个红色球号码和 1 个蓝色球号码组成。红色球号码从数字 01~33 中选择，蓝色球号码从数字 01~16 中选择。其投注方法可分为自选号码投注和机选号码投注，投注方式可分为单选投注、红区复式投注、蓝区复式投注、全复式投注、红区胆拖投注、红区胆拖蓝区复式投注 6 种。

1. 单式投注

单式投注是从红色球号码中选择 6 个号码，从蓝色球号码中选择 1 个号码，组合为 1 注投注号码的投注。

2. 红区复式投注

红区复式投注是从红色球号码中选择 7~20 个号码，从蓝色号码中选择 1 个号码，组合成多注投注号码的投注。

3. 蓝区复式投注

蓝区复式投注是从红色球号码中选择 6 个号码，从蓝色球号码中选择 2~16 个号码，组合成多注投注号码的投注。

4. 全复式投注

全复式投注是从红色球号码中选择 7~20 个号码，从蓝色球号码中选择 2~16 个号码，组合成多注号码的投注。

5. 红区胆拖投注

红区胆拖投注是红区为组合游戏的胆拖投注，蓝区为单式投注。红区先选择 1~5 个号码作为红区胆号码，再从剩余号码中选择若干个号码作为与胆号码相配的拖号码。

6. 红区胆拖蓝区复式投注

红区胆拖蓝区复式投注是红区为组合游戏的胆拖投注方法，蓝区为复式投注。红区先选择 1~5 个号码作为红区胆号码，再从剩余号码中选择若干个号码作为与胆号码相配的拖号码，然后再从蓝区选择 1~16 个号码。

二、双色球设奖方案

双色球共设六个奖等，其中一等奖、二等奖为高等奖，采用浮动设奖；三等奖至六等奖为低等奖，采用固定设奖。如表 1-1 所示。

表 1-1　中国福利彩票双色球电脑福利彩票设奖方案

奖级	中奖条件		奖金分配	说明
	红色球号码	蓝色球号码		
一等奖	●●●●●●	●	当期高等奖奖金的 70% 和奖池中累积的奖金之和；奖池资金超亿元时参看双色球"523"新规则	选"6+1"中"6+1"
二等奖	●●●●●●		当期高等奖奖金的 30%	选"6+1"中"6+0"
三等奖	●●●●●	●	单注奖金额固定为 3000 元	选"6+1"中"5+1"
四等奖	●●●●●		单注奖金额固定为 200 元	选"6+1"中"5+0"或中"4+1"
	●●●●	●		
五等奖	●●●●		单注奖金额固定为 10 元	选"6+1"中"4+0"或中"3+1"
	●●●	●		
六等奖	●●	●	单注奖金额固定为 5 元	选"6+1"中"2+1"或中"1+1"或中"0+1"
	●	●		
		●		

三、双色球开奖兑奖

1. 开奖说明

双色球全国统一开奖，每周开三次奖，每周二、周四、周日晚上 20:30 在中国教育电视台现场直播开奖的全过程。开奖时产生的 6 个红色球号码和 1 个蓝色球号码作为中奖号码，彩民根据自己所选号码与中奖号码相符个数的多少，确定所中奖金。

2. 兑奖说明

根据国务院公布的自 2009 年 7 月 1 日起施行的《彩票管理条例》中第二十五条规定，彩票中奖者应当自开奖之日起 60 个自然日内，持中奖彩票到指定的地点兑奖，彩票品种的规则规定需要出示身份证件的，还应当出示本人身份证件。逾期不兑奖的被视为弃奖。

单注奖金超过 1 万元，须缴纳个人偶然所得税。

第三节　催生千万大奖的新规则

一、双色球游戏规则的历次调整

1. 第一次调整：推出"倒三七"规则

第 2003070 期双色球的奖池资金首次超过 1 亿元。中彩中心根据财政部（财办综 [2003] 221 号）批准，对《中国福利彩票"双色球"游戏规则》的相关条款做了相应修改，于 2003 年 10 月 23 日正式启用"倒三七"派彩规则。

双色球的"倒三七"规则只是针对其高等奖（一等奖和二等奖）而言，具体规则如下：

一等奖：当奖池资金低于 1 亿元时，奖金总额为当期高等奖奖金的 70% 与奖池中积累的奖金之和；当奖池资金高于 1 亿元时，奖金总额为当期高等奖奖金的 30% 与奖池中积累的奖金之和。

二等奖：当奖池资金低于 1 亿元时，奖金总额为当期高等奖奖金的 30%；当奖池资金高于 1 亿元时，奖金总额为当期高等奖奖金的 70%。

这里的"当奖池资金低于 1 亿元时……"，"当奖池资金高于 1 亿元时……"

均指上一期开奖公告公布的奖池金额。

双色球设奖奖金为销售总额的 50%，其中当期奖金为销售总额的 49%，调节基金为销售总额的 1%。双色球奖级设置分为高等奖和低等奖。一等奖和二等奖为高等奖，三等奖至六等奖为低等奖。高等奖采用浮动设奖，低等奖采用固定设奖。当期奖金减去当期低等奖奖金为当期高等奖奖金。

简而言之，在双色球奖池超过 1 亿元时，将一等奖、二等奖占高等奖奖金的比例由原来的"7∶3"调整为"3∶7"，即人们常说的有关于双色球的"倒三七"。

从以上的规则解释中可以发现，奖池过亿元时，在"倒三七"的作用下，二等奖的奖金会较没过亿时增加很多。

双色球自实行"倒三七"以来，给无数的双色球彩民带来欢笑，同时也创造了彩市中百万元二等奖的奇迹。

2. 第二次调整：增加每周二开奖

2004 年 8 月 24 日开始，双色球进行了该玩法上市以来的首次"周二开奖"，至此，双色球由一周两次开奖增加至一周三次开奖（周二、周四、周日），双色球进入了"三开时代"。

3. 第三次调整：推出"全派彩"

第 2004101 期开始，双色球奖池资金首次超过 2 亿元，有关部门及时调整游戏规则，即奖池资金高于 2 亿元时，当期高等奖奖金不再向一等奖派发，一等奖奖金总额为奖池金额，二等奖奖金总额为当期高等奖奖金的 100%，这就是"全派彩"。

4. 第四次调整：增加二等奖奖金最低限额，取消特别奖

2007 年 11 月 22 日，根据财政部下发的《关于调整中国福利彩票双色球游戏规则有关事项的通知》内规定，"当二等奖单注奖金额低于三等奖单注奖金额的两倍时，补足为三等奖单注奖金额的两倍"。也就是说，二等奖的最低奖金将调整到 6000 元。

与此同时，还取消了"快乐星期天"特别奖。

5. 第五次调整：推出双色球"523"派奖新规则

经财政部《关于调整中国福利彩票双色球游戏规则等有关事项的通知》（财办综［2008］81 号）文件批准，中彩中心自 2009 年 1 月 1 日起，对双色球游戏高等奖奖金派奖规则做出部分调整。

此次双色球游戏规则的调整内容为，将原《中国福利彩票双色球游戏规则》第四章第十七条中关于高等奖的奖金分配规则调整为：

一等奖：当奖池资金低于 1 亿元时，奖金总额为当期高等奖奖金的 70% 与奖池中累积的奖金之和，单注奖金按注均分，单注最高限额封顶500万元。当奖池资金高于（含）1亿元时，奖金总额包括两部分，一部分为当期高等奖奖金的50%与奖池中累积的奖金之和，单注奖金按注均分，单注最高限额封顶500万元；另一部分为当期高等奖奖金的20%，单注奖金按注均分，单注最高限额封顶500万元。

二等奖：奖金总额为当期高等奖奖金的30%，单注奖金按注均分，单注最高限额封顶500万元。支付当期一等奖、二等奖后剩余的奖金滚入下一期奖池。

也就是说，当奖池低于1亿元时，一等奖、二等奖派奖实行"7：3"常规派奖；当奖池高于（含）1亿元时，一等奖、二等奖派奖实行"5：2：3"派奖，这样一等奖就由两部分组成，实现2元中1000万元的可能。

推出"523"派奖新规则的同时，取消了"倒三七"、"全派彩"的规则。

6. 第六次调整：推出双色球升级版"523"派奖新规则

经财政部批准，中福彩中心决定从2014年5月16日（双色球第2014055期）起对双色球游戏的高奖级奖金分配比例做出调整。调整后，双色球奖池资金积累速度将会更快，并且在高额奖池的促进下一等奖单注奖金"成色"将会更足。

根据财政部《关于变更中国福利彩票双色球游戏规则的通知》（财办综〔2014〕17号），此次双色球游戏规则调整内容是将原规则中高奖级的奖金分配比例调整为："当奖池资金低于1亿元时，一等奖奖金总额为当期高奖级奖金的75%与奖池中累积的资金之和，单注奖金按注均分，单注最高限额封顶500万元。当奖池资金高于（含）1亿元时，一等奖奖金总额包括两部分，一部分为当期高奖级奖金的55%与奖池中累积的资金之和，单注奖金按注均分，单注最高限额封顶500万元；另一部分为当期高奖级奖金的20%，单注奖金按注均分，单注最高限额封顶500万元。二等奖奖金总额为当期高奖级奖金的25%，单注奖金按注均分，单注最高限额封顶500万元。"调整后的游戏规则有助于奖池资金更快、更高地积累，奖池资金在亿元以上的时候将会更多，彩民将有更多机会中得千万元大奖。

据统计，本次双色球游戏规则调整是自双色球上市以来的第六次调整。中福彩中心有关人士表示，此次规则调整，是在充分考虑市场变化、进一步满足彩民需求的基础上进行的，对进一步促进双色球健康、稳定发展将会起到积极的推动作用。

双色球第六次新规则调整与第五次"523"派奖规则相比区别是什么？下面用图解详细说明。

当奖池资金低于 1 亿元时，一等奖占当期高等奖奖金的比例由 70% 调整为 75%。

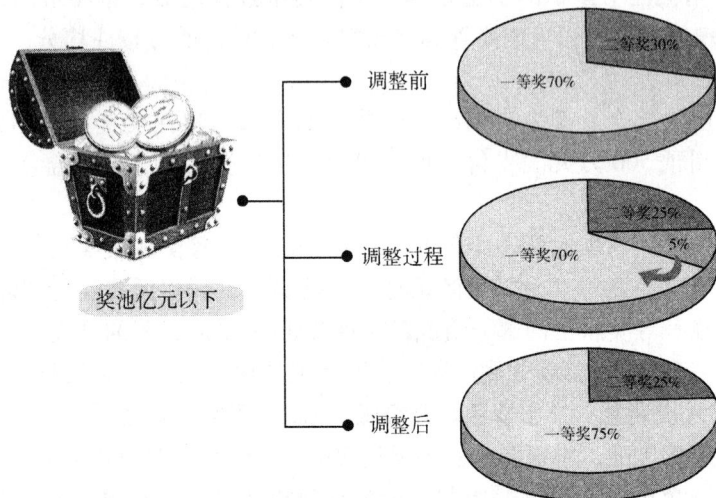

奖池亿元以下

调整前

调整过程

调整后

二等奖30%
一等奖70%

二等奖25%
5%
一等奖70%

二等奖25%
一等奖75%

当奖池资金高于（含）1 亿元时，一等奖占当期高等奖奖金的比例由 50% 和 20% 调整为 55% 和 20%。

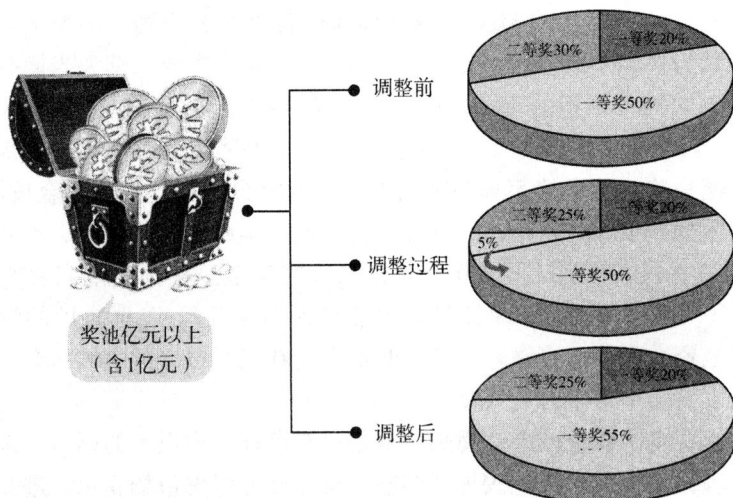

奖池亿元以上
（含1亿元）

调整前

调整过程

调整后

二等奖30%
一等奖20%
一等奖50%

二等奖25%
一等奖20%
5%
一等奖50%

二等奖25%
一等奖20%
一等奖55%

结论：调整后一等奖奖金占比增加了 5%，而二等奖奖金降低了 5%。

一等奖奖金占比虽然调高，但单注一等奖奖金没有变化，二等奖奖金略有下降，奖金变了吗？

调整前

（销售金额×49%−低等奖奖金）×70%/注数=一等奖奖金

（35442176×49%−8617950）×70%/1=612万元

封顶500万元，112万元注入奖池

（销售金额×49%−低等奖奖金）×30%/注数=二等奖奖金

（35442176×49%−8617950）×30%/15=17.50万元

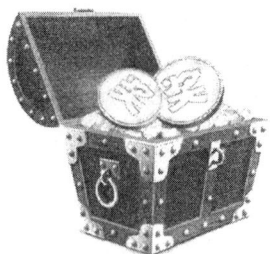

奖池亿元以下

调整后

（销售金额×49%−低等奖奖金）×75%/注数=一等奖奖金

（35442176×49%−8617950）×75%/1=656万元

封顶500万元，156万元注入奖池

（销售金额×49%−低等奖奖金）×25%/注数=二等奖奖金

（35442176×49%−8617950）×25%/15=14.58万元

调整前

一等奖第一部分奖金

[（销售金额×49%−低等奖奖金）×50%+奖池累计金额]/注数

此部分奖金计算金额大于500万元，取500万元；小于500万元时，

从奖池调取资金补足500万元

（35442176×49%−8617950）×50%=437万元

从奖池提取63万元补足500万元

一等奖第二部分奖金

（销售金额×49%−低等奖奖金）×20%/注数=161万元

（销售金额×49%−低等奖奖金）×30%/注数=二等奖奖金

（35442176×49%−8617950）×30%/15=17.50万元

奖池亿元以上
（含1亿元）

规则调整后，单注一等奖需要从
奖池提取的金额减少，意味着相
同的奖池金额，在调整后可以比
调整前补足更多注"500万元"。

调整后

一等奖第一部分奖金

（35442176×49%−8617950）×55%=481万元

从奖池提取19万元补足500万元

一等奖第二部分奖金

（销售金额×49%−低等奖奖金）×20%/注数=161万元

（销售金额×49%−低等奖奖金）×25%/注数=二等奖奖金

　　结论：单注一等奖奖金没变化，二等奖理论中奖金额由调整前的每注
17.5万元下降到14.58万元。

奖池有望长期保持高水位

调整后，注入奖池的资金明显增多，提取数额减少，奖池超过亿元期数增加

通过对双色球游戏的理论设奖进行测算：当奖池资金低于1亿元时，一等奖理论中奖金额为612万元，经过500万元封顶之后，有112万元滚入到奖池。

经过上述调整，当奖池资金低于1亿元时，一等奖理论中奖金额为656万元，经过500万元封顶之后，有156万元滚入到奖池。

奖池调整前

当奖池资金高于（含）1亿元时，一等奖占当期高等奖奖金的50%部分理论中奖金额437万元，需要从奖池资金中提取63万元补充一等奖以达到封顶的500万元。

奖池调整后

当奖池资金高于（含）1亿元时，一等奖占当期高等奖奖金的55%部分理论中奖金额481万元，需要从奖池资金中提取19万元补充一等奖以达到封顶的500万元。

理论上经过2期，奖池资金就会回落到1亿元以下。

理论上经过8期后，奖池资金才回落到1亿元以下，奖池资金的积累速度以及奖池资金超过1亿元的期数都将大大增加。

结论：奖池积累速度加快，有望长期保持在亿元以上；奖池更容易积累至高位，一等奖奖金更有保障；彩民有望获得超额巨奖，甚至有机会打破历史中奖纪录。

二、双色球"523"规则的优势

双色球自2009年1月1日起开始实施"523"新规则，在第2009008期开奖中，已经中出了36注一等奖，平均每期一等奖中出4.5注，每注奖金都在500万元以上，最高单注奖金曾经达到1400万元。

1. 双色球一等奖奖金有增无减

双色球亿元加奖自2009年1月11日结束，很多彩民曾一度怀疑，每期一等奖少了400万元加奖后，双色球一等奖奖金"成色"是否会下降，"523"新规则能否超过加奖？但是双色球在加奖结束后的第一期，也就是第2009006

期开奖中，因为奖池超过1亿元，一等奖奖金由两部分组成，"一部分为当期高等奖奖金的50%与奖池中累积的奖金之和，单注奖金按注均分，单注最高限额封顶500万元；另一部分为当期高等奖奖金的20%，单注奖金按注均分，单注最高限额封顶500万元"，这样，当期开出的2注一等奖奖金全部达到了封顶的1000万元。

不少彩民由此惊呼："'523'派彩真是牛，如果没有'523'派彩，即使在加奖期间，2注一等奖也不过单注700万元罢了，这相当于当时双色球一等奖有了1000万元的加奖，比400万元加奖翻了一番都不止。"

随着"523"派奖规则的实施，惊喜仍在继续。在紧随其后的双色球第2009007期开奖中，当期中出了7注一等奖，但是奖金居然仍高达647万多元，再度超越了500万元，相当于当期双色球一等奖加奖1029万多元。在这7注一等奖中，广东省独中了6注，其中有5注出自同一站点，中奖彩票为5倍单式票，奖金总额为3235.72万元。

双色球实施"523"派奖新规则以来，每注一等奖奖金平均提高180万元。按照目前双色球期均销量1.8亿元计算，当期派送给彩民的奖金为其中的49%（为了计算方便，我们暂且按照50%计算）。这样，每期派送给彩民的奖金金额就为9000万元。依理论值，固定奖奖金和高等奖奖金各占50%，这样当期高等奖奖金就能占到4500万元。此时，高等奖按"5∶2∶3"的比例派奖，当期一等奖增加的奖金总额（20%）为900万元。这900万元分给5注（每期1.8亿元销量，产生头奖注数的理论值）一等奖，每注将比原来增加180万元。如图1-1所示。

2. 打造千万富翁的生产线

进入2009年，双色球实施"523"派奖新规则以来，成了制造千万富翁的流水线。元旦开奖的第2009001期，广西一位彩民便凭着20元的投入拿走1400万元巨奖；仅隔一期，1400万元巨奖再度现身，湖南一位彩民仅花4元再创奇迹；在亿元加奖结束后的第2009006期，一期爆出2注1000万元一等奖；在随后的第2009007期，一位彩民倍投再揽3235万元的一等奖。双色球在2009年开始的7期开奖里，已经制造了多达5位千万富翁了！

10期内制造11位千万富翁让双色球玩法收获"造富机器"之名。双色球第2009092期广东的4注633万元头奖分别被广州和深圳彩民揽得。广州的这位幸运彩民是对自选的两注单式号码分别进行两倍投注，花8元击中两注双色球头奖，揽得1327万元奖金。深圳的两注大奖也是一人对自选单式票进行的两倍投注中得。从第2009082期开出两个千万元大奖起，短短10期内，就诞生了11个千万富翁，不得不说双色球是一个"造富机器"。

当期一等奖增加
奖金总额
（20%）900万元
（每注一等奖加
180万元）

高等奖奖金
（50%）
4500万元

二等奖奖金总额
（30%）
1350万元

当期销量
1.8亿元
（50%）

当期奖金
9000万元

固定奖奖金
（50%）
4500万元

进入奖池金额
（50%）
2250万元

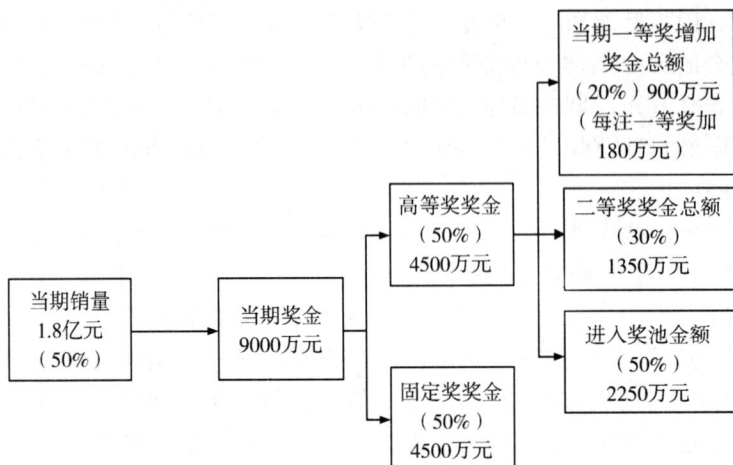

注：①双色球游戏期销量按1.8亿元计算。②为了计算方便，在计算返奖奖金时，1%调节基金没有扣除。③固定奖奖金总额与高等奖奖金总额在分配时按理论概率值计算，各占50%。④产生头奖数字按照理论值5注。⑤一等奖单注奖金＝（奖池+当期高等奖返奖奖金50%）/中奖注数+（当期高等奖返奖奖金20%）/中奖注数（两次分配最高金额各为500万元，分配剩余资金进入奖池）。

图1-1　双色球新规则奖金分布示意（理论值）

2009年截至第2009092期，双色球已出50注千万元大奖，其中4个超5000万元巨奖独领风骚。双色球2009年推出"2元冲击1000万元"的口号，第2009001期就中出1400万元大奖，之后千万元大奖就不断涌出。

3. 双色球奖池累计更快

"倒三七"与"全派彩"的退役，不仅不会给双色球带来不利因素，而且会促使奖池增长。奖池过亿元后，一等奖名义上拿走70%，实际上是被当期一等奖和奖池共同瓜分。在"倒三七"之下，双色球一等奖平均出奖注数不过5注，而一般情况下当期奖池累积不仅能够满足单注500万元的足额奖金，更可以产生一定盈余，保证奖池略有上涨。新规则实施后，如果出奖注数基本不变，那么一等奖奖金的盈余将越来越多，滚入奖池后累积速度也会越来越快。

奖池奖金累积速度快，奖池充盈，也正因为如此，2009年10月9日双色球第2009118期开出93注一等奖，单注奖金409.0714万元，每注一等奖奖金"成色"十足，造就了河南彩民独中双色球头奖奖金总计近3.6亿元，创中国彩票史纪录！

4. 双色球"523"派彩规则或可成为常态

"523"派彩规则启动的前提条件是奖池超过亿元，从目前的开奖情况来看，双色球连续两期开出8注一等奖都没有将奖池拉到亿元以下，仅仅使奖池降低了 1000 余万元，而双色球单期开出 1 注一等奖，奖池可以迅猛上升 3000 余万元。对于奖池经常维持在 1.5 亿元左右的双色球来说，奖池再回到亿元以下，几乎不太可能，即使偶尔出现，也会迅速回升到亿元以上。所以有业内人士预计，"523"派彩或可成为常态，这也意味着双色球一等奖也许每期都将突破 500 万元，对于彩民来说，这意味着双色球一等奖将每期都有加奖。

双色球"523"派彩规则的实施，让双色球一等奖注定风光无限，也曾有人担心是否会影响到双色球二等奖。事实证明，在 7 期的开奖中，因为双色球单期近 2 亿元的超高销量，虽然中出二等奖 506 注，但是最低一期奖金也有 14 万多元，最高也曾经达到 53 万多元，双色球二等奖单期最高中出 143 注，单期最少中出 36 注。

综上所述，此次双色球游戏规则的调整确实体现了"大奖更大、奖池更高，2 元投注、千万元梦想"的特点，双色球已真正从 500 万元富翁生产线升级为千万元富翁生产线，期待它在将来的日子里为广大彩民带来更多的惊喜。

第四节　双色球实战术语

术语指各门学科中的专门用语。术语被用来正确标记生产技术、科学、艺术、社会生活等各个专门领域中的事物、现象、特性、关系和过程。

彩票术语就是在彩市中用来表达各种彩票玩法中号码之间的各种直接或间接关系的特殊语言，以便于彩民的学习和交流。

专门针对双色球玩法的术语我们通常称为双色球专用术语。对于双色球爱好者来说，双色球专业术语的了解与掌握极其重要。因为只有准确详细地了解和掌握了双色球专业术语，才能更好地学习双色球玩法的博彩技巧；也只有掌握了双色球专业术语，才能为实战中举一反三、融会贯通地运用博彩技术奠定坚实的基础，更能帮助大家在熟能生巧的状态下不断地拓展新的思维，开发出属于自己的独到技术，从而把中奖率提高到一个最高的水准。

为了帮助大家在清晰的思路中更好地由浅入深地了解和掌握本书内的双色球博彩技术，我们把有关于本书内技术的双色球术语称为双色球专业术语。只有了解和掌握了这些术语，才称得上是一个真正的双色球初级爱好者，才能轻松地进入到下一部分的阅读。

在后面我们又介绍了一些彩民比较认可或彩市上流行的常规术语供大家赏

析，因为根据术语的不同，彩民分析观察号码的角度也会不同，从而会发现不同的规律并可在实战中运用。如果大家在此基础上能有所借鉴或有所领悟，作者更会感到无比的欣慰。

一、双色球专业术语

1. 双色球

双色球是乐透型电脑彩票玩法的一种，由中国福利彩票中心全国联网发行。双色球的开奖号码分为红色球号码区和蓝色球号码区，每注投注号码由 6 个红球号码和 1 个蓝球号码组成。红色球号码从 01～33 中选择，蓝色球号码从 01～16 中选择。

2. 排序定位

把双色球的开奖号码按照从小到大的顺序重新进行排列组合的一种方式，称为排序。双色球游戏中，开奖号码中红球号码经过排序后第一位号码的范围在 01～28，第二位号码的范围在 02～29，第三位号码的范围在 03～30，第四位号码的范围在 04～31，第五位号码的范围在 05～32，第六位号码的范围在 06～33。这样，双色球开奖号码中的红球号码通过排序后在每个位置上的出现范围已经固定，我们称为排序定位。例如，双色球 2003 年第 2003001 期开奖号码中红球实际出球顺序是 13、10、28、12、11、26，我们排序定位后的红球号码为 10、11、12、13、26、28。

3. 排序区间

排序定位后的双色球开奖号码中，每个位置上红球号码的理论出现范围称为排序区间，如第一位置红球号码理论上在 01～28 的出现范围称为排序区间 1，第二位置红球号码理论上在 02～29 的出现范围称为排序区间 2，其他依次称为排序区间 3、排序区间 4、排序区间 5 和排序区间 6。

4. 排序尾

双色球游戏里，所有红球和蓝球号码中的个位数称为尾数；开奖号码经过排序定位后，第一位置红球号码的尾数为一位排序尾号码，第二位置红球号码的尾数为二位排序尾号码，其他依次为三位排序尾号码、四位排序尾号码、五位排序尾号码、六位排序尾号码。

5. 大中小

小：0、1、2；

中：3、4、5、6；

大：7、8、9。

双色球游戏中，"大中小"就是把所有号码尾数 0~9 的 10 个数字做进一步的细致划分，那样能更清晰地表达双色球游戏中的每个号码的具体信息。

6. 012 路

0 路：0、3、6、9；

1 路：1、4、7；

2 路：2、5、8。

012 路是根据除 3 余数定义的。双色球号码的尾数中，将 0~9 共 10 个号码按除 3 所得余数的不同分为三类：除 3 余数为 0 的号码有 0、3、6、9；除 3 余数为 1 的号码有 1、4、7；除 3 余数为 2 的号码有 2、5、8。

012 路是通过另外一种角度对 0~9 共 10 个双色球号码的尾数进行再次分解，从而揭示和传达彩票的号码信息。

7. 重合码

小数 0、1、2 与 1 路 1、4、7 交集重合码为 1；中数 3、4、5、6 与 0 路 0、3、6、9 交集重合码为 3、6；大数 7、8、9 与 2 路 2、5、8 的交集重合码是 8。这三种组合数字所代表的大中小与 012 路的交集重合码为 1、3、6、8，我们把 1、3、6、8 称为重合码。

8. 大小数

小数：0、1、2、3、4；

大数：5、6、7、8、9。

双色球号码的尾数中，0~9 共 10 个数字中小于 5 的数称为小数，大于 4 的数称为大数。

9. 奇偶数

奇数：1、3、5、7、9；

偶数：0、2、4、6、8。

双色球号码的尾数中，0~9 共 10 个数字中不能被 2 整除的数称为奇数；能被 2 整除的数字称作偶数。

10. 质合数

质数：1、2、3、5、7；

合数：0、4、6、8、9。

双色球号码尾数中的质数和数学里的质数是一样的，即 2、3、5、7 为质数，但是为了平衡质数和合数的数量，通常把 1 也定义为质数，这样质数和合数在数量上都是 5 个，便于在质数和合数的图表中看出其规律。

11. 非对称原理

"非对称"是指排序尾号码在各个指标区间内不会长期出现对称发展的现

象，我们在实战中利用这种现象来进行指标的趋势分析，称为非对称原理。

12. 非等量原理

"非等量"是指技术指标在一个阶段性时期，在长期平衡后，就会出现一种偏态的状况，我们在实战中利用这种偏态的状况来进行指标的趋势分析，称为非等量原理。

13. 求均衡原理

"求均衡"指某一个指标在一个期间长期不出现后，总会在另一个期间进行回补的现象，我们在实战中利用这种现象来进行指标的趋势分析，称为求均衡原理。

14. 遗漏值

在彩票里把每个数字或指标没有出现的期数值统称为遗漏值。如果某个号码或技术指标近两期没有出现，那么遗漏值就是 2，遗漏值可分为理论遗漏值和实际遗漏值。

15. 平均遗漏值计算公式

(统计期数−遗漏次数)/(遗漏次数+1)

16. 最大遗漏值

最大遗漏值是指统计期数内连续出现遗漏的最大次数。

17. 反转

一个指标的当前趋势向相反方向发生变化的过程，我们称为指标反转，简称反转。

18. 统计期数

统计期数是指指定的统计期间所有历史开奖数据的期数。

19. 遗漏次数

遗漏次数指统计期数内遗漏出现的总的次数。

20. 遗漏 N 次

遗漏 N 次指统计期数内每次连续出现 N 次遗漏的所有出现次数。

21. 遗漏临界点

遗漏临界点指统计期数内遗漏终止时出现次数最多的遗漏范围，也是排序尾号码在某一区遗漏后出现最佳"反转"时机的高概率范围值。

22. 博彩公式

博彩公式即指世界上最流行的博彩公式，它能计算出某一个随机事件出现的可能性与实验次数的关系，其计算公式是：

$N = \log(1-DC)/\log(1-P)$

其中，N 为间隔期数，DC 为发生的可能性，P 代表该指标的理论中奖概率。

在双色球游戏中，间隔期数也称为遗漏值，所以遗漏值的公式也可以表示为：

遗漏值＝log（1−DC）/log（1−P）

在实战中，通过这个公式可以计算出当某个指标在遗漏一定的期数后，接下来该指标出现的可信度有多少。虽然计算结果是理论值，但是具有巨大的实战指导意义。

23. 遗漏值量化表

遗漏值量化表是指通过精确计算后汇总的每个指标在达到一定可信度的情况下该指标的遗漏期数的数据统计图表。通过该表可以在知道某指标当前遗漏期数的情况下速查该指标在接下来出现的可信度有多少，极其方便实战应用。

24. 惯性

惯性是物质运动的一种特征，在彩票中某个号码或技术指标（大中小、012 路、奇偶、质合等）在一段时期内连续出现的运动方式称为惯性。

25. 惯性次数

惯性次数指统计期数内惯性出现的次数。

26. 平均惯性

平均惯性指统计期数内平均计算 10 期开奖期里惯性的出现次数，计算公式为：

惯性次数/统计期数×10

27. 最大惯性

最大惯性指统计期数内连续出现惯性的最大次数。

28. 惯性 N 次

惯性 N 次指统计期数内每次连续出现 N 次惯性的所有出现次数。

29. 惯性临界点

惯性临界点指统计期数内惯性终止时出现次数最多的惯性范围，也是惯性出现最佳"反转"时机的高概率范围值。

30. 热、冷、温

双色球游戏中，每个指标的热、冷、温的形态是一个重要的选号参考。

热、冷、温是根据数字 0~9 或指标在某一分析区间出现的次数来确定其对应数字或指标冷热状态的技术参数。

在双色球游戏中，一般以 7 期为一个周期进行统计，在 7 期中如果排序尾号码在同一区间内出现次数大于 2 次的称为热码，等于 2 次的为温码，小于 2 次的则是冷码。

热码呈热态，是整体或近期内经常出现的号码；温码呈温态，是整体或近期内正常开出的号码；冷码呈冷态，是整体或近期内较少开出的号码。

热、冷、温其实与遗漏值有关。遗漏值越大，表明这个指标越冷；遗漏值越小，表明指标越热。

31. 旋转矩阵

旋转矩阵是一个看似简单却异常复杂和高深的数学难题，它的原理在数学上称为"覆盖设计"。旋转矩阵引入彩票界后，演化成一种彩票号码的科学组合方法。简单地说，在双色球中，您只要选对了一定范围的红球备选号码，它就能保证您中奖。

举例来说，不管您选择了多少个备选号码，只要它们中间包含了 6 个红球中奖号码，那么通过旋转矩阵的方法进行组号后，可以保证您至少中得一注 5 个号码对的奖项，也有可能中得 6 个号码对的奖项；如果备选号码中包含了 5 个中奖号码，它就可以保证中得 4 个或 4 个以上的中奖号码。需要提醒彩民朋友的是，这个方法不针对蓝球的选择。

32. AC 值

AC 值即号码算术复杂性，是由世界著名的彩票专家和数学家诺伯特·海齐和汉斯·里德威尔提出的。它能衡量投注号码组合的合理性，指导彩民进行科学、合理的投注。我们实战中通过对 AC 值的正确判断，优化已经选择的投注号码组合，不但能准确地选择开奖号码或其出现范围，而且还能节约大量投注资金，效果非常明显。

33. 质数个数

在彩票选号分析中，质数指的是仅能被自身和 1 整除的数，1 不是质数。双色球中的质数共有 11 个，即 2、3、5、7、11、13、17、19、23、29、31。质数个数指的是一注号码中质数的个数。

34. 重号个数

重号是指在上期出现了之后在下期继续出现的号码，也就是间隔为 0 期的号码。重号个数是指上期开奖中出现的号码在本期出现的个数。

35. 奇偶比

奇偶比是指双色球的红球开奖号码中奇数号码个数与偶数号码个数之比。

36. 大小比

大小比是指双色球红球开奖号码中大数号码个数与小数号码个数之比。

二、双色球常规术语

1. 连码、连码个数

连码，也称连号，即相连号，中奖号码中号码值大小相连的号码；连码个数即构成连码的号码个数，如01、02，连码个数为2个即2连码；如01、02、03，连码个数为3个即3连码；连码组数即一注号码中构成连码的组数，如某注号码01、02、03、12、17、18，连码组数为2组，即01、02、03为一组，17、18为一组。

2. 同位码

同位码也叫同尾球，是指一组中奖号码中尾数相同的号码，如11、21、31是同位码，05、15、25也是同位码，一般每组中奖号码里都有1~2对同位码出现。

3. 个位数

按不重复计算中奖号码中个位数出现的次数。如中奖号码为01、15、21、36、37、21、22，则个位数为5个。

4. 总值

总值是指各个中奖号码数值之和，也称和值。

5. 均值

均值是指各个中奖号码的平均值。

6. 极差

极差也称全距，指基本中奖号码中最大的号码和最小的号码之间的差。

7. 热号

热号指近期尤其在近10期内出现频繁、表现活跃的号码。

8. 冷号

刚好与热号表现相反，冷号指近期尤其在近10期内出现频率比较低甚至没有出现的号码。

9. 区间

区间指把所有备选号码分成若干个小组。如双色球33个红球可分为01~11、12~22、23~33共3个区间，也可以分为四区间、五区间、六区间以及十区间等，可以根据实际需要分为不同区间，从而利用分析某个区间的规律来进行选择或排除号码。

10. 号码段

彩民在分析开奖号码时，通常把号码划分为几组，每组也称为段，如把号码分成大号码和小号码两组，或是分成单号码和双号码两组，也可以划分成不规则的几组，甚至还可以把同一号码划分在几个段号，号码段怎么划分视彩民分析需要而定。

11. 跳号

跳号指隔期出现的号码，也称为隔号。

12. 胆码

彩民也称其为心水号码，就是指在当期最为看好的，认为最有可能在本期中开出的号码。

13. 热门号码、冷门号码

在一段时期内中奖次数较多，或说是摇奖时摇出次数较多的号码称作热门号码；反之，在某段时期内中奖次数较少的号码称作冷门号码。热门号码与冷门号码是相对于不同分析期数范围而言，某个号码在某段时期可能是非常热门的号码，而在另一段时期内可能是极冷的号码，彩民在分析彩票时应注意把握每个号码的冷热变化。

14. 相生、相克

若干个号码一起出现，称为相生；反之，如果某几个号码从未一起出现过称为相克。研究相生与相克的目的在于研究彩票号码中哪些号码会经常在一起出现，哪些号码不会在一起出现。

15. 公仔

如果把号码看成由个位数及十位数两位数组成，那么个位数与十位数相同的号码称为公仔号码，如11、22、33。

16. 换位

如果把号码看成由个位数及十位数两位数组成，那么个位数与十位数对换的两个号码称为一组换位码，如12、21。另外，把两个号码中的某个号码旋转360度后与另一个号码个位与十位形成对换的，我们也统称为换位码，如06、09。

17. 相关系数

相关系数研究的是两个号码过去一段时期内一起出现的概率。相关系数定义如下：相关系数=a、b同时出现次数或期数/（a出现次数或期数+b出现次数或期数）×2×100。相关总值是一组号码中任意两个号码相关系数之和。相关系数跟分析的范围有关，即使是相同两个号码在不同分析范围内得出的相关系数也是不同的，同样相关总值也是如此。

18. 积分

积分指某个号码出现（或中奖）的次数。

19. 高概率号码、低概率号码、理论概率号码

高概率号码指在指定分析范围内中奖次数较多的号码；低概率号码指在指定分析范围内中奖次数较少的号码；理论概率是结合高低概率及每个号码出现的情况计算的一种相对概率，因为高概率号码不一定是下期最有可能出现的号码，低概率号码也不一定是下期最不可能出现的号码，理论概率在一定程度上反映了下期最有可能开出的号码。

20. 合分值、个位分值

把某一注号码中的每个号码值加起来的总和，称作合分值，通常统称为分值，又称为总和值。如乐透型彩票某注号码为01、09、12、17、24、33，则合分值为96。个位分值是某注号码中每个号码的个位（不考虑十位）值之和，如上面提到这注号码的个位分值为 1+9+2+7+4+3＝26。

·21. 个位、相同个位（同尾）

个位指只分析开奖号码的个位数，考虑出现哪些个位数，如乐透型彩票某注号码为01、09、12、17、24、33，出现的个位为1、9、2、7、4、3。相同个位指某注号码中如果有两个或两个以上号码的个位数相同，则这个个位数被称为相同个位。

22. 高尾码

尾数为 5~9 的号码称为高尾号码。例如：15、16、26、28 等。

23. 低尾码

尾数为 0~4 的号码称为低尾号码。例如：01、11、13、24 等。

24. 黄金分割

黄金分割是数学上的一个概念，它提出的0.618黄金分割点可以看作是最理想的分割点。彩民们可以不必追究黄金分割点的具体含义，但大量的统计表明黄分割点确实是许多情况下的最佳分割点。

25. 除三、除五、除七

除三、除五、除七分析目的在于考虑某种余数组成号码组出现情况，如除三分析可以把号码分成余数为0、余数为1、余数为2的3个号码组，除五分析可以把号码分成余数为0、余数为1、余数为2、余数为3、余数为4的5个号码组，分析时要着重考虑每一期每组出现的号码个数。

26. 跟随号码

跟随号码是相对于上期号码而言，当期开出的号码都为上期号码的跟随号码。例如：03、07、10、13、15、20 和 02、06、11、14、19、22，后期号码的所有号球都是前期号码所有号球的跟随号码。又如：前期第一位是"03"，那么后期的 02、06、11、14、19、22 都是"03"的跟期球；同样，前期第二

位是"07"，后期的 02、06、11、14、19、22 又都是"07"的跟期球。

27. 升序号码、降序号码

依次递增的号码称为升序号码，依次递减的号码称为降序号码，升序号码如 1、2、3、4，降序号码如 4、3、2、1。

28. 号码间距

号码间距指两个号码之间的差值，如号码 01、05 的间距为 4。

29. 首尾间距

首尾间距指最小号码与最大号码的差值。如一注开奖号码为 03、07、08、15、24、29+05，则该注号码的首尾间距为 03 与 29 的差值 26。

30. 最大间距

最大间距指所有的相邻两位号码的间距值中的最大值。如一注开奖号码为 03、07、08、15、24、29+05，则该注的最大间距为 9，由 15~24 产生。

31. 数据密度

数据密度指一注号码的合分值与间距总和的比值，即合分值/间距总和。

32. 间距密度

间距密度指一注号码的间距总和与最大间距的比值，即间距总和/最大间距。

33. 缩水公式

缩水公式提供按一定中奖保证进行号码组合，如果用户所选择的号码满足其指定的前提条件，那么按缩水公式组合出的号码就会得到预期的效果，并且投注额会大大减小。它是彩民以尽可能小投入获取尽可能大回报的有力保证，无论是复式、胆拖投注都能运用缩水公式，彩市上流传的旋转矩阵也是一种缩水公式。

34. 关系码

关系码指与历期尤其是最近 5 期的中奖号码有联系的号码，一般重叠码、边码、斜连码、三角码、对望码、弧形码均归入关系码行列。

关系码原理应该说概括了中奖号码中号码表现的多种情况，因而中奖号码中没有关系码出现几乎是不可能的，而且关系码旺出，并且占据双色球游戏红区中奖号码里的 3~6 个号码，是常有的事。按照我们划分的重叠码、边码、斜连码、对望码、三角码、弧形码、黄金码、缘分码、叠连码、连叠码等为关系码来说，每期中奖号码中必定出现关系码。

35. 边码

边码也叫邻号，与上期开出的中奖号码加减余 1 的号码。

36. 斜连码

斜连码指与历期中奖号码构成斜连形状的号码，斜连码必须由三期以上的各 1 个号码构成。

37. 对望码

对望码指上下数期直观上呈现一定的规律（等量、递减、递增、倍增、倍减）出现的号码。

38. 三角码

三角码指 3 个号码呈现三角形状的号码。

39. 弧形码

弧形码指呈现有序的几何图形出现的号码。

40. 空门码

空门码指与历期尤其近 5 期中奖号码没有任何联系的号码。

41. 邻近号码（斜位码）

邻近号码指相对于上期号码而言，比上期每个号码值小 1 或大 1 的号码。如上期出现号码 09，则号码 08、10 分别为上期号码 09 的左邻近码（左斜位码）和右邻近码（右斜位码）。

42. 左斜码

左斜码指相对于上期号码而言，与上期某个开奖号码值小 1 的号码。

43. 右斜码

右斜码指相对于上期号码而言，与上期某个开奖号码值大 1 的号码。

44. 重叠码

重叠码也叫重复号和遗传号，与上期开出的中奖号码相同的号码。

45. 孤码

孤码既不是叠码，又不是左斜码及右斜码的号码，如上期开奖号码为 01、03、08、14、15、22－01，当前期开奖号码为 02、03、07、14、18、22－06，号码 02 既是左斜码又是右斜码，号码 03 是叠码，号码 07 是左斜码，号码 14 是左斜码及叠码，号码 22 是叠码，剩下号码 18 是孤码。

第二章　双色球红球选号技术

中奖，需要运气，更需要方法与技巧。

第二章是全书的重中之重，共三节，系统地阐述了科学高效、超级实用的双色球红球定尾选号技法。

本章从红球选号原理、红球选号方法以及红球选号流程三个步骤出发，深入浅出，步步为营，层层解析，指导彩民如何操作才能高概率地选择红球备选号码。

由于这部分比较专业，没有一定基础的彩民朋友读起来可能会吃力一些。遇到这种情况，建议您静下心来细细揣摩，或者先粗读一遍，然后再回过头重读，一定会豁然开朗、受益匪浅。

第一节　排序定位法及应用原理

什么是双色球的排序定位法？简而言之，通过确定双色球每个排序位置上号码的尾数来选择每个位置上红球备选号码的方法。

众所周知，双色球中奖号码中每个红球号码在摇奖过程中先后出现的顺序是不固定的，更没有任何规律而言，如28、02、32、18、26、15，每个号码都是电脑随机摇出的。如果在实战中我们按照双色球实际的出球顺序和位置来对其历史中奖号码进行统计分析，以此观察和总结双色球中奖号码的出现规律，不但过程烦琐，而且很难找出号码间的特征和规律，从而不能更好地指导我们精准地分析、判断和选择即将开奖的号码。那么，有没有专门针对双色球的既省力又有效的选号方法？当然有！首先，我们要引入一个简单而重要的全新概念——排序。

所谓排序，就是把双色球的开奖号码按照从小到大的顺序重新进行排列组合的一种号码分析方式。例如，双色球第2006088期开奖号码中红球实际开奖时的出球顺序是25、03、11、24、20、26，排序后的红球号码为03、11、20、

24、25、26。通过排序可以引申出三个方面的内容，即排序定位、排序区间和排序尾。

在双色球游戏中，每注号码的红球号码区均由6个号码组成，其号码选择范围为01~33。根据排列组合理论，我们知道，在所有的红球号码组合中，最小号码的红球组合是01、02、03、04、05、06，而最大号码的红球组合为28、29、30、31、32、33，由此可知，如果对开奖号码进行排序，它的第一位号码（即最小号码）的开出范围在01~28，第二位号码的开出范围为02~29，第三位号码的开出范围为03~30，第四位号码的开出范围为04~31，第五位号码的开出范围为05~32，第六位号码的开出范围为06~33。这样，通过排序，双色球开奖号码中的每个红球号码在每个位置上的出现范围已经固定，这就是排序定位。从理论上讲，没有任何一个位置的红球号码会超越它本身的出现范围，在实战中更不会发生。

将双色球开奖号码重新排序后，每个位置上红球号码就有一个确定的区间范围（如第一位号码一定在01~28），又叫排序区间。排序区间可分为理论排序区间和实际排序区间两种。01~28是第一个排序红球号码的理论排序区间，称为排序区间1；02~29是第二个排序红球号码的理论排序区间，称为排序区间2；其他依次称为排序区间3、排序区间4、排序区间5和排序区间6。如果阶段内双色球在实际开奖中第一个排序红球号码的出现范围是01~19，那么01~19就是实际排序区间1，其他排序号码的实际排序区间依次为实际排序区间2、实际排序区间3、实际排序区间4、实际排序区间5及实际排序区间6。实际排序区间对于双色球选号、定号具有重要的实战意义，本书中的排序区间通常指实际排序区间。

双色球红球号码进行排序定位后，我们把每个位置上红球号码的尾数称为排序尾，第一个排序号码的尾数称为一位排序尾号码，第二个排序号码的尾数称为二位排序尾号码，其他依次称为三位排序尾号码、四位排序尾号码、五位排序尾号码和六位排序尾号码。

在双色球游戏中，所有红球号码一共包含1107568个组合，100%地覆盖了所有的排序区间。但是，从第2003001期双色球开奖截至第2008032期的700多期数据中可以看到，历史开奖号码的每个位置上红球号码开出的实际排序区间远远小于理论排序区间。通过表2-1中的数据可以看到，随着实战中每个排序区间的范围不同，每个位置上红球号码的中奖概率也随之变化。

例如，第一位红球号码的理论排序区间是01~28，但从第2003001~2008032期所有的开奖数据的第一位红球号码从来没有超过19，因此若在01~19区间选择第一位置红球号码，准确率可以达到100%；这里100%的排序区间也就是通过统计后获得的第 2003001～2008032 期开奖数据中第一位红球号码的实际排序区间。同理，若在 01～11 区间进行选择第一位置红球号码，准确率能达到 90%；如果在 01～07 区间进行选号，准确率也能达到 80%。

通过表 2-1 双色球红球号码排序区间统计表的统计数据，从排序后的双色球历史开奖号码中可以看出一个明显的可用于日常选号使用的实战规律：利用排序区间作为选号参考，双色球每个位置红球号码的选号范围不但大大缩小，而且依然能保证很高的准确率；或者说，让彩民选择号码的准确率可维持在一个较高的水平，选号的方向性和针对性也大大增强。

表 2-1　双色球红球号码排序区间统计表（2003001～2008032 期）

排序定位	理论区间	100%区间	90%区间	80%区间
第一位置红球	01～28	01～19	01～11	01～07
第二位置红球	02～29	02～24	03～17	03～14
第三位置红球	03～30	03～29	07～23	07～21
第四位置红球	04～31	05～31	11～28	13～27
第五位置红球	05～32	07～32	17～32	19～31
第六位置红球	06～33	11～33	24～33	26～33
所需注数（注）	1107568	1072212	718485	370797

注：①100%区间指在实际开奖中各位置号码出现概率为100%的实际排序区间。②90%区间指在实际开奖中各位置号码出现概率为90%的实际排序区间。③80%区间指在实际开奖中各位置号码出现概率为80%的实际排序区间。④以上统计数据为第 2003001～2008032 期共 703 期开奖数据。

如果在实战中我们确定 02、08、13、16 四个号码是第一位置红球备选号码，极有可能包括当期的第一位置红球开奖号码。通过表 2-1 可知，如果我们想达到 100% 的准确率，那只有选择所有的备选号码；如果想达到 90% 的准确率，依据第一位置红球号码出现的排序区间为 01～11，那么在 02、08、13、16 四个号码中只有前两个红球备选号码符合条件，从而我们就可以排除掉号码 13 和 16；同理，如果确保选号的准确率为 80%，其选号区间为 01～07，我们的备选号码就剩下了一个红球号码 08。一般实战中，80% 的准确率是最后的底线，虽然概率相对降低，但是我们看到第一位置上的红球备选号码也只剩下了一个号码；也就是说，即使剩下一个号码还保持着 80% 的中奖概率，完全可以进行实战。

这个例子生动地说明了双色球红球开奖号码通过排序定位后显示的排序区间，可以有效地筛选和过滤号码，为双色球的红球选号提供一个清晰明朗的方向，从而更精准地指导我们进行双色球红球选号实战。

实际排序区间能有效地缩小双色球玩法每个位置上红球号码的选择范围，但是，每个位置上可能有几个备选红球号码，如何精准地确定哪个备选号码为该位置的红球投注号码？排序区间告诉我们，每个红球位置上有不完全相同的28个号码供我们在实战中选择。理论上，每个位置上的每个红球号码的出现概率均为3.57%（1/28），所以正确地选择每个位置的红球号码是非常有难度的。但是，不论每个位置上需要选择的红球号码有多少，也不论它在每个位置上出现的概率有多大，有一点是可以肯定的：这个位置上所有红球的排序尾号码（每个红球号码的个位数）一定在0~9，理论上确定每个位置上红球号码出现的准确概率是3.57%，但是每个位置上每个排序尾号码出现的概率却达到了10%。虽然首先通过选择排序尾号码再进行选号后，每个位置上选择出来的备选红球号码增多了，但是准确概率却提高了6.43%。几乎没有人能直接确定每个位置的红球号码，我们只有先确定每个位置上红球号码的个位数，才能进一步确定投注号码。

实战中，只有通过分析排序尾号码，才可以高概率地确定每个位置上红球号码的选号范围，然后再通过排序区间进一步缩小范围，最后确定每个位置上红球的投注号码。

排序尾号码包括0~9共10个数字，我们可以通过运用一系列技术指标对其进行多角度的综合分析，以确定每个排序位置上红球号码的个位数，即确定每个排序尾号码。这些技术指标包括"大中小数"、"012路"、"重合码"、"大小数"、"奇偶数"和"质合数"，如果在实战中再根据排序尾号码的"遗漏"、"惯性"和"热冷温"等特性来精准地分析每个排序尾号码技术指标的未来趋势，就能准确地选择每个位置上红球号码的出现范围。

现在，我们可以用双色球红球选号流程图来总结双色球每个位置上备选红球号码的选择过程，如图2-1所示。

首先，彩民朋友需要对双色球的历史开奖号码进行排序定位，然后对每个位置里红球号码的历史数据指标进行全面的统计，再用遗漏、惯性、热冷温等号码分析技术来分析每个排序尾号码指标的出现情况，从而正确地判断每个位置上红球号码的排序尾号码，最后再通过每个红球的实际排序区间来缩小备选红球号码的范围，从而高概率地选择每个位置上备选的红球号码。这种通过分析、选择排序尾号码来确定红球号码的选号技术称为排序定位法。

排序定位法能让彩民们在实战中有条理地、准确地、高概率地选择每个位置上的红球号码，是双色球实战中极其重要、科学高效的选号方法。

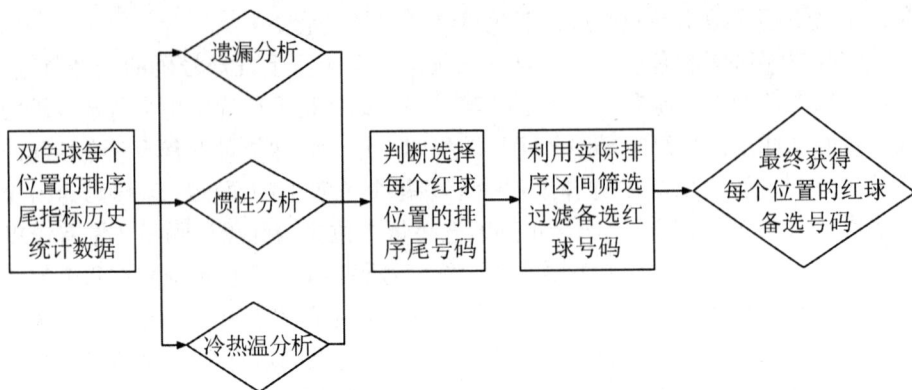

图 2-1　双色球红球选号流程

第二节　排序定位法的指标应用

所有红球号码的排序尾均由 0~9 共计 10 个阿拉伯数字组成，由于红球号码的最大选号区间是 01~33，假如我们通过分析，确定了第一位置红球号码的排序尾号码为 3，那么红球号码 03、13、23 就是该位置红球的备选号码（第一位红球不可能是号码 33）。能确定某个位置的排序尾号码虽然可以极大地提高我们正确选择红球开奖号码的概率，但是准确地选择每个排序尾号码并不是一件很容易的事。

那么，在实战中如何正确地选择每个排序尾号码呢？首先我们需要对双色球历史开奖号码中每个位置上红球排序尾号码的数据进行详尽的统计，然后通过对排序尾号码所属的不同指标进行分析，从不同的角度观察总结每个指标，从而发现规律、总结规律、运用规律。只有这样，我们才能高概率地选择每个排序尾号码，最终保证高概率地选择每个位置的红球号码。

在运用排序定位法的实战中，每个排序尾指标的应用包括以下几个方面的内容：指标的分类、指标统计表制作方法、指标的分析技术以及指标的选择选用原则。

一、指标的分类

第一类：大中小数。这类包括大数、中数、小数，其中，数字7、8、9为大数，3、4、5、6为中数，0、1、2为小数。

第二类：012路数。这类包括0路、1路、2路，其中，0、3、6、9为0路，1、4、7为1路，2、5、8为2路。

第三类：重合码。小数0、1、2与1路数字1、4、7交集为1；中数3、4、5、6与0路数字0、3、6、9交集为3、6；大数7、8、9与2路数字2、5、8的交集为8。这三种组合数字所代表的大中小与012路的交集为1、3、6、8，我们把1、3、6、8称为重合码。

第四类：大小数。这类包括大数和小数，其中，小于5的数称为小数，包括0、1、2、3、4；大于4的数称为大数，包括5、6、7、8、9。

第五类：奇偶数。这类包括奇数和偶数，其中，奇数为1、3、5、7、9，偶数为0、2、4、6、8。

第六类：质合数。这类包括质数和合数，其中，质数为1、2、3、5、7，合数为0、4、6、8、9。

彩票里的质数和数学里的质数是一样的，即2、3、5、7为质数，但是这里为了平衡质数和合数的数量，通常把1也定义为质数，这样质数和合数在数量上都是5个，在质数和合数的图表中也更能清晰地看出其规律来。

二、统计表的制作

之所以要引入以上六大类指标，是因为我们可以根据这些指标来分析双色球的历史开奖号码。当我们对双色球开奖号码进行排序定位后，每个位置上红球号码的尾数（个位）也就确定了，我们称其为排序尾。第一位置号码的尾数称一位排序尾，第二位置号码的尾数称二位排序尾，其他依次称为三位排序尾、四位排序尾、五位排序尾和六位排序尾。

但是，只靠排序尾并不能看出历史开奖号码之间的显著联系。如果我们把每个排序尾按照大中小数、012路、重合码指标的出现情况，再结合大小数、奇偶数、质合数共6大类指标、13项小指标，就可以制作成6张排序尾统计表，分别为一位排序尾统计表、二位排序尾统计表、三位排序尾统计表、四位排序尾统计表、五位排序尾统计表、六位排序尾统计表。这6个排序尾号码统计表是统计、分析及发现双色球历史号码呈现规律的必备法宝。

下面，我们选择双色球2006001～2006020期共20期开奖数据中的红球号码来制作双色球红球号码一位排序尾统计表。

表2-2 双色球红球号码一位排序尾号码统计表

开奖期号	红球号码	蓝球号码	一位排序尾	大数	中数	小数	2路	0路	1路	重合码	大数	小数	奇数	偶数	质数	合数
2006001	01 12 15 19 21 28	03	1	1	1	小数	1	1	1路	①	1	小数	奇数	1	质数	1
2006002	07 13 16 21 26 28	09	7	大数	2	1	2	2	1路	1	大数	1	奇数	2	质数	2
2006003	02 04 05 06 16 20	12	2	1	3	小数	2路	3	1	2	1	小数	1	偶数	质数	3
2006004	04 08 17 27 28 31	07	4	2	中数	1	1	4	1路	3	2	小数	2	偶数	1	合数
2006005	03 19 20 24 26 27	11	3	3	中数	2	2	0路	1	③	3	小数	奇数	1	质数	1
2006006	08 21 22 23 26 32	14	8	大数	1	3	2路	1	2	⑧	大数	1	1	偶数	1	合数
2006007	04 16 18 27 32 33	07	4	1	中数	4	1	2	1路	1	1	小数	2	偶数	2	合数
2006008	03 05 09 18 28 32	16	3	2	中数	5	2	0路	1	③	2	小数	奇数	1	质数	1
2006009	05 06 08 20 26 30	06	5	3	中数	6	2路	2	1		大数	1	奇数		质数	2
2006010	04 06 12 19 27 29	08	4	4	中数	7	1	2	1路	2	2	小数		偶数	1	合数
2006011	05 07 08 14 27 31	11	5	5	中数	8	2路	3	1	3	大数	1	奇数	1	质数	
2006012	09 11 13 27 31 33	10	9	大数	1	9	1	0路	2	4	大数	2	奇数	2		合数
2006013	01 05 06 12 16 21	11	1	1	2	小数	2	1	1路	①	1	小数	奇数	3	质数	1
2006014	06 14 26 29 32 33	07	6	2	中数	1	3	0路	1	⑥	大数	1		偶数	1	合数
2006015	02 03 09 15 29 32	03	2	3	1	小数	2路	1	2	1	1	小数	2	偶数	质数	1
2006016	01 07 13 17 23 30	16	4	2		小数	1	2	1路	①	2	小数	奇数		质数	2
2006017	03 04 08 31 32 33	02	3	5	中数	1	2	0路	1	③	3	小数	奇数	2	质数	3
2006018	01 13 14 17 24 26	05	1	1	6	小数	3	1	1路	①	4	小数	奇数	3	质数	4
2006019	04 06 13 22 26 32	07	4	7	中数	1	4	2	1路	1	1	小数		偶数	1	合数
2006020	05 09 21 23 26 29	06	5	8	中数	1	2路	2	2	2	大数	1	奇数	1	质数	1

表2-2中，纵列从左至右依次为开奖期号、红球号码、蓝球号码、一位排序尾、大数、中数、小数、2路、0路、1路、重合码、大数、小数、奇数、偶数、质数、合数。我们以2006001期为例，分解双色球红球号码一位排序尾号码统计表的制作过程。

开奖期号为 2006001 期，开奖号码中红球号码排序定位后是 01、12、15、19、21、28，蓝球是 03，逐个在对应的"开奖期号"、"红球号码"、"蓝球号码"选项下的空格内填入相应的数字。我们制作的是一位排序尾号码统计表，2006001 期的第一位红球号码是"01"，它的一位排序尾是 1，填写在"一位排序尾"选项下。大中小数、012 路、重合码、大小数、奇偶数、质合数各大指标下的空格依次填写如下：

1. 第一类指标是大中小数，包括大数区、中数区和小数区

一位排序尾号码是 1，1 为小数，就在对应的小数区选项下填写文字"小数"。因为一位排序尾号码出现在小数区，那么其在中数区和大数区就各遗漏了一次，因此，在对应的空格下填写"1"，表示遗漏 1 次。

2. 第二类指标是 012 路，包括 0 路区、1 路区和 2 路区

一位排序尾号码是 1，1 除以 3 余数为 1，所以数字 1 属于 1 路，在 1 路区选项下填写"1 路"。既然一位排序尾号码出现在 1 路区，那么它就不可能在 0 路区和 2 路区出现，它在这两路分区就各遗漏了一次，因此，在对应的空格下填写"1"，表示遗漏 1 次。

3. 第三类指标为重合码

一位排序尾号码 1 所属的小数区包括 0、1、2，所属的 1 路区包括 1、4、7，它们的交集为"1"，根据术语可知，1、3、6、8 四个数字为重合码，说明号码 1 在重合码区出现，在对应的空格内填入"①"，表示重合码为 1（如果重合码数字为 3、6 或 8，则填写③、⑥、⑧，以示与遗漏次数相区分）。

4. 第四类指标为大小数，包括大数区和小数区

一位排序尾号码是 1，1 为小数，就在对应的小数区空格内填写文字"小数"。既然一位排序尾号码出现在小数区，那么它就不可能出现在大数区，在对应的空格下填写"1"，表示遗漏 1 次。

5. 第五类指标为奇偶数，包括奇数区和偶数区

一位排序尾号码 1 为奇数，就在对应的奇数区空格内填写文字"奇数"。因为 1 出现在奇数区，那么其在偶数区就遗漏了 1 次，因此，在偶数区的空格下填写"1"，表示遗漏 1 次。

6. 第六类指标为质合数，包括质数区和合数区

一位排序尾号码 1 为质数，就在对应的质数区空格内填写文字"质数"。同样，它在合数区遗漏了 1 次，我们在合数区的空格内填写"1"，表示遗漏 1 次。

2006002～2006020 期依次按照 2006001 期的填写方式填写。如果表中的某个指标在同一个区间内没有连续开出，那么要在相应的空格内填写它连续遗漏的期数。如在 2006003 期，一位排序尾号码没有出现在大中小数区的大数区，它在大数区就遗漏1期；在接下来的2006004期里，一位排序尾号码仍没有出现在大数区，这时连续遗漏了2次，则在相应的空格内填写数字"2"，表示一位排序尾号码在大数区连续遗漏了2期；在2006005期，一位排序尾号码依旧没有出现在大数区，说明它已经连续遗漏了3次，那么在相应的空格内填写数字"3"，表示一位排序尾号码在大数区连续遗漏3期；其他指标分区内的遗漏情况都按此方式填写。这样既能清晰地看出每个指标在同一分区内的遗漏期数，也可揭示出某个指标在休眠了几期后又重新开始活动。

我们对选取的每一期开奖号码都依据如上方式填写，便形成了一张完整的双色球红球号码一位排序尾号码统计表。在填写的过程中，便可对各个统计指标的资料形成很直观的判断。

依照一位排序尾号码统计表的示例制作方法，同样可以依次制作出双色球红球号码二位排序尾号码统计表、双色球红球号码三位排序尾号码统计表、双色球红球号码四位排序尾号码统计表、双色球红球号码五位排序尾号码统计表和双色球红球号码六位排序尾号码统计表。

当六个排序尾号码统计表全部完成，便形成了一套完整的双色球红球号码排序尾统计表。统计的期数越多、越完整，我们对每张图表的统计情况以及号码的整体开出趋势的了解就越深刻。彩民只有制作出完整而详尽的排序尾统计表，才可以在实战中分别针对每个统计表中的排序尾号码进行系统的分析，最后组合出最佳备选号码进行精准投注。

表2-3　双色球红球号码二位排序尾号码统计表

开奖期号	红球号码	蓝球号码	二位排序尾	大数	中数	小数	2路	0路	1路	重合码	大数	小数	奇数	偶数	质数	合数
2006001	01 12 15 19 21 28	03	2		1		1	小数	2路	1		1	1	小数		1	偶数	质数	1
2006002	07 13 16 21 26 28	09	3		2	中数	1		1	0路	2	③	2	小数	奇数	1		质数	2
2006003	02 04 05 06 16 20	12	4		3	中数	2		2		1	1路	1	3	小数		偶数	1	合数
2006004	04 08 17 27 28 31	07	8	大数		1		2路	2		1	⑧	大数	1		2	偶数	2	合数
2006005	03 19 20 24 26 27	11	9	大数		2			2	0路	2		1	大数	2	奇数		1	3	合数
2006006	08 21 22 23 26 32	14	1		1		3	小数	2		1	1路	①	1	小数	奇数		2	质数	1
2006007	04 16 18 27 32 33	07	6		3	中数		2		0路	2	⑥	大数	1		偶数	1	合数
2006008	03 05 09 18 28 32	16	5		3	中数	2	2路	2		2		大数	2	奇数		1	质数	1
2006009	05 06 08 20 26 30	06	6		4	中数	3		1	0路	3	⑥	大数	1		偶数	1	合数

续表

开奖期号	红球号码	蓝球号码	二位排序尾	大数	中数	小数	2路	0路	1路	重合码	大数	小数	奇数	偶数	质数	合数
2006010	04 06 12 19 27 29	08	6	5	中数	4	2	0路	4	⑥	大数	4	2	偶数	2	合数
2006011	05 07 08 14 27 31	11	7	大数	1	5	3		1路	1	大数	5	奇数	1	质数	1
2006012	09 11 13 27 31 33	10	1	1	2	小数	4	2	1路	①	1	小数	奇数	2	质数	2
2006013	01 05 06 12 16 21	11	5	2	中数	1	2路	3	1	1	大数	1	奇数	3	质数	3
2006014	06 14 26 29 32 33	07	4	3	中数	2	1	4	1路	2	1	小数	1	偶数	1	合数
2006015	02 03 09 15 29 32	03	3	4	中数	3	2	0路	1	③	2	小数	奇数	1	质数	
2006016	01 07 13 17 23 30	16	7	大数	1	4	3		1路	1	大数	1	奇数	2	质数	
2006017	03 04 08 31 32 33	02	4	1	中数	5	4	2	1路	2	1	小数	1	偶数	1	合数
2006018	01 13 14 17 24 26	05	3	2	中数	6	5	0路	3	③	2	小数	奇数	1	质数	1
2006019	04 06 13 22 26 32	07	6	3	中数	7	6	0路	2	⑥	大数		偶数	1	合数	
2006020	05 09 21 23 26 29	06	9	大数	1	8	7	0路	3	1	大数	2	奇数	1	2	合数

表2-4 双色球红球号码三位排序尾号码统计表

开奖期号	红球号码	蓝球号码	三位排序尾	大数	中数	小数	2路	0路	1路	重合码	大数	小数	奇数	偶数	质数	合数
2006001	01 12 15 19 21 28	03	5	1	中数	1	2路	1	1	1	大数	1	奇数	1	质数	1
2006002	07 13 16 21 26 28	09	6	2	中数	2	1	0路	2	⑥	大数	2	1	偶数	1	合数
2006003	02 04 05 06 16 20	12	5	3	中数	3	2路		1	3	大数	3	奇数	1	质数	1
2006004	04 08 17 27 28 31	07	7	大数	1	4	2		1路	2	大数	4	奇数	2	质数	2
2006005	03 19 20 24 26 27	11	0	1	2	小数	2	0路	1	3	1	小数	1	偶数	1	合数
2006006	08 21 22 23 26 32	14	2	2	3	小数	2路	1	2	4	2	小数	2	偶数	质数	1
2006007	04 16 18 27 32 33	07	8	大数	4	1	2路	2	3	⑧	大数	1	3	偶数	1	合数
2006008	03 05 09 18 28 32	16	9	大数	5	1		0路	4	1	大数	2	奇数	2		合数
2006009	05 06 08 20 26 30	06	8	大数	6	3	2路	1	5	⑧	大数	3	1	偶数	3	合数
2006010	04 06 12 19 27 29	08	2	1	7	小数	2路	2	6	1		小数	2	偶数	质数	1
2006011	05 07 08 14 27 31	11	8	大数	8	1	2路	3	7	⑧	大数	1	3	偶数		合数
2006012	09 11 13 27 31 33	10	3	1	中数	2	1	0路	8	③	1	小数	奇数	1	质数	1

续表

开奖期号	红球号码	蓝球号码	三位排序尾	大数	中数	小数	2路	0路	1路	重合码	大数	小数	奇数	偶数	质数	合数
2006013	01 05 06 12 16 21	11	6	2	中数	3	2	0路	9	⑥	大数	1	1	偶数	1	合数
2006014	06 14 26 29 32 33	07	6	3	中数	4	3	0路	10	⑥	大数	2	2	偶数	2	合数
2006015	02 03 09 15 29 32	03	9	大数	1	5	4	0路	11	1	大数	3	奇数	1	3	合数
2006016	01 07 13 17 23 30	16	3	1	中数	6	5	0路	12	③	1	小数	奇数	2	质数	1
2006017	03 04 08 31 32 33	02	8	大数	1	7	2路	1	13	⑧	大数	1		偶数	1	合数
2006018	01 13 14 17 24 26	05	4		中数	8		2	1路	1	1	小数		偶数	2	合数
2006019	04 06 13 22 26 32	07	3	2	中数	9	2	0路	1	③	2	小数	奇数	1	质数	1
2006020	05 09 21 23 26 29	06	1	3	1	小数	3	1	1路	①	3	小数	奇数	2	质数	2

表2-5　双色球红球号码四位排序尾号码统计表

开奖期号	红球号码	蓝球号码	四位排序尾	大数	中数	小数	2路	0路	1路	重合码	大数	小数	奇数	偶数	质数	合数
2006001	01 12 15 19 21 28	03	9	大数	1	1	1	0路	1	1	大数	1	奇数	1	1	合数
2006002	07 13 16 21 26 28	09	1	1	2	小数	2	1	1路	①	1	小数	奇数	2	质数	1
2006003	02 04 05 06 16 20	12	6	2	中数	1	3	0路	1	⑥	大数	1	1	偶数	1	合数
2006004	04 08 17 27 28 31	07	7	大数	1	2	4		1路	2	大数	2	奇数	1	质数	1
2006005	03 19 20 24 26 27	11	4	1	中数	3	5	2	1路	2	1	小数	1	偶数	1	合数
2006006	08 21 22 23 26 32	14	3	2	中数	4	6	0路	1	③	2	小数	奇数	1	质数	1
2006007	04 16 18 27 32 33	07	7	大数	1	5	7		1路	1	大数	1	奇数	2	质数	2
2006008	03 05 09 18 28 32	16	8	大数	2	6	2路	2	1	⑧	大数	2	1	偶数	1	合数
2006009	05 06 08 20 26 30	06	0	1	3	小数	1	0路	2	1		小数	2	偶数	2	合数
2006010	04 06 12 19 27 29	08	9	大数	4	1	2	0路	3	2	大数	1	奇数	1	3	合数
2006011	05 07 08 14 27 31	11	4	1	中数	2	3	1	1路	3	1	小数	1	偶数	4	合数
2006012	09 11 13 27 31 33	10	7	大数	1	3	4	2	1路	4	大数	1	奇数	1	质数	1
2006013	01 05 06 12 16 21	11	11			小数	2路	3	3	1		小数	1	偶数	质数	2
2006014	06 14 26 29 32 33	07	9	大数	3	1	1	0路	2	6	大数	1	奇数	1	1	合数
2006015	02 03 09 15 29 32	03	5	1	中数	2	2路	1	3	7	大数	2	奇数	2	质数	1

开奖期号	红球号码							蓝球号码	四位排序尾	大数	中数	小数	2路	0路	1路	重合码	大数	小数	奇数	偶数	质数	合数
2006016	01	07	13	17	23	30	16	7	大数	1	3	1	2	1路	8	大数	3	奇数	3	质数	2
2006017	03	04	08	31	32	33	02	1	1	2	小数	2	3	1路	①	1	小数	奇数	4	质数	3
2006018	01	13	14	17	24	26	05	7	大数	3	1	3	4	1路	1	大数	1	奇数	5	质数	4
2006019	04	06	13	22	26	32	07	2	1	4	小数	2路	5	1	2	1	小数	1	偶数	质数	5
2006020	05	09	21	23	26	29	06	3	2	中数	1	1	0路	2	③	2	小数	奇数	1	质数	6

为方便彩民熟练地掌握排序尾号码统计表的制作方法，这里特意准备了双色球 2006001～2006020 期开奖数据的双色球红球五位排序尾号码统计表和双色球红球六位排序尾号码统计表的空表。期数和开奖号码已经选定，其他空格需要读者根据前面所述的制作方法自行填充。所谓熟能生巧，有兴趣的彩民朋友不妨试一试。

表 2-6 双色球红球号码五位排序尾号码统计表

开奖期号	红球号码							蓝球号码	五位排序尾	大数	中数	小数	2路	0路	1路	重合码	大数	小数	奇数	偶数	质数	合数
2006001	01	12	15	19	21	28	03														
2006002	07	13	16	21	26	28	09														
2006003	02	04	05	06	16	20	12														
2006004	04	08	17	27	28	31	07														
2006005	03	19	20	24	26	27	11														
2006006	08	21	22	23	26	32	14														
2006007	04	16	18	27	32	33	07														
2006008	03	05	09	18	28	32	16														
2006009	05	06	08	20	26	30	06														
2006010	04	06	12	19	27	29	08														
2006011	05	07	08	14	27	31	11														
2006012	09	11	13	27	31	33	10														
2006013	01	05	06	12	16	21	11														

续表

开奖期号	红球号码	蓝球号码	五位排序尾	大数	中数	小数	2路	0路	1路	重合码	大数	小数	奇数	偶数	质数	合数
2006014	06 14 26 29 32 33	07														
2006015	02 03 09 15 29 32	03														
2006016	01 07 13 17 23 30	16														
2006017	03 04 08 31 32 33	02														
2006018	01 13 14 17 24 26	05														
2006019	04 06 13 22 26 32	07														
2006020	05 09 21 23 26 29	06														

表 2-7　双色球红球号码六位排序尾号码统计表

开奖期号	红球号码	蓝球号码	六位排序尾	大数	中数	小数	2路	0路	1路	重合码	大数	小数	奇数	偶数	质数	合数
2006001	01 12 15 19 21 28	03														
2006002	07 13 16 21 26 28	09														
2006003	02 04 05 06 16 20	12														
2006004	04 08 17 27 28 31	07														
2006005	03 19 20 24 26 27	11														
2006006	08 21 22 23 26 32	14														
2006007	04 16 18 27 32 33	07														
2006008	03 05 09 18 28 32	16														
2006009	05 06 08 20 26 30	06														
2006010	04 06 12 19 27 29	08														
2006011	05 07 08 14 27 31	11														
2006012	09 11 13 27 31 33	10														
2006013	01 05 06 12 16 21	11														
2006014	06 14 26 29 32 33	07														
2006015	02 03 09 15 29 32	03														
2006016	01 07 13 17 23 30	16														

续表

开奖期号	红球号码						蓝球号码	六位排序尾	大数	中数	小数	2路	0路	1路	重合码	大数	小数	奇数	偶数	质数	合数
2006017	03	04	08	31	32	33	02														
2006018	01	13	14	17	24	26	05														
2006019	04	06	13	22	26	32	07														
2006020	05	09	21	23	26	29	06														

三、指标的分析选择

如果您已经学会了制作双色球红球排序尾号码统计表，那说明您已经入门了，再接再厉！学会了如何制作排序尾号码统计表后，接下来需要解决的问题是：分析排序尾号码统计表中的指标需要依据什么原理，如何对这些依据指标所统计出来的数据进行分析，如何确定排序尾号码。

1. 排序尾指标分析的理论基础

我们常说，说话要有根据。分析双色球历史号码，同样要有根据。一种方法是否具有实用价值，很重要的一点是看它所依据的理论基础是否正确。我们知道，彩票游戏的理论基础是概率论、统计学原理及博弈论。因此，我们在分析双色球排序尾号码时，同样要依据彩票游戏的基本原理。任何信口雌黄的鼓吹都经不起实践的检验，只有从理论中提炼的方法才具有预测性，才经得起实践的检验。

根据概率论和统计学原理，我们发现一个规律：所有彩票的指标，不管在什么样的期间范围内，总是以偏态开始，以均态结束。这是分析彩票号码的一条重要的经验法则。它包含了分析各种指标的三个基本原理，即"非对称"原理、"非等量"原理和"求均衡"原理。

（1）"非对称"原理。"非对称"是指排序尾号码在各个指标区间内不会出现对称发展现象。在双色球开奖号码的排序尾号码统计表中，对称现象是可以见到的，比如，看到排序尾号码在小数区出现的遗漏间隔非常有规律"2—2"，就会判断它的下一个遗漏间隔还会是2，形成"2—2—2"的对称。正好现在小数区又间隔2期，我们就依据前面的规律判断排序尾号码会出现在小数区。这样的判断方法其实是在追求一种巧合，排序尾号码在小数区的下一个遗漏间隔2期后是不是会出现，也只能看这种巧合能否得到验证。

从总体上看，"对称"现象与"非对称"现象相比，"非对称"现象出现的次数要多得多。比如，若开出的排序尾号码是在中数区，间隔1期后排序尾号码又在中数区开出，之后间隔2期开出的排序尾号码也是在中数区，那么再间隔3期时，排序尾号码就极难再次在中数区开出了。此时的间隔1、2、3就是对称的递增现象，根据指标的"非对称"发展判断，本期可排除排序尾号码出现在中数区。同理，如果每次的间隔期数完全是相同的，那么这时的间隔期数就是对称的等距现象，也完全可以排除。所以，尽管在实际开奖中，对称性发展的可能性是存在的，但是这种状态的存在并不能说明出现对称的情况比其他情况出现的可能性高，我们不能因为某阶段内指标呈对称性发展，就在所有的预期中去追寻对称。

从总体上说，规律形态的出现概率远比非规律形态要少。所以，一旦出现三次以上的对称性发展，在第四次的时候要坚决排除这种状况。

（2）"非等量"原理。"非等量"指技术指标在一个阶段性时期，在长期平衡后，就会出现一种偏态状况。众所周知，彩票在统计上永远是符合概率论的。每个指标在长期来看，总会均衡表现，但在一个特定期间内，往往呈"非均衡"状态。"热者恒热，冷者恒冷"的状况在数据指标的统计中经常可以见到，而这也是"彩票总是以偏态开始，以均态结束"的另一种外在表现方式。需要说明的是，"非等量"现象只会在一个区间内发生，如果把数据样本量适度扩大，"非等量"现象就会被另一个现象——"均衡趋势"所替代。

（3）"求均衡"原理。"求均衡"指某一个指标在一个期间长期不出现之后，总会在另一个期间进行回补。均衡趋势是随机游戏的一个重要特征。既然彩票是以"偏态"开始，又会以"均态"结束，那么我们在实战中就需要在"偏态"发生后，在另一个区间去求均衡。例如，若双色球红球号码的一位排序尾号码表现为长期出现在奇数分区，呈现偏态趋势；在另一个期间里，可预期一位排序尾号码会在偶数分区出现。又如，近期三位排序尾号码在质数分区出现的次数过多后，往往会在另一个期间，在合数分区进行回补以求均衡。"求均衡"原理是概率论在乐透型彩票中的具体体现。

在彩票实战中，每个指标出现的可能性有很大差异，即"非等量"现象始终存在。譬如，当红球号码的一位排序尾号码已经连续7期在奇数分区出现，那一位排序尾号码接下来继续在奇数分区出现的可能性有多大呢？只有在充分了解了彩票指标的"非对称"、"非等量"原理之后，才能运用"求均衡"应用理论来判断可能出现的变化。例如，双色球红球号码五位排序尾号码连续11期出现在偶数区，即在奇数区已间隔11期没有出现，这就是典型的指标"非等量"发展的现象。五位排序尾号码出现在偶数区是"强者恒强"，而五位排序尾号码不出现在奇数区是"弱者恒弱"。此时，如果"非等量"原理发挥作用，表现为五位排序尾号码在短期内还会出现在偶数区；如果"求均衡"原理发挥作用，则会表现为五位排序尾号码在奇数区出现之后，短期内还会反复出现在奇数区进行调偏"回补"。这时，五位排序尾号码处于"冷热相互转化"的过渡状态。五位排序尾号码连续 11 期出现在偶数区为热态，热态不会骤然转冷，必有一缓冲现象作为过渡，那么短期内的再次出现就是一个缓冲信号，之后极可能转冷。对于五位排序尾号码出现在奇数区，"求均衡"原理在解决一个"调偏平衡"的问题。

概率原理是随机游戏本身所固有的规律，所有彩票游戏都是依据概率原理设计的，在开奖过程中，这些基本原理并不会随时间改变而改变。在双色球游戏中，第一位置红球号码的"理论排序区间"是 01～28，永远不会随开奖次数的增加而改变。而统计原理则是在开奖过程中，在有限的历史数据统计中所体现出来，在实战中起到指导、分析、判断等辅助作用。例如，我们统计双色球 2003001～2008032 期共 703 期历史数据，发现第一位置红球号码99%的"实际排序区间"为 01～15，这是某阶段内的统计结果。不同的数据统计中，统计原理表现出来的结果并不完全一样。但是当统计的样本数据期数足够多的时候，统计值会与概率趋同。

在实战中，我们既要了解概率原理，又要详尽分析概率原理在实际开奖过程中的反应，利用统计原理指导我们分析判断指标，只有将它们结合起来使用，才会使我们在实战中得心应手。

2. 分析排序尾指标的三大技术

在做指标统计分析时，必须要以概率原理为主，以统计原理为辅，遵循"非对称"、"非等量"、"求均衡"三大指标应用分析原理，从遗漏值、惯性、热温冷三方面对指标进行综合分析。只有这样才能举一反三、融会贯通，更好地分析判断每个指标。

排序尾号码指标的分析技术就是运用上述方式对排序尾号码统计表中每个指标进行分析，准确地判断和预测排序尾号码在排序尾统计表中出现的区间。

笔者以双色球历史开奖数据为例（2004053～2004083 期），向大家详细介绍一下分析排序尾号码指标的三大技术。

表 2-8　双色球红球号码一位排序尾号码统计表（2004053～2004083 期）

开奖期号	红球号码	蓝球号码	一位排序尾	大数	中数	小数	2路	0路	1路	重合码	大数	小数	奇数	偶数	质数	合数
2004053	02 03 04 09 24 25	02	2	1	1	小数	2路	1	1	1	1	小数	1	偶数	质数	1
2004054	09 11 14 16 27 28	11	9	大数	2	1	1	0路	2	2	大数	1	奇数	1	1	合数
2004055	06 08 19 25 29 32	07	6	1	中数	2	2	0路	3	⑥	大数	2	1	偶数	2	合数
2004056	01 20 21 25 29 30	02	1	2	1	小数	3	1	1路	①	1	小数	奇数	1	质数	1
2004057	05 21 23 25 28 32	04	5	3	中数	1	2路	2	1	1	大数	1	奇数	2	质数	2
2004058	01 08 11 12 27 31	12	1	4	1	小数	1	3	1路	①	1	小数	奇数	3	质数	3
2004059	04 07 11 19 23 26	10	4	5	中数	1	2		1路	1	2	小数	1	偶数	1	合数
2004060	03 05 11 24 27 28	15	3	3	中数	6	2	0路	3	③	3	小数	奇数	1	质数	1
2004061	13 16 19 20 23 33	09	3	3	中数	7	3	0路	4	③	4	小数	奇数	2	质数	2
2004062	01 12 25 27 28 29	13	1	8	5	小数	1		1路	①	1	小数	奇数	3	质数	3
2004063	07 10 13 16 27 28	07	7	大数	2	1	6		1路	1	大数	1	奇数	4	质数	4
2004064	14 15 18 20 27 31	04	4	1	中数	7			1路	2	1	小数	1	偶数	1	合数
2004065	13 14 27 29 32 33	08	3	2	中数	3	8	0路	1	③	2	小数	奇数	1	质数	1
2004066	05 13 20 23 24 25	03	5	3	中数	4	2路	1	2	1	大数	1	奇数	2	质数	2
2004067	01 06 07 13 16 32	04	1	4	1	小数	1	2	1路	①	1	小数	奇数	3	质数	3
2004068	02 08 11 13 24 31	15	2	5	2	小数	2路	3	1	2	小数	1	偶数	质数	4
2004069	02 11 15 20 22 29	05	2	6	3	小数	2路	4	2	3	小数	2	偶数	质数	5
2004070	10 12 21 22 30 33	06	0	7	4	小数	1	0路	3	3	小数	3	偶数	1	合数
2004071	03 08 16 17 21 29	06	3	8	中数	1	2	0路	4	③	5	小数	奇数	1	质数	1
2004072	08 15 18 28 30 33	14	8	大数	1	2	2路	1	5	⑧	大数	1	偶数	1	合数
2004073	02 07 13 16 23 28	16	2	1	2	小数	2路	2	6	1	小数	2	偶数	质数	1
2004074	05 06 15 19 26 29	13	5	2	中数	1	2路	3	7	2	大数	1	奇数	1	质数	2
2004075	07 18 21 26 27 28	07	7	大数	1	2	1	4	1路	3	大数	2	奇数	2	质数	3
2004076	03 05 13 17 25 31	07	3	1	中数	3	2	0路	1	③	1	小数	奇数	3	质数	4
2004077	08 09 10 14 16 26	07	8	大数	1	4	2路	1	2	⑧	大数	1	1	偶数	1	合数
2004078	04 05 10 21 24 26	05	4	1	中数	5	1	1	1路	1	1	小数	2	偶数	2	合数

续表

开奖期号	红球号码	蓝球号码	一位排序尾	大数	中数	小数	2路	0路	1路	重合码	大数	小数	奇数	偶数	质数	合数
2004079	07 13 14 17 19 30	03	7	大数	1	6	2	3	1路	2	大数	1	奇数	1	质数	1
2004080	03 08 20 23 24 26	16	3	1	中数	7	3	0路	1	③	1	小数	奇数	2	质数	2
2004081	03 05 21 24 27 32	06	3	2	中数	8	4	0路	2	③	2	小数	奇数	3	质数	3
2004082	03 20 24 27 29 30	15	3	3	中数	9	5	0路	3	③	3	小数	奇数	4	质数	4
2004083	14 16 27 28 30 33	06	4	4	中数	10	6	1	1路	1	4	小数	1	偶数	1	合数

　　表 2-8 是双色球红球号码一位排序尾号码统计表。在 31 期开奖数据中，一位排序尾号码在大中小区的大数区出现的次数最少，只有 6 次，约占 19%，截至 2004083 期共遗漏了 4 次；在中数区出现次数最多，共出现过 16 次，约占 52%，从 2004080~2004083 期连续出现 4 次，截至 2008083 期共遗漏 0 次；一位排序尾号码在小数区出现了 9 次，约占 29%，截至 2008083 期共遗漏了 10 次。

　　在大中小分区中，经过科学精确的计算得知，一位排序尾号码出现在大数区的理论概率为 15%，出现在小数区的理论概率为 42%，出现在中数区的理论概率为 43%。

　　表 2-8 中，双色球红球号码一位排序尾号码在大中小区的大数区出现的概率为 19%；在小数区的出现概率为 29%，在小数区的实际出现概率低于理论概率，属于偏态；而出现在中数区的概率为 52%，远远超过了中数区的理论概率。因此，根据"求均衡"原理，在选号过程中小数区是一位排序尾号码在接下来需要重点关注的高概率出现范围。

　　根据双色球 2003001~2004083 期共 172 期历史开奖统计数据可知，双色球红球号码的一位排序尾号码在大中小区里小数区的最大遗漏次数为 7 次，而表 2-8 中一位排序尾号码在小数区共遗漏了 10 次，超过了历史最大遗漏的极限范围，所以一位排序尾号码出现在大中小区的小数区是我们选择的重点。

　　我们可以非常直观地从表 2-8 中看出一位排序尾号码各项指标的发展趋势，分辨出哪些指标处在活跃期，哪些指标处在休眠期，这可方便我们选择出比较可靠的、精确的指标数据，以备进一步验证使用。当然，这还远远不够，下面的指标分析技术能进一步帮助彩民朋友进行精准选号。

　　（1）遗漏值分析技术。

　　1）遗漏值历史数据分析。在乐透型彩票中，我们把每个指标（如大中小数、012 路、奇偶数、大小数、质合数）没出现的期数或间隔的数值统称为遗漏值。

在表 2-8 中纵列的大中小区的"小数区"中，双色球红球号码的一位排序尾号码在 2004074~2004083 期共遗漏了 10 次，可见一位排序尾号码统计表中一位排序尾号码在"小数区"的遗漏期数最长。

表 2-9　双色球红球号码一位排序尾号码实战遗漏规律
统计表（2003001~2004083）

项目	大数	中数	小数	2路	0路	1路	重合码	大数	小数	奇数	偶数	质数	合数
统计期数（期）	172	172	172	172	172	172	172	172	172	172	172	172	172
遗漏次数（次）	25	46	45	37	33	39	46	40	40	45	45	39	39
平均遗漏（次）	5.65	2.68	2.76	3.55	4.09	3.33	2.68	3.22	3.22	2.76	2.76	3.33	3.33
最大遗漏（次）	19	8	10	12	13	9	6	10	4	4	7	4	9
遗漏 1 次（次）	7	22	25	11	6	12	18	17	32	26	24	31	12
遗漏 2 次（次）	1	10	10	9	8	12	18	3	4	12	6	5	8
遗漏 3 次（次）	1	4	4	8	5	6	6	8	3	5	7	1	6
遗漏 4 次（次）	2	5	3	3	5	5	3	3	1	2	3	2	5
遗漏 5 次（次）	2	2	1	2	2	2	0	4	0	0	3	0	4
遗漏 6 次（次）	3	2	0	0	2	0	1	2	0	0	0	0	0
遗漏 7 次（次）	1	0	2	1	3	1	0	0	0	0	2	0	1
遗漏 8 次（次）	3	1	1	0	0	0	0	0	0	0	0	0	1
遗漏 9 次（次）	2	0	0	1	0	0	0	0	0	0	0	0	2
遗漏 10 次（次）	1	0	1	1	0	0	0	0	0	0	0	0	0
遗漏 10 次以上（次）	2	0	0	1	2	0	0	0	0	0	0	0	0
遗漏临界点	1~6	1~3	1~2	1~4	1~5	1~3	1~2	1~4	1~1	1~2	1~3	1~1	1~4

注：①统计期数：双色球开奖截至 2004083 期的所有历史开奖数据。②遗漏次数：统计期数内遗漏出现的次数。③平均遗漏：统计期数-遗漏次数/（遗漏次数+1）。④最大遗漏：统计期数内连续出现遗漏的最大次数。⑤遗漏 N 次：统计期数内每次连续出现 N 次遗漏的所有出现次数。⑥遗漏临界点：统计期数内遗漏终止时出现次数最多的遗漏范围，也是遗漏出现"反转"时机的高概率范围值。

如表2-9双色球红球号码一位排序尾号码实战遗漏规律统计表中，统计了双色球2003001～2004083期共172期所有的历史开奖数据，发现在一位排序尾号码实战遗漏规律统计表中，一位排序尾号码在大中小区的大数区的最大遗漏值为19期，平均遗漏值5.65期；在中数区的最大遗漏值为8期，平均遗漏值为2.68期；在小数区的最大遗漏值为10期，平均遗漏值为2.76期。这时，我们还要清楚地知道一个事实：据统计，截至2004073期，也就是本次一位排序尾号码在小数区遗漏10期之前，一位排序尾在小数区的最大遗漏仅为7。

在实战中，如果红球号码的排序尾号码在某一区间的最大遗漏值越大，同时它的平均遗漏值也大，这表明这个排序尾号码在该区间出现的次数相对较少。

通过分析双色球所有的历史统计数据发现，双色球红球号码一位排序尾号码在实战中出现在大数区的最大遗漏值和平均遗漏值是中数区和小数区的2～3倍。因此，在选择双色球红球备选号码时，一位排序尾号码应该首选中数或小数。实战案例也说明了这点。在表2-8中的大中小区里，一位排序尾号码出现在中数区或小数区（尤其是中数区）的次数明显比出现在大数区的次数多。

双色球历史开奖号码的统计数据表明，在双色球玩法中，双色球红球号码一位排序尾号码在大数区的平均遗漏期数是5.65期，在中数区的平均遗漏期数为2.68期，在小数区的平均遗漏期数为2.76期。统计数据还表明，一位排序尾号码在大数区的最大遗漏值为19期，在中数区的最大遗漏值为8期，在小数区的最大遗漏值为10期（前面已经说明，一位排序尾在小数区的最大遗漏值实际为7）。在实战中，如果排序尾号码在某一区间的遗漏值期数接近或超过自身的最大遗漏值，那么我们就必须重点关注它。在表2-8中，截至2004083期，一位排序尾号码在大数区的遗漏值为4期，远远低于它的最大遗漏周期；在中数区的遗漏值为0，也可以暂不考虑；可是在小数区的遗漏值已经达到了10期，已经超过了它在之前172期历史数据统计中的最大遗漏值。所以，我们必须重点关注一位排序尾号码出现在小数区的情况。

历史统计数据有一个重要特征：如果排序尾号码在某一区间的遗漏值大大超过它的平均遗漏期数，或者连续有两个较大的遗漏值出现，那么排序尾号码近期将会在这个区间频繁出现，这将给彩民朋友创造良好的战机。例如，表2-8中，双色球红球号码一位排序尾号码从2004055期到2004062期、2004064期到2004071期在大中小分区的"大数区"连续进行了两次遗漏8期，然后在接下来的8期开奖中一位排序尾号码在大数区出现了4期，说明此时"求均衡"原理发挥了巨大的作用。

历史统计数据还有另一个重要特征：每个排序尾号码在每个区间都有不同的最佳遗漏值范围，该范围也是遗漏出现"反转"时机的高概率临界点，简称为临界点。

通过表2-9"双色球红球号码一位排序尾号码实战遗漏规律统计表"可知，一位排序尾号码在奇数区遗漏1~2期、在质数区遗漏1期是一位排序尾号码在该区的"临界点"，即表明一位排序尾号码在该区的遗漏值达到或超过这个范围后发生"反转"，再次出现在该区的概率很高。

在表2-8中，截至2004083期，一位排序尾号码在奇数区和质数区分别遗漏了1期，所以判断一位排序尾号码"反转"出现在奇数区或质数区的概率很大。由于我们已经确定选择0、1、2为一位排序尾号码的出现范围，1为奇数，1、2为质数，所以我们预测一位排序尾号码必为1或1、2。

2004084期红球开奖号码是01、04、08、11、21、25，一位排序尾号码是1，证明我们的分析都是完全正确的。

2）遗漏值的量化分析。同一指标在间隔多少期后会再次出现？这种出现的可能性有多大？我们既可以通过分析历史数据，找出其固有的统计规律，也可以从理论上进行计算。通过理论计算把遗漏值的指标量化，计算出每一个指标的出现概率。

所有的彩票游戏都是一种概率事件，也都遵循概率的基本原则。在实际的教学实验中，抛硬币游戏通常被作为"独立随机事件"的典型例子。当我们连续抛一枚硬币20次，连续19次出现正面时，让您来猜第20次，您是猜正面还是反面呢？相信很多人都会选择反面，理由很简单也很充分，连续20次都是正面的机会太小了。这是一种逆向思维。其实就第20次事件本身而言，其正面与反面的出现概率还是50%。前面连续出现19次正面，与第20次是否是反面并不存在必然的联系。因为对于独立的随机事件，历史结果与某一次事件并不具有相关性。

当该游戏进行到上千次时，正面与反面的出现频率会接近，都是50%。但在有限次数里，正面与反面总会存在着客观上的差异。在50次抛投过程中，我们发现了如下基本事实：第一，50%概率的抛硬币游戏过程中，在某一个时段，正反两面出现的次数并不完全一样；第二，当游戏进行到一定的次数时，正反两面出现的总次数会相当接近。

连续19次出现正面，第20次出现反面的概率依然是50%。这就是概率论关于"50%概率"机会游戏的基本论述。其实我们并不需要过多地讨论概率原理，我们关心的是概率原理对购买彩票到底有没有帮助。

当抛币游戏进行到一定的次数时，正反两面出现的总次数会相当接近。假如在一个抛币试验区间内，正面出现的总次数已经多出反面出现的次数 1000 次，那么可以肯定在下一个时段内，总会有反面出现次数多于正面出现次数的情况；否则，正反两面出现的次数就不可能各接近 50%。将这一原理应用到彩票游戏上来，我们可以得出一个结论：当一个区间出现偏态之后，总会在另一个区间对这种偏态进行回补纠正。

从统计上讲，在偏态出现之后，下一个区间会对这种偏态进行回补，虽然我们不能肯定这种回补具体会在哪一次开奖中体现，但从总体上看，这种回补的可能性不但是可以预期的，而且是可以计算的。在彩票投注中，一个近期内没有出现的技术指标在接下来开奖中出现的可能性会随着遗漏值的增加而增加。

现在我们将这一原理引入双色球彩票游戏，先从实际的开奖结果来分析：先随意截取 100 期开奖结果进行统计，单看双色球红球号码的一位排序尾号码，100 期中肯定不是每一个数字都均匀地出现了 10 次，当我们连续固定购买某一位数字，比如 6，我们会发现，如果连续购买 30 期，其中赢得一次的机会是相当大的，也是可以预期的。在某些特定的时期，某一个指标出现的次数会明显增多，在这个过程中，如果连续购买，某个指标就会在短期内有多次出现的机会。

尽管每期开奖号码的摇出都是一次偶然事件，与上期号码之间也并不存在什么必然的联系，但是由于号码会出现偏态，某一个类型的指标在一个特定区间出现的总体趋势是可以预期的。中奖原本是小概率事件，但是，如果我们连续多次购买，可以提高中奖概率，能成功地将中奖这样一个小概率事件转化成一个大概率事件。

在随机游戏中，我们一般把出现可能性大于95%的事件称为大概率事件，而把小于5%的事件归结为小概率事件。只要是大概率事件，就是可以预期的，而小概率事件，尽管会在一次具体的游戏中发生，但从统计上讲，没有关注的必要。

在这里，我们引入世界上流行的博彩公式，它能计算出某一个随机事件出现的可能性与实验次数的关系，其计算公式是：$N = \log(1-DC)/\log(1-P)$。其中，N 为间隔期数，DC 为发生的可能性，P 代表该指标的理论中奖概率。

以双色球红球号码一位排序尾号码统计表中大中小区的小数区为例，假设一位排序尾号码在小数区出现的可能性依次为95%、99%、99.9%，同时还知道一位排序尾号码出现在小数区为0、1、2的理论出现概率为42%（计算方法：双色球一位排序尾为0、1、2的红球号码所包括的投注号码数量占总的双色球红球投注数量的百分比即为该指标理论出现概率，其他以此类推），那么我们可以通过对数计算器中的对数功能求出 N 的值，即是间隔期数。计算结果表明：该排序尾号码在小数区出现的概率达到90%时的间隔期数是4.2期，达到95%时是5.5期，达到99%时是8.5期，而达到99.9%时为12.7期。

在双色球游戏中，间隔期数也称为遗漏值，所以遗漏值的公式也可以表示为：遗漏值 = log（1-DC）/log（1-P）。因此，双色球红球号码一位排序尾号码在大中小区的小数区里出现概率为90%时的遗漏值为4.2期。如果截至某一期时双色球红球号码一位排序尾号码在小数区连续遗漏4期，那么在接下来的开奖中一位排序尾号码出现在小数区的概率已经几乎达到了90%；如果双色球红球号码一位排序尾号码在小数区连续遗漏了8.5期，那么在接下来的开奖中该位置的排序尾号码出现在小数区的概率几乎已经达到了99%，我们在实战预测时必选小数区无疑。

表 2-10　双色球红球号码一位排序尾号码指标遗漏值量化表

一位排序尾	大数	中数	小数	0路	1路	2路	重合码	大数	小数	奇数	偶数	质数	合数
尾数分布	3	4	3	5	3	3	4	5	5	5	5	5	5
理论概率（%）	15	43	42	29	39	32	48	33	67	55	45	68	32
90%遗漏值（期）	14.2	4.1	4.2	6.7	4.7	6.0	3.5	5.7	2.1	2.9	3.9	2.0	6.0
95%遗漏值（期）	18.4	5.3	5.5	8.7	6.1	7.8	4.6	7.5	2.7	3.8	5.0	2.6	7.8
99%遗漏值（期）	28.3	8.2	8.5	13.4	9.3	11.9	7.0	11.5	4.2	5.8	7.7	4.0	11.9
99.9%遗漏值（期）	42.5	12.3	12.7	20.2	14.0	17.9	10.6	17.2	6.2	8.7	11.6	6.1	17.9

通过查表 2-10 双色球红球号码一位排序尾号码指标遗漏值量化表，可以很容易地看出一位排序尾号码各项指标的遗漏值。一位排序尾号码为中数的概率为43%，如果选择中数区为一位排序尾号码的出现范围，可能性达到95%时，遗漏值为5.3期；当一位排序尾号码出现在中数区的可能性达到99%时，遗漏值为8.2期；当一位排序尾号码出现在中数区的可能性达到99.9%时，遗漏值为12.3期。

这些遗漏值是通过博彩公式计算得出的，并且可以通过双色球的历史开奖数据来验证。我们通过对 1040 期的双色球历史开奖数据统计，发现双色球红球号码一位排序尾号码在中数区的最大遗漏值为 11 期，若以 99% 的可信性计算，一位排序尾号码在中数区最大遗漏期限是 8.2 期；以 99.9% 的可信性计算时，一位排序尾号码在中数区最大遗漏期限是 12.3 期。这也说明了在统计的 1040 期双色球历史数据中，所有的一位排序尾号码在中数区里均没有达到 99.9% 的可信性。到目前为止，还没有发现哪一个指标的遗漏值期数超过了我们所预计的 99.99999% 的结果。

这时我们再回头看表 2-9，双色球红球号码一位排序尾号码在小数区遗漏了 10 期。通过查表 2-10 双色球红球号码一位排序尾号码出现在小数区的可能性达到 99% 时，遗漏值仅为 8.5 期，而现在一位排序尾号码在小数区已经遗漏了 10 期，也就是说接下来一位排序尾号码在小数区出现的可信性已经超过了 99%，几乎达到了 100%。从量化的数据上也清楚地指导我们必须重点关注一位排序尾号码出现在小数区。

表 2-10 是双色球红球号码一位排序尾号码指标遗漏值量化表，为了方便广大读者在实战中的使用，其他各个位置的排序尾号码指标遗漏量化表以及蓝球尾号码指标遗漏量化表也经过笔者科学精确地计算后制作成表格并统一放在第七章的第一节里，供大家随时查询。

彩民朋友一定要牢记上面的遗漏值计算公式和各个位置排序尾号码的遗漏值量化表，它们在实战中用得非常广泛。因为从理论上计算出来的数据和我们通过统计得来的数据基本吻合，说明这个遗漏值量化表经得起"二重验证"，是非常有实战参考价值的。

3）遗漏值分析的经验总结。第一，实战中，如果排序尾号码在某一区间的遗漏值期数远远超过它本身的平均遗漏值，那么就必须重点关注它。第二，实战中，如果排序尾号码在某一区间的遗漏值期数接近它本身的最大遗漏值，那么就必须重点关注它。第三，实战中，如果排序尾号码在某一区间的遗漏值大大超过其平均遗漏期数，那么接下来排序尾号码近期会在这个区间频繁出现，这将给彩民创造良好的战机。第四，每个排序尾号码在每个区间都有不同的临界点，也是遗漏出现"反转"时机的高概率范围值，要时刻跟踪关注。第五，必须熟练掌握指标遗漏值量化表，并及时关注各个排序尾号码相应指标遗漏值的变化。例如，某期开奖号码中，双色球红球号码一位排序尾号码在质数区已经遗漏了 4 期，根据表 2-10 的双色球红球号码一位排序尾号码指标遗漏值量化表可知，一位排序尾号码在质数区遗漏达到 4 期后，接下来它在质数区出现的可信性将达到 99%，必须予以重点关注。

（2）惯性的分析技术。惯性是物质运动的一种特征。在彩票分析中，惯性是指某个号码或指标（大中小、012 路、奇偶、质合）在一段时期内连续出现的现象。

如某个号码或指标连续出现 2 次，即惯性 1 次；连续出现 3 次，即惯性 2 次，其他以此类推。排序尾号码在各个指标区的分布状态具有惯性特性，在不同的指标区有不同的惯性分布。

表 2-11　双色球红球号码六位排序尾号码统计表（2008010～2008040 期）

开奖期号	红球号码	蓝球号码	六位排序尾	大数	中数	小数	2路	0路	1路	重合码	大数	小数	奇数	偶数	质数	合数
2008010	03 08 11 17 21 27	09	7	大数	1	1	1	1	1路	1	大数	1	奇数	1	质数	1
2008011	02 14 17 21 30 32	03	2	1	2	小数	2路	2	1	2	1	小数	1	偶数	质数	2
2008012	03 04 05 16 20 30	13	0	2	3	小数	1	0路	2	3	2	小数	2	偶数	1	合数
2008013	02 08 15 16 22 28	10	8	大数	4		2路	1	3	⑧	大数	1	3	偶数	2	合数
2008014	03 09 11 17 21 31	14	1	1	5	小数	1	2	1路	①	1	小数	奇数	1	质数	1
2008015	06 08 11 16 29 33	03	3	3	2	中数	1	2	0路	③	2	小数	奇数	2	质数	2
2008016	03 12 14 21 29 33	13	3	3	3	中数	2	3	0路	③	3	小数	奇数	3	质数	3
2008017	02 05 07 17 20 22	02	2	2	4	小数	2路	1	3	1	4	小数	1	偶数	质数	4
2008018	02 05 06 23 26 33	13	2	2	5	中数	1	0路	4	③	5	小数	奇数	1	质数	5
2008019	02 09 11 17 27 31	05	1	1	6	小数	2	1	1路	①	6	小数	奇数	2	质数	6
2008020	03 10 13 15 28 30	03	0	7	2	小数	3	0路	1	1	7	小数	1	偶数	1	合数
2008021	09 12 19 20 26 28	15	8	大数	3	1	2路	1	2	⑧	大数	1	2	偶数	2	合数
2008022	12 18 20 24 28 32	05	2	1	4	小数	2路	1	3	1	1	小数	3	偶数	质数	1
2008023	08 16 18 25 26 32	02	2	2	5	小数	2路	3	4	2	2	小数	4	偶数	质数	2
2008024	11 20 21 26 28 30	13	0	3	6	小数	1	0路	5	3	3	小数	5	偶数	1	合数
2008025	08 16 17 18 19 21	14	1	4	7	小数	2	1	1路	①	4	小数	奇数	1	质数	1
2008026	05 17 19 27 29 32	03	2	5	8	小数	2路	2	1	5	1	小数	1	偶数	质数	2
2008027	15 18 19 23 24 26	13	6	6	中数	1	1	0路	2	⑥	大数	1	2	偶数	1	合数
2008028	01 13 21 26 29 32	10	2	2	7	小数	2路	3	1		1	小数	3	偶数	质数	1
2008029	01 09 14 22 29 32	12	2	2	8	小数	2路	2	4	2	2	小数	4	偶数	质数	2
2008030	06 15 18 19 20 28	11	8	大数	3	1	2路	3	5	⑧	大数	1	5	偶数	1	合数

续表

开奖期号	红球号码	蓝球号码	六位排序尾	大数	中数	小数	2路	0路	1路	重合码	大数	小数	奇数	偶数	质数	合数
2008031	03 06 11 15 21 31	13	1	1	4	小数	1	4	1路	①	1	小数	奇数	1	质数	1
2008032	05 14 16 21 23 28	13	8	大数	5	1	2路	5	1	⑧	大数	1	1	偶数	1	合数
2008033	12 17 18 30 31 33	4	3	1	中数	2	1	0路	2	③	1	小数	奇数	1	质数	1
2008034	03 05 09 11 21 29	09	9	大数	1	3	2	0路	3		大数	1	奇数	2		合数
2008035	07 11 14 17 18 29	16	9	大数	2	4	3	0路	4		大数	2	奇数	3	2	合数
2008036	02 06 13 18 23 28	16	8	大数	3	5	2路	1	5	⑧	大数	3	1	偶数	3	合数
2008037	01 12 22 24 28 31	06	1	1	4	小数	1	4	1路	①	1	小数	奇数	1	质数	1
2008038	03 09 10 11 15 19	13	9	大数	5	1	2	0路	1		大数	1	奇数	2		合数
2008039	01 07 10 13 22 29	01	9	大数	6	2	3	0路	2		大数	2	奇数	3	2	合数
2008040	06 13 22 25 27 28	09	8	大数	7	3	2路	1	3	⑧	大数	3	1	偶数	3	合数

从表2-11中可以看到，双色球红球号码六位排序尾号码的惯性运动在大中小区的小数区、012路区的2路区、大小数区的小数区、偶数区、质数区都表现得非常活跃。以下我们再结合根据双色球所有开奖数据统计的表2-12双色球红球号码六位排序尾号码实战惯性规律统计情况具体分析。

表2-12　双色球红球号码六位排序尾号码实战惯性规律
统计表（2003001～2008040期）

项目	大数	中数	小数	2路	0路	1路	重合码	大数	小数	奇数	偶数	质数	合数
统计期数（期）	711	711	711	711	711	711	711	711	711	711	711	711	711
惯性次数（次）	48	63	157	63	146	39	137	78	316	207	159	268	100
平均惯性（次）	0.68	0.89	2.21	0.89	2.05	0.55	1.93	1.1	4.44	2.91	2.24	3.77	1.41
最大惯性（次）	4	5	12	4	9	3	10	4	14	8	7	14	5
惯性1次（次）	26	45	77	42	87	28	69	48	103	88	80	107	65
惯性2次（次）	16	13	36	16	31	7	33	18	64	49	40	63	21
惯性3次（次）	5	3	19	3	15	4	20	6	43	29	19	43	10
惯性4次（次）	1	1	14	2	6	0	5	3	33	21	11	26	3
惯性5次（次）	0	1	3	0	3	0	3		22	9	5	13	1

项目	大数	中数	小数	2路	0路	1路	重合码	大数	小数	奇数	偶数	质数	合数
惯性6次（次）	0	0	2	0	1	0	2	1	14	6	2	5	0
惯性7次（次）	0	0	1	0	1	0	2	0	11	4	2	3	0
惯性8次（次）	0	0	1	0	1	0	1	0	7	1	0	2	0
惯性9次（次）	0	0	1	0	1	0	1	0	7	0	0	1	0
惯性10次（次）	0	0	1	0	0	0	1	0	5	0	0	1	0
惯性10次以上（次）	0	0	2	0	0	0	0	0	7	0	0	4	0
惯性临界点	1~2	1~1	1~3	1~2	1~2	1~1	1~2	1~2	1~4	1~3	1~2	1~3	1~2

注：①统计期数：双色球开奖截至 2008040 期的所有历史开奖数据。②惯性次数：统计期数内惯性出现的次数。③平均惯性：统计期数内平均计算 10 期开奖里惯性的出现次数，计算公式为，惯性次数/统计期数×10。④最大惯性：统计期数内连续出现惯性的最大次数。⑤惯性 N 次：统计期数内每次连续出现 N 次惯性的所有出现次数。⑥惯性临界点：统计期数内惯性终止时出现次数最多的惯性范围，也是惯性出现"反转"时机的高概率范围值。

在实战中，如果排序尾号码在某一区间的惯性次数达到或超过一定的惯性期数，即达到或超过"临界点"，那么该惯性出现"反转"的概率极高，我们必须关注它。

根据表 2-12 双色球红球号码六位排序尾号码实战惯性规律统计表中的统计数据，大中小分区的小数区里惯性运动一共进行了 157 次，其中惯性 1 次后"反转"的占 77 次，惯性 2 次后"反转"的占 36 次，惯性 3 次后"反转"的占 19 次，惯性 4 次后"反转"的占 14 次，这时惯性出现的总次数为 146 次。也就是说，如果六位排序尾号码在大中小分区的小数区连续惯性了 4 次，那么这时惯性出现反转的概率为 146/157，约为 93%。

在表 2-11 双色球红球号码六位排序尾号码统计表中，2008022～2008026 期里六位排序尾号码在大中小分区的小数区内连续出现 5 期，即惯性运动已经达到 4 次。根据表 2-12 双色球红球号码六位排序尾号码实战惯性规律统计表可知，六位排序尾号码在小数区连续 4 次进行惯性运动后"反转"的概率为 93%，所以我们可以高概率地排除六位排序尾号码继续出现在小数区的情况。事实胜于雄辩，2008027 期六位排序尾号码出现在中数区，说明我们的判断方法是正确的。

在实战中，如果排序尾号码在某一区间出现的惯性次数接近其本身的最大遗漏值，那么我们就必须重点关注它。在表 2-11 中，红球号码六位排序尾号码在大数区出现的惯性为 3 次（2008034 期、2008035 期和 2008036 期），接近它的最大惯性值 4 次（见表 2-12）。因此，我们大有信心预测其惯性出现"反转"的概率非常高，所以在接下来的选号工作中要排除六位排序尾号码出现在大数区的情况。

通过历史统计数据还可发现双色球排序尾号码的一个重要特征：每个排序尾号码在每个区间都有不同的最佳惯性范围，这个最佳惯性范围是指统计期数内惯性终止时出现次数最多的惯性范围，也是惯性出现"反转"时机的高概率范围值，称为反转临界点，简称临界点。

通过表 2-12 双色球红球号码六位排序尾号码实战惯性规律统计表可知，六位排序尾号码在奇数区惯性 1~3 期、在质数区惯性 1~2 期是其临界点，即表明六位排序尾号码在该区的惯性出现次数达到或超过这个范围值后发生"反转"的概率很高，最低达到 80%。

根据双色球 711 期历史数据的统计结果可知，六位排序尾号码在 012 路分区的 1 路区中共出现了 39 次惯性，而这 39 次惯性中，惯性 1 次就反转的达到 28 次。因此，我们可以非常有把握地排除六位排序尾号码在 1 路区出现惯性的情况，即使在 1 路区出现了惯性，它随后发生"反转"的概率也极高。例如，在表 2-11 中，六位排序尾号码在 1 路区就没有出现惯性，非常符合我们的惯性统计规律。

在实战中，如果排序尾号码在某阶段内惯性出现次数很少（低于平均惯性值），在另一阶段内就会多次出现以求回补；相反，如果在某一阶段内惯性出现得非常频繁，那么在下一阶段内出现的次数就会相对减少，以求均衡。

例如，在表 2-11 大中小分区的大数区里，2008010~2008033 期共 23 期里没有出现惯性，呈现偏态，在接下来的开奖中我们预测惯性出现次数增多以求回补。果然，在第 2008035 期和第 2008036 期连续出现 2 次惯性，接下来在第 2008039 期和第 2008040 期又连续出现 2 次惯性。根据求均衡原理，我们继续看好大数区惯性出现，即分析判断六位排序尾的选择范围是大数，包括 7、8、9。在实战中如果掌握好这个规律，就能准确地将排序尾号码确定在一个很小的范围内，意义非凡。

相反，在表 2-11 的偶数区里，经过 2008020 期到 2008024 期、2008026 期到 2008030 期两个大的惯性出现后，我们预期接下来的开奖中六位排序尾号码在偶数区不会有惯性。事实上在接下来的 10 期开奖中，在偶数区没有惯性出现，再次印证这个规律的可靠性。

通过以上分析，我们总结出如下惯性分析的经验：

第一，在实战中，如果排序尾号码在某一区间出现的惯性次数达到或超过一定的惯性期数，甚至接近最大惯性值，该惯性出现"反转"的概率极高，我们必须关注它。

第二，在实战中，每个排序尾号码在每个区间都有不同的临界点，也是惯性出现"反转"时机的高概率范围值，要时刻跟踪关注。

第三，在实战中，如果在某个区间里排序尾号码在某阶段内惯性次数很少，在另一阶段内就会多次出现以求回补；相反，如果在某一阶段内惯性出现非常频繁，那么在接下来的阶段内出现的次数就会相对减少，以求均衡。这将给彩民创造良好的战机。

（3）热冷温分析技术。

热、冷、温是根据数字0~9或指标在某一分析区间出现的次数来确定其对应数字或指标冷热状态的技术参数。

在双色球游戏中，一般以7期为一个周期进行统计，在7期中如果排序尾号码在同一区间内出现大于2次的称为热码，等于2次的为温码，小于2次的则是冷码。热码呈热态，是整体或近期内经常出现的号码；温码呈温态，是整体或近期内正常开出的号码；冷码呈冷态，是整体或近期内较少开出的号码。热、冷、温其实与遗漏值有关。遗漏值越大，表明这个指标越冷；遗漏值越小，表明指标越热。每个位置的排序尾号码统计表不同，各个统计指标的热、冷、温状态也完全不同，我们以双色球2006110~2006139期开奖数据为例。

表2-13 双色球红球号码三位排序尾号码统计表（2006110~2006139期）

开奖期号	红球号码	蓝球号码	三位排序尾	大数	中数	小数	2路	0路	1路	重合码	大数	小数	奇数	偶数	质数	合数
2006110	09 12 14 18 27 33	13	4	1	中数	1	1	1	1路	1	1	小数	1	偶数	1	合数
2006111	01 08 11 16 17 22	15	1	2	1	小数	2	2	1路	①	2	小数	奇数	1	质数	1
2006112	04 09 13 15 31 33	11	3	3	中数	1	3	0路	1	③	3	小数	奇数	2	质数	2
2006113	05 14 17 18 28 33	02	7	大数	1	2	4	1	1路	1	大数	1	奇数	1	质数	3
2006114	08 10 14 20 27 29	16	4	1	中数	3	5	2	1路	1	1	小数	1	偶数	1	合数
2006115	01 10 20 26 28 29	15	0	1	1	小数	6	0路	1	3	2	小数	2	偶数	2	合数
2006116	05 16 21 22 32 33	09	1	3	2	小数	7	1	1路	①	3	小数	奇数	1	质数	1
2006117	06 14 20 22 23 26	09	0	4	3	小数	8	0路	1	1	4	小数	1	偶数	1	合数
2006118	01 03 07 08 10 30	05	7	大数	4	1	2	1	1路	1	大数	1	奇数	1	质数	1

续表

开奖期号	红球号码	蓝球号码	三位排序尾	大数	中数	小数	2路	0路	1路	重合码	大数	小数	奇数	偶数	质数	合数
2006119	01 02 14 20 27 30	02	4		中数 1		2	10	2	3		小数 1		偶数 1		合数 1
2006120	06 08 14 15 24 33	09	4		中数 2		3	11	3	4		小数 2		偶数 2		合数 2
2006121	03 04 06 27 31 33	06	6		中数 3		4	12	1	⑥	大数 1			偶数 3		合数 3
2006122	04 05 06 08 22 24	03	6		中数 4		5	13	2	⑥	大数 2			偶数 4		合数 4
2006123	02 03 20 25 28 32	06	0			小数 1	1	14	3	1		小数 1		偶数 5		合数 5
2006124	12 13 14 18 31 32	13	4		中数 1		1	15	1	2		小数 2		偶数 6		合数 6
2006125	15 19 23 30 32 33	06	3			小数 1	2	16	1	③		小数 3	奇数 1		质数 1	
2006126	02 08 13 16 24 33	09	3			小数 2	3	17	2	③		小数 4	奇数 2		质数 2	
2006127	03 04 11 17 19 30	01	7	大数 1			1	18	1	①	大数 1		奇数 3		质数 3	
2006128	04 15 21 30 31 33	05	7	大数 2			2	19	2	①	大数 2		奇数 4		质数 4	
2006129	09 14 18 22 27 29	12	8	大数 3			2路 1	1	3	⑧	大数 3			偶数 1		合数 1
2006130	01 12 21 22 30 32	02	1			小数 1	1	4	1路 1	①		小数 1	奇数 1		质数 1	
2006131	03 04 09 22 26 33	01	9	大数 1			2	0路 1	1	1	大数 1		奇数 2			合数 1
2006132	06 14 22 26 30 33	01	2			小数 1	2路 1	1	2	2		小数 1		偶数 1	质数 1	
2006133	04 06 20 25 29 31	03	0			小数 2	1	0路 1	3	3		小数 2		偶数 2		合数 1
2006134	10 13 18 26 28 30	12	2			小数 3	2路 1	1	4	⑧		小数 3		偶数 3	质数 1	
2006135	04 19 21 22 23 31	04	7	大数 1			1	2	1路 1	①	大数 1		奇数 1		质数 2	
2006136	11 15 17 21 22 24	05	7	大数 2			1	2	1路 2	1	大数 2		奇数 2		质数 3	
2006137	10 14 17 21 27 31	09	7	大数 3			1	2	1路 3	2	大数 3		奇数 3		质数 4	
2006138	04 09 11 17 18 26	08	1			小数 1	1	2	1路 4	①		小数 1	奇数 4		质数 5	
2006139	07 08 14 21 23 25	05	4		中数 1		1	5	1路 5	1		小数 2		偶数 1		合数 1

　　表2-13 双色球红球号码三位排序尾号码统计表中，观察2006133～2006139期最近7期的开奖，三位排序尾号码在大中小分区的大数区和小数区里分别出现3次，表现为一般性热态，而在中数区因为只出现了1次，呈现为冷态。在012路分区内，三位排序尾号码分别在2路区、0路区出现1次，呈现绝对的冷态，而在1路区连续出现了5次表现出极端的热态。所谓热者恒热、冷者恒冷，"非等量"现象非常明显。

　　在实战中，如果排序尾号码在同一区间的某一阶段内呈现出相对或绝对的冷态，那么根据"求均衡"原理，排序尾号码会在另一阶段内更好地表现，以实现"调偏回补"。在表2-13中，2006119~2006128期的10期里，三位排序尾号码在大数区出现了0次，表现为极度的冷态。"非等量"出现后，根据"求均衡"原理，我们预期三位排序尾号码在后面会有好的表现。果然，在后面的9期开奖中三位排序尾号码在大数区出现了5次。

同理，表2-13中，三位排序尾号码从2006118~2006124期的7期开奖里在奇数区只出现了1次，也呈现出绝对的冷态。因此，我们预期后期三位排序尾号码在奇数区会有上佳的表现。大冷之后必有大热，在接下来的7期开奖中三位排序尾号码在奇数区里出现了6次，迅速地完成了"调偏回补"。在同一阶段里，三位排序尾号码在质数区也完美地进行了一次"求均衡"。

在实战中，如果排序尾号码在同一区间的某一阶段内呈现出热态，根据"求均衡"原理，排序尾号码会在另一阶段内过渡到温态或冷态，以求平衡。在表2-13中，2006119~2006126期的8期开奖里三位排序尾号码出现在中数区达到8次，呈现为极度的热态，是一种偏态；而在大数区和小数区表现出冷态，也是一种偏态，这也是一种"非等量"现象。根据求均衡原理，偏态必然要进行调整以求平衡。那么，热态必然转化为温态或冷态，而冷态也必然转化为热态或温态。通过以上的冷热温分析，我们必须关注三位排序尾号码接下来会出现在大数区或小数区。大热后必有大冷，果然在接下来的开奖中三位排序尾号码在中数区连续遗漏了12期，呈现绝对的冷态。

表2-13中，大家可能会关注到三位排序尾号码在2路区呈现的冷态，因为它在第2006110期之前的37期内共出现过19次，故热极必冷。在实战中，如果我们能把握住冷热转化的过程，不但能有效地排除每个排序尾号码不太可能出现的区间，还能根据"调偏回补"的原理精准地分析每个技术指标，从而更精确地选择排序尾号码。

通过以上分析，我们总结出了如下热冷温分析的经验：

第一，在实战中，如果排序尾号码或其他指标在同一区间的某一阶段内呈现出冷态或热态，根据"求均衡"原理，排序尾号码或其他指标会在另一阶段内经过温态过渡或直接向相反方向发展，以求平衡。

第二，对每个位置排序尾统计表不同指标的热、冷、温的变化要了如指掌。

第三，要重点关注热态的指标。根据经验，某个指标的热态最有可能持续热下去，真正的"强者恒强"；而冷态则是不可靠的，一味博冷并不可取。

第四，对指标热、冷、温的判定，一定要根据各区间各指标的出现概率来进行比较衡量，那样才更有参考使用价值。

四、指标的选用原则

　　双色球排序尾号码统计表通俗易懂、简约神奇，其所选择的各项技术指标更是精心萃取的精华。但是，还需要彩民朋友根据自身实际情况灵活应用。各项指标的重要性是随预测号码而变的，可能预测这期的中奖号码时，大中小的作用最大，到了下期，012 路就成为关键性的指标。单独使用各项指标来分析预测中奖号码是不可取的，因为它的预测能力有限，读者必须要对 13 类指标加以综合应用，灵活选择。这就需要一个指标选择的指导思想，指标的选择和应用究竟要遵循哪些原则呢？

1. 指标的选择原则

　　只有准确选择排序指标，再通过指标分析确定每个排序尾号码，最后才能精准组合号码。所以，指标选择是保证高概率中奖的关键。我们可以结合双色球排序尾实战遗漏值和惯性统计表以及指标遗漏值量化表来加以综合运用。

　　首先，必须全面观察每个指标在排序尾号码统计表中所表现的状态。如果在排序尾号码统计表中，某个指标在某个区间内的遗漏、惯性或热冷温状态等表现得非常突出，那么就可以判断这个指标有"明显态势"可抓。"明显态势"代表指标的遗漏、惯性运动或热冷温状态在每个统计表中的表现情况，据此可以确定选择使用哪几种指标。假如一位排序尾号码在中数区已经遗漏了 7 期，远远低于它的理论出现概率，并接近实战中最大的遗漏值数据。根据指标量化表可知，一位排序尾号码出现在中数区的可信性非常高，已经接近 99.9%，那么，这个指标便有"态势明显"的特征，可以选择使用。

　　反过来说，如果某个指标从整体上看表现得非常明显，特征性很强，如一位排序尾号码在大小区的小数区出现的概率非常高，但是现在观察到的结果是，它在短期内没有这种表现，出现了"异常"现象，那么，它发生"反转"的可能性极大，这时，小数就是一个不可忽视的指标，应毫不犹豫地选择。

　　同样，如果某个指标在近期内出现的次数呈现"偏态"，并且达到了极限，那我们完全可以排除它继续出现的可能性，这样的指标也是应该选择的。比如，若四位排序尾号码在大数区已经连续出现并惯性 3 期，接近四位排序尾号码出现在该区最大惯性次数的极限，那么发生"反转"的概率极高，所以我们完全可以排除四位排序尾号码继续出现在大数区的可能性。

　　如果某个指标在长期表现很有规律，只是在近期表现得不尽如人意，说明该指标有极大的潜力，具有很大的预测能力，往往能帮助彩民朋友在实战中出其不意、屡立战功。

指标有很多，即使是相同的指标，在不同的统计表中的表现也有差异。有的一团雾水，朦胧难辨；有的清晰可见，呼之欲出。因此，要想一击命中中奖号码，就必须找最有规律、状态最明显的指标，那些表现不规律的、不明显的指标则坚决不用，宁精毋滥。

总之，指标的选择必须以排序尾号码统计表为基础，以指标的分析技术为准则来分析判断每个指标，从正反两方面来评判该指标的使用价值。指标在统计表中表现得越有规律，它的应用价值越大。

2. 指标的应用原则

选好指标后，接下来就要对指标逐个分析，最后提炼出组合结果，这便是指标的应用环节，也是中奖的重要环节。每个指标既可单独使用，也可与其他指标联合作战；不同指标交叉使用可相互印证。

（1）交叉使用原则。

所谓交叉使用，就是每次在进行指标分析时，需将各种已经选择好的指标分门别类地排列开来，看其中哪个指标最"异常"、"态势最明显"，哪个好选用哪个。在此基础上，各种指标都可以交叉使用，大中小数可以和质数、合数交叉使用，012路也可以和大小数交叉使用。大家一定要活学活用，举一反三。

（2）相互印证原则。

所谓相互印证，是指每次应用指标确定排序号码时，可以同时使用几种方法相互参照，从不同角度分析中奖号码，看看其结果有没有统一性。如果分析选择是正确的，结果应当完全一致。例如，在实战中，我们根据小数区指标确定某一位排序尾号码在小数区出现，同时还能确定该排序尾号码是奇数，小数包括号码0、1、2，奇数包括号码1、3、5、7、9，那么我们通过交叉使用原则就可以判断这个排序尾号码是1，如果还能确定该排序尾号码为质数，就再次证明了之前的推断是可靠的。反之，如果有一项或两项不符合，说明指标的分析有问题。相互印证实则是对指标的一种校验。

第三节　排序定位法实战操练

通过前面排序定位法应用原理和指标应用的学习，相信每个彩民朋友对排序尾统计表的制作及指标的各种分析技术已经有了详细的了解。

那么，在实战中怎样分析每个排序尾统计表并如何选出每个位置上高概率的备选号码来进行投注呢？这个分析和选号的过程称为"定尾选号"，它包含两个重要的步骤：第一步是排序尾分析；第二步是排序区间过滤。按照次序进行，缺一不可。

一、排序尾号码分析

双色球游戏中，将红球开奖号码按从小到大的顺序排列后，可以制作出六个排序尾号码统计表。如何分析这六个排序尾号码？按照习惯性思维，彩民可能会先分析一位排序尾号码统计表，然后分析二、三、四、五、六位。但这种分析次序不是最有效的。

在实战中，我们通常首先分析一位排序尾号码统计表和六位排序尾号码统计表，其次再分析二位排序尾号码统计表和五位排序尾号码统计表，最后分析三位排序尾号码统计表和四位排序尾号码统计表。

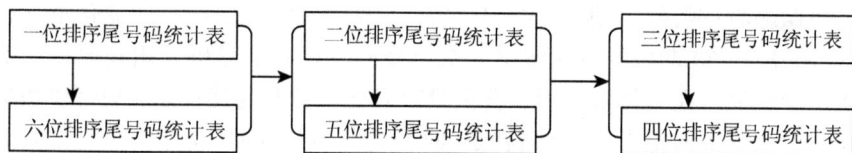

图2-2 排序尾号码统计表分析流程

为什么要先分析红球号码一位排序尾号码统计表和六位排序尾号码统计表，然后再分析其他的统计表呢？

假设我们通过分析一位排序尾号码统计表后确定一位排序尾号码为8，那么红球备选号码包括08、18、28，第一位置上备选红球号码中最小的号码为08。如果再分析六位排序尾号码后还能确定六位排序尾号码是7、8、9中的一个，那么第六位置的红球号码最大只能是27、28、29三个号码中的一个，也就无形中排除了30、31、32、33这4个号码。

我们确定了第一位置红球号码里最小的备选号码为08，第六位置红球号码里最大的备选号码是29，这时再通过分析二位排序尾号码选择第二位置红球号码时，就可以首先排除掉小于或等于08和大于或等于29的号码，而只能在09~28选择。假如通过二位排序尾号码统计表分析判断二位排序尾号码是3，我们知道09~28号码之间红球号码尾数为3的号码只有13、23，那么可以肯定地说号码13、23就是第二位置上红球号码的备选号码，从而排除了03和33，大大缩小了选号范围，选号的精确性和准确性相对提高了很多。如果我们再通过分析五位排序尾号码统计表确定第五位置红球号码的开出范围，第三位、第四位备选红球号码的选择范围也就大大缩小了。这种由外至内、层层定位缩小包围圈的选号流程，是一种效率非常高的号码分析流程。

1. 趋势分析

知道了红球号码所有排序尾号码统计表的整体分析流程，接下来就要具体分析每个排序尾号码统计表，从而精准地判断每个排序尾号码。在分析每个排序尾号码统计表时，我们首先需要针对每个统计表内指标的整体变化趋势做出正确的判断。指标趋势有短期趋势、中期趋势和长期趋势三种。一般来说，我们重点关注短期趋势和中期趋势，而对于长期趋势，由于其对实战的指导意义不大，一般不用特别关注。而且，长期趋势总是会向中期、短期趋势转化的。当然，若能从历史长期数据中看出指标的变化趋势，掌握每个指标的整体情况，对于预测中奖号码也会起到意想不到的作用。大家在平时多观察、多揣摩双色球历史数据统计表，熟悉每个统计表中的指标走势变化，更好地应用于实战。

短期趋势一般指 10 期内的变化情况或者是平均遗漏期内的变化情况；中期趋势一般指 50 期内的变化情况。指导我们分析判断号码开出规律的一般都是中短期趋势。在具体实战中，我们没有必要把现有的几百期历史开奖数据翻个遍，而只要了解最近的 30 期到 50 期、最多不超过 80 期开奖号码，就能给我们的分析判断提供非常有价值的信息。

一般而言，我们采用排除法来观察一个指标的趋势变化，以及根据这种趋势变化确定某个指标是否是关键性指标。比如，根据一段时间内红球号码排序尾号码连续出现在中数区这一客观事实，可以判断近期一定会出现在小数区或大数区进行调整，那么 0、1、2、7、8、9 这 6 个号码就是我们必须高度关注的排序尾号码。又如，排序尾号码在质数区是以间隔 1、2、3 期的递增形式出现的，现在间隔 4 期，通过历史数据发现，类似现象常常不会再次同量递增，从而排除排序尾号码在质数区再次出现的情况。

在实战中，我们以红球号码排序尾号码统计表的指标分类为标准，逐步分析每个指标、每个图表。在做分析的工作前必须做足功课，把每个排序尾号码统计表的指标特征以及整体的趋势了解透彻，这样才能轻装上阵，胜券在握。

2. 排序定位法实战步骤详解

我们以双色球 2004 年 2004006～2004036 期共 31 期开奖数据为例，对表 2-14 双色球红球号码一位排序尾号码统计表进行分析后选择一位排序尾号码。

这时，表 2-15 双色球红球号码一位排序尾号码遗漏规律统计表（2003001～2004036 期）和表 2-16 双色球红球号码一位排序尾号码惯性规律统计表（2003001～2004036 期）也会在分析中起到重要的作用。

表 2-14　双色球红球号码一位排序尾号码统计表（2004006～2004036 期）

开奖期号	红球号码	蓝球号码	一位排序尾	大数	中数	小数	2路	0路	1路	重合码	大数	小数	奇数	偶数	质数	合数
2004006	04 12 18 20 23 32	06	4	1	中数	1	1	1	1路	1	1	小数	1	偶数	1	合数
2004007	04 12 17 20 25 28	09	4	2	中数	2	2	2	1路	2	2	小数	2	偶数	2	合数
2004008	01 07 10 22 32 33	13	1	3	1	小数	3	3	1路	①	3	小数	奇数	1	质数	1
2004009	01 09 10 16 22 24	11	1	4	2	小数	4	4	1路	①	4	小数	奇数	2	质数	2
2004010	06 07 08 13 14 19	15	6	5	中数	1	5	0路	1	⑥	大数	1	1	偶数	1	合数
2004011	01 04 13 23 28 30	03	1	6	1	小数	6	1	1路	①	1	小数	奇数	1	质数	1
2004012	01 07 27 30 31 33	08	1	7	2	小数	7	2	1路	2	2	小数	奇数	2	质数	2
2004013	12 14 21 29 30 32	13	2	8	3	小数	2路	3	1	3	3	小数	1	偶数	质数	3
2004014	03 07 11 17 20 26	12	3	9	4	小数	1	0路	2	③	4	小数	奇数	1	质数	4
2004015	01 03 05 18 22 23	13	1	10	5	小数	2	1	1路	5	5	小数	奇数	2	质数	5
2004016	04 07 28 30 32	05	4	11	中数	1	3	2	1路	6	6	小数	1	偶数	1	合数
2004017	05 12 14 15 25 31	09	5	12	中数	2	2路	3	1	2	大数	1	奇数	1	质数	1
2004018	02 05 06 08 28 30	06	2	13	1	小数	2路	4	2	1	1	小数	1	偶数	质数	2
2004019	05 10 11 23 24 32	04	5	14	中数	1	2路	5	3	4	大数	1	奇数	1	质数	3
2004020	01 02 09 22 28 31	04	1	15	1	小数	1	6	1路	①	1	小数	奇数	2	质数	4
2004021	05 09 11 17 26 27	10	5	16	中数	1	2路	7	1	1	大数	1	奇数	3	质数	5
2004022	03 10 14 19 20 30	06	3	17	1	小数	1	0路	2	③	1	小数	奇数	4	质数	6
2004023	01 08 14 17 19 30	03	1	18	2	小数	2	1	1路	①	2	小数	奇数	5	质数	7
2004024	01 13 21 23 25 32	06	1	19	3	小数	3	2	1路	3	3	小数	奇数	6	质数	8
2004025	07 08 10 24 29 33	04	7	大数	4	1	4	3	1路		大数	1	奇数	7	质数	9
2004026	04 10 14 18 28 32	15	4	1	中数	2	5	4	1路		1	小数	1	偶数	1	合数
2004027	01 05 09 10 18 32	11	1	2	1	小数	6	5	1路	①	2	小数	奇数	1	质数	1
2004028	01 02 03 05 10 22	12	1	3	2	小数	7	6	1路	①	3	小数	奇数	2	质数	2
2004029	09 13 20 22 24 32	05	9	大数	3	1	8	0路	1		大数	1	奇数	3	1	合数
2004030	01 07 09 17 26 31	05	1	1	4	小数	9	1	1路	①	1	小数	奇数	4	质数	1
2004031	03 06 19 20 21 24	11	3	2	5	小数	10	0路	1	③	2	小数	奇数	5	质数	2
2004032	02 05 08 11 15 31	13	2	3	6	小数	2路	1	2	2	3	小数	1	偶数	质数	3
2004033	01 04 08 09 19 20	01	1	4	7	小数	1	2	1路	①	4	小数	奇数	1	质数	4

续表

开奖期号	红球号码	蓝球号码	一位排序尾	大数	中数	小数	2路	0路	1路	重合码	大数	小数	奇数	偶数	质数	合数
2004034	02 07 13 20 27 30	14	2	5	3	小数	2路	3	1	1	5	小数	1	偶数	质数	5
2004035	02 08 26 27 30 32	16	2	6	4	小数	2路	4	2	2	6	小数	2	偶数	质数	6
2004036	02 13 17 18 26 30	01	2	7	5	小数	2路	5	3	3	7	小数	3	偶数	质数	7

表 2-15 双色球红球号码一位排序尾号码遗漏规律统计表（2003001～2004036 期）

项目	大数	中数	小数	2路	0路	1路	重合码	大数	小数	奇数	偶数	质数	合数
统计期数（期）	125	125	125	125	125	125	125	125	125	125	125	125	125
遗漏次数（次）	16	34	35	27	23	26	33	28	28	33	33	29	28
平均遗漏（次）	6.41	2.6	2.50	3.5	4.25	3.67	2.71	3.34	3.34	2.71	2.71	3.2	3.34
最大遗漏（次）	19	8	7	12	13	9	6	7	7	4	7	4	9
遗漏 1 次（次）	4	17	20	9	5	8	13	11	23	20	19	24	9
遗漏 2 次（次）	0	8	8	5	7	7	13	2	2	9	5	3	8
遗漏 3 次（次）	1	4	3	6	2	4	3	6	2	3	3	0	4
遗漏 4 次（次）	1	2	1	2	4	3	3	1	1	1	2		1
遗漏 5 次（次）	1	1	1	2	1	2		2		3	0		3
遗漏 6 次（次）	3	1	0		0	1		0	0	0	0	0	0
遗漏 7 次（次）	1	0	2		0	0		2	0	0	0	0	0
遗漏 8 次（次）	1	0	0		0	0		0	0	0	0	1	0
遗漏 9 次（次）	2	0	0		0	1		0	0	0	0	0	0
遗漏 10 次（次）	0	0	0		0	0		0	0	0	0	0	0
遗漏 10 次以上（次）	2	0	0	1	2	0	0	0	0	0	0	0	0
遗漏临界点	1～6	1～3	1～2	1～4	1～6	1～3	1～2	1～4	1～1	1～2	1～3	1～1	1～4

注：①统计期数：双色球 2003001 期截至第 2004036 期的所有历史开奖数据。②遗漏次数：统计期数内遗漏出现的次数。③平均遗漏：统计期数-遗漏次数/（遗漏次数+1）。④最大遗漏：统计期数内连续出现遗漏的最大次数。⑤遗漏 N 次：统计期数内每次连续出现 N 次遗漏的所有出现次数。⑥遗漏临界点：统计期数内遗漏终止时出现次数最多的遗漏范围，也是遗漏出现"反转"时机的高概率范围值。

表 2-16　双色球红球号码一位排序尾号码惯性规律统计表 （2003001～2004036 期）

项目	大数	中数	小数	2路	0路	1路	重合码	大数	小数	奇数	偶数	质数	合数
统计期数（期）	125	125	125	125	125	125	125	125	125	125	125	125	125
惯性次数（次）	20	48	57	41	31	53	56	37	88	71	54	87	38
平均惯性（次）	1.60	3.84	4.56	3.28	2.48	4.24	4.48	2.96	7.04	5.68	4.32	6.96	3.04
最大惯性（次）	3	5	5	3	4	6	5	4	7	7	4	9	4
惯性 1 次（次）	16	34	36	27	24	26	33	28	29	33	34	29	29
惯性 2 次（次）	3	9	13	12	4	13	14	5	18	14	14	20	5
惯性 3 次（次）	1	3	5	2	2	7	6	3	16	5	5	12	2
惯性 4 次（次）	0	1	2	1	0	3	2	1	10	6	1	8	0
惯性 5 次（次）	0	1	1	0	0	2	1	2	5	0	0	7	0
惯性 6 次（次）	0	0	0	0	0	2	2	0	5	0	0	4	0
惯性 7 次（次）	0	0	0	0	0	0	1	0	3	2	0	4	0
惯性 8 次（次）	0	0	0	0	0	0	0	0	0	0	0	0	0
惯性 9 次（次）	0	0	0	0	0	0	0	0	0	0	0	0	0
惯性 10 次（次）	0	0	0	0	0	0	0	0	0	0	0	0	0
惯性 10 次以上（次）	0	0	0	0	0	0	0	0	0	0	0	0	0
惯性临界点	1～1	1～1	1～2	1～1	1～1	1～2	1～2	1～1	1～4	1～3	1～2	1～4	1～2

注：①统计期数：双色球 2003001 期截至第 2008040 期的所有历史开奖数据。②惯性次数：统计期数内惯性出现的次数。③平均惯性：统计期数内平均 10 期开奖数据里惯性的出现次数，计算公式为，惯性次数/统计期数×10。④最大惯性：统计期数内连续出现惯性的最大次数。⑤惯性 N 次：统计期数内每次连续出现 N 次惯性的所有出现次数。⑥临界点：统计期数内惯性终止时出现次数最多的惯性范围，也是惯性出现"反转"时机的高概率范围值。

1. 第一步　大中小区分析

观察大中小区里大数、中数、小数每个分区的整体趋势情况，看看有什么规律性特征。

我们知道在双色球红球号码一位排序尾号码统计表的大中小区中，一位排序尾号码出现在大数区、中数区和小数区的理论概率分别为 15%、43% 和42%。因此，在一位排序尾号码统计表中的大中小区中一位排序尾号码出现在大数区的次数比出现在中数区和小数区的要少。再根据表 2-15 双色球红球号码一位排序尾号码遗漏规律统计表（2003001～2004036 期）可知，一位排序尾号码在大中小区中大数区的最大遗漏值为 19 期，平均遗漏值是 6.41 期，相对是一位排序尾号码在中数区和小数区的最大遗漏的 2 倍多，同时也是平均遗漏的 2 倍多，因此也清楚地说明了这一点。

综上所述，我们在实战中分析一位排序尾号码统计表时，要重点关注一位排序尾号码出现在中数区和小数区的情况。

表 2-14 中截至第 2004036 期，一位排序尾号码在大中小分区的大数区遗漏了 7 期，刚刚超过它的平均遗漏值，并且一位排序尾号码在大数区遗漏了 19 期后在接下来的 2004025 期、2004029 期出现了 2 次，短期内进行了迅速调偏回补，所以我们不考虑一位排序尾号码会出现在大数区。

非常明显的是，表 2-14 中的一位排序尾号码从 2004030 期到 2004036 期的 7 期里，在小数区一共出现了 6 次，呈现了极度的热态。同时，一位排序尾号码在小数区的出现已经惯性 4 次，几乎达到了一位排序尾号码惯性规律统计表中的最大惯性值。因此，根据求均衡原理，可以高概率地排除一位排序尾号码继续出现在小数区。

接下来，我们继续观察一位排序尾号码出现在中数区的情况。表 2-14 中，截至第 2004036 期，一位排序尾号码在大中小区的中数区已经遗漏了 5 期，根据一位排序尾号码指标量化表可知，这时该排序尾号码出现在中数区的可信性已经超过 90%，接近 95%；根据一位排序尾号码遗漏规律统计表，一位排序尾号码在中数区的最大遗漏值是 8，其遗漏值临界点是 1～3 期，现在该排序尾号码在中数区的遗漏值已经超过临界点，一位排序尾号码在中数区遗漏 5 期后出现"反转"的概率为 94%（遗漏 1 次的次数 17，加上遗漏 2 次的次数 8，依次加到遗漏 5 次的次数 1 合计为 32 次，再除以总的遗漏次数 34 次，得出反转的概率为 94%）。因此，根据以上种种分析，一位排序尾号码出现在中数区的概率很高。

2. 第二步　012 路区分析

首先对 012 路区里 0 路、1 路、2 路每个分区的整体趋势分析，总结一下有什么规律性特征。

表 2-14 的 2004006～2004016 期共 11 期中，双色球红球号码一位排序尾号码在 2 路区出现的次数呈现冷态。"非等量"过后一定会进行"求均衡"，因此，在接下来的 2004017～2004021 期开奖中，一位排序尾号码在 2 路区里短期内出现了 4 期，迅速完成了调偏回补，成功地进行了一次冷热趋势的转化。接下来一位排序尾号码在 2 路区连续遗漏了 10 期后，在 2004032～2004036 期短期内又出现了 4 次调偏回补，开始新一轮的热冷转换。大家可以

看到，该排序尾号码在 2 路区的冷热转换很有规律。

在表 2-14 中，双色球红球号码一位排序尾号码在 2 路区出现了 3 次，即惯性 2 次。根据一位排序尾号码惯性规律统计表的历史统计数据可知，惯性临界点为 1~1。在 711 期的历史统计数据中，一位排序尾号码在 2 路区出现惯性共 41 次，其中出现 1 次惯性和 2 次惯性的次数为 39 次，那么惯性 2 次后出现"反转"的概率约占总惯性次数的 95%。因此，我们可以预期在下期开奖中一位排序尾号码继续出现在 2 路区的可能性极小，予以排除。

在表 2-14 中，双色球红球号码一位排序尾号码在 0 路区遗漏了 5 期，根据一位指标遗漏值量化统计表可知，此时该排序尾号码出现在 0 路区的可信性已经接近 90%。因此，我们非常看好一位排序尾号码出现在 0 路区。

再看 1 路区。表 2-14 中，从 2004023 期到 2004028 期的 6 期里，一位排序尾号码在 1 路区出现了 6 次，表现了极度的热态，真正的"热者恒热"。既然出现了"非等量"现象，那么"求均衡"原理势必发生了作用。为了求均衡，一位排序尾号码在 1 路区的出现一定会"调偏回补"。果不其然，在经历了分别遗漏 1 期和 2 期的温态过渡后逐渐向冷态发展。截至第 2004036 期，一位排序尾号码在 1 路区遗漏 3 期，虽然达到了遗漏值临界点，但是根据遗漏值指标量化表，该排序尾号码在 1 路区出现的可能性也只是接近了 90%，根据之前的趋势表现，可以关注。

通过 012 路分区的分析，一位排序尾号码出现在 2 路区可以高概率地排除，并且该排序尾号码出现在 0 路区的概率高于出现在 1 路区。因此，我们选择即将开奖的一位排序尾号码出现在 0 路区。

3. 第三步　重合码分析

重合码是个特殊的指标，它代表大中小区与 012 路区交集的 1、3、6、8 这 4 个号码的出现状态。

表 2-14 中，从 2004008 期到 2004015 期的 8 期里，一位排序尾号码在重合码区出现了 7 期，呈现热态。在接下来的开奖中连续遗漏了 4 期，迅速完成了"调偏回补"。之后断续频繁出现，截至第 2008036 期，一位排序尾号码在重合码区又遗漏了 3 期。根据双色球红球号码一位排序尾指标遗漏值量化表可知，一位排序尾号码在重合码区遗漏 3 期再次出现在该区的可信性已经接近 90%。

根据一位排序尾号码遗漏值规律统计表可知，一位排序尾号码在重合码区遗漏 3 次后出现"反转"的概率已经达到 90.4%。通过以上分析，我们看好一位排序尾号码会高概率地出现在重合码区。

4. 第四步　大小区分析

大小区分为大数区与小数区。表2-14中，双色球红球号码一位排序尾号码在小数区表现得"强者恒强"，而很少在大数区出现，呈现冷态。截至第2004036期，一位排序尾号码在大数区已经遗漏7期，根据一位排序尾指标遗漏值量化统计表分析，该排序尾号码出现在大数区的可信性已经接近了95%。这时通过一位排序尾号码实战遗漏规律统计表还可知道，一位排序尾号码在大数区的最大遗漏值为7，目前的遗漏期数已经与最大遗漏期数持平，说明这个指标处于极度的冷态，前面已经说过冷态是最不可靠的，因此综合来看目前只能重点关注。

5. 第五步　奇偶区分析

奇偶区包括奇数区和偶数区，从理论概率来说虽然出现的概率相差不是很大，但是根据排序尾号码统计表的不同，会有差异性的变化，表现的形态也各有不同。我们要从遗漏值、惯性运动、热冷温等几个方面分析选择这个指标。从表2-14中可以观察到，截至第2004036期，双色球红球号码一位排序尾号码在奇数区已经遗漏了3期，根据一位排序尾指标遗漏值量化统计表可知，在该排序尾号码在奇数区遗漏3期后出现的可信性已经超过90%。

表2-14中，一位排序尾号码在偶数区经历2004019期到2004025期、2004027期到2004031期两个大的遗漏后，迅速调偏回补，并且在截至第2004036期时已经惯性2次。我们根据一位排序尾号码实战惯性规律统计表知道，一位排序尾号码在偶数区惯性2次后反转的概率高达88%。

通过以上分析后，我们可以高概率地排除一位排序尾号码继续出现在偶数区的可能性，也就是重点关注一位排序尾号码在奇数区的出现。

6. 第六步　质合区分析

质合区包括质数区与合数区。表2-14中，一位排序尾号码在质数区连续惯性了6期，而它的最大惯性值为9期；同时一位排序尾号码在合数区连续遗漏了7期，它的最大遗漏值是9期。

所以，在接下来的开奖中一位排序尾号码出现在哪个区间不是十分明了，根据指标的选用原则，这样的指标没有参考价值，不予选用。

7. 第七步　综合分析

通过对一位排序尾号码统计表中六大类指标的分析，我们得出以下结论：

第一，排除一位排序尾号码出现在小数区的情况，即排除掉一位排序尾号码为0、1、2的情况。

第二，选择一位排序尾号码出现在0路区，包括号码0、3、9。

第三，选择一位排序尾号码出现在重合码区，包括号码1、3、6、8。

第四，排除一位排序尾号码出现在偶数区，即排除掉号码0、2、4、6、8。

综合以上四个指标，只有排序尾号码为3的红球号码完全符合我们的分析。排序尾为3的号码包括03、13、23、33，如果一位排序尾号码选择正确，那么第一位红球备选号码即包括03、13、23这3个号码。事实上，第2004037期开奖中第一位置红球号码是03，一位排序尾号码为3，说明排序定位法是经得起实践验证的。

以上是双色球一位排序尾号码的分析步骤，其他五个位置排序尾号码与一位排序尾号码的分析步骤是一致的，彩民朋友可以自己练习和揣摩。

二、排序区间过滤

双色球开奖号码通过排序定位后，每个位置上红球号码的出现范围称为排序区间，其理论排序区间为：

理论排序区间1：01~28；

理论排序区间2：02~29；

理论排序区间3：03~30；

理论排序区间4：04~31；

理论排序区间5：05~32；

理论排序区间6：06~33。

经过统计双色球2003001期到2004036期共计125期的数据可以获得如下双色球红球号码排序区间统计表，如表2-17所示。

表2-17　双色球红球号码排序区间统计表（2003001~2004036期）

排序定位	理论区间	100%区间	90%区间	80%区间
第一位置红球	01~28	01~18	01~10	01~09
第二位置红球	02~29	02~21	02~19	02~17
第三位置红球	03~30	03~28	05~25	07~21
第四位置红球	04~31	05~30	08~28	10~28
第五位置红球	05~32	10~32	14~32	14~32
第六位置红球	06~33	11~33	23~33	25~33
所需注数（注）	1107568	1072212	997912	370797

注：①100%区间指在实际开奖中各位置号码出现概率为100%的实际排序区间。②90%区间指在实际开奖中各位置号码出现概率为90%的实际排序区间。③80%区间指在实际开奖中各位置号码出现概率为80%的实际排序区间。

我们继续选择以 2004037 期双色球第一位红球号码为例进行分析。

假设通过对 2004006～2004036 期共 31 期开奖数据的双色球红球号码一位排序尾号码统计表分析后，可以确定一位排序尾号码为 3，那么红球的备选号码一定为 03、13、23、33 这 4 个号码。不论怎么开奖，第一位置的红球号码都不能超越 01～28 的理论出现范围，因此红球号码 33 不符合条件，可以直接排除掉，只剩下 03、13、23 这 3 个红球备选号码。

双色球排序号码的实际排序区间也不容忽视。根据表 2-17 可知，第一位置红球号码的理论区间是 01～28，从理论上讲，如果要保证 100% 的准确率确定第一位置红球号码，须把 01～28 的号码全部选一遍；可是通过 126 期的开奖数据统计发现，只要我们选择了 01～18 范围的所有红球号码，同样能保证 100% 的中奖概率，这个范围就是经过统计历史数据得来的 100% 的实际排序区间。靠数据说话，靠数据证明一切，这就非常有力地证明了双色球的中奖号码是有规律的，它只会在特定的范围内出现。

这时选择的第一位置红球号码的备选号码里只剩下了 03、13、23 这 3 个号码，而 23 不在 01～18 的范围内，那么根据实际排序区间的范围值就可以高概率地排除掉号码 23。

通过表 2-17 还可以看到，在 126 期的统计数据中，第一位置红球号码出现在 01～10 的概率高达 90%，也就是说在实战中如果在 01～10 区间内选择第一位置红球号码，中奖概率能达到 90%。所以，我们进一步地将 13 排除在外。也就是说，我们有 90% 的胜算选择号码 03 为第一位置上红球号码。神奇的是，第 2004038 期双色球开奖号码的第一位置红球号码就是 03，事实胜于雄辩！

我们通过分析排序尾号码统计表后，可以高概率地选择出每个位置上的红球备选号码。如果再结合实际排序区间的话，能再次准确、高效地对每个红球备选号码进行筛选、过滤从而达到"缩水"的目的，最终确定每个位置上的红球号码。如果分析准确无误，6 个位置的红球号码全部选对，便可命中双色球二等奖；如果再投入 32 元购买全部的 16 枚蓝球号码，就能命中 500 万元或 1000 万元的大奖！

当然，上面的"如果"只是理想状态，要想实现不是件很容易的事情，大多数的情况下运用排序定位法后，每个位置上的红球号码会有 1～3 个备选号码不等。接下来，我们要用第三章的组号技术和第四章的优化技术进一步"组合"和"优化"。请跟随我们的思路，进入第三章的阅读吧。

第三章　双色球红球组号技术

我们在实战中可以通过第二章讲解的定尾选号技术进行备选号码的选择，那么获得备选号码后该如何进行组号投注才能达到最佳效果呢？

双色球实战中，常用的组号投注方式有单式组号投注、复式组号投注、胆拖组号投注以及旋转矩阵组号投注。

大家在实战中可以根据当期所选择号码数量的多少，结合每种组号投注的优缺点，再综合自身资金的实际情况来具体参考使用其中一种形式进行组号投注。

第一节　单式组号

单式组号投注即把备选红球号码都按照单式投注的形式进行组合后投注。前面已经讲过，单式投注是从红色球号码中选择 6 个号码，从蓝色球号码中选择 1 个号码，组合为 1 注投注号码的投注。因此，单式投注也就是主要针对红球号码的组合投注方式。

假设实战中运用定尾选号技术分析选择的一位号码为 03、05，二位号码为 10，三位号码为 11，四位号码为 23，五位号码为 27，六位号码为 33，如果要使用单式组号投注方式进行投注，就是把按照位置选择的红球号码组合后进行投注。这 7 个红球号码的所有组合为 2 注，分别是 03、10、11、23、27、33 和 05、10、11、23、27、33，如果任何一注包括当期的 6 个红球号码，那么投入 4 元即可中得二等奖。当然，以上这是假设，是最好的结果。实战中每个位置可能备选多个红球，组合后会有多个组合，这时候就需要通过各种优化技术进一步缩水过滤才能获得最少量的并适合自己投入的投注数量。

第二节　复式组号

复式投注包括红区复式投注、蓝区复式投注和全复式投注。

红区复式投注是从红色球号码中选择 7~20 个号码，从蓝色球号码中选择 1 个号码，组合成多注投注号码的投注。

蓝区复式投注是从红色球号码中选择 6 个号码，从蓝色球号码中选择 2~16 个号码，组合成多注投注号码的投注。

全复式投注是从红色球号码中选择 7~20 个号码，从蓝色球号码中选择 2~16 个号码，组合成多注投注号码的投注。

众所周知，双色球单式投注要从 01~33 选择 6 个红球号码，再从 01~16 选择一个蓝球号码组合成 "6+1" 形式进行投注，从理论上来说中取大奖的概率很小。而复式投注因为组合后号码的覆盖面广，因此中奖概率相对于单式投注要高出许多。

俗话说得好，"单钩垂钓不如撒网一收"。复式投注是提高中奖概率、降低投注风险的有效购彩方式，一旦中奖，大奖、小奖会中得一串。

复式投注因为组合后的投注号码覆盖面广，中奖概率相对来说虽然大了很多，但需要投入的资金量也因此大一些，不可避免地要面临投注资金大幅度提高的问题。选择 7~20 个范围内红球号码复式投注，投注额从十几元至几万元，如果再加上蓝球的复式，投入更是呈几何形式增长，没有一定经济实力的彩民很难承受得起这种大投入，从某些方面来讲也违背了 "以小博大" 的博彩宗旨。

复式组合投注一般采用红球号码 7~15 个、蓝球号码 1~3 个的形式为主要投注方式。

我们建议，如果在实战中根据定尾选号技术获得的备选红球号码在 13 个号码以下、备选蓝球号码在 3 个之内，并且当期的中奖概率很高，那么再结合自身的资金使用情况，可以考虑应用复式投注。反之，不建议绝大多数彩民在实战中使用复式组合投注的方式投注。

在实战中如果红球备选号码过多，那么考虑选择使用的蓝球号码要精、少，这样才会降低投入金额；同理，如果备选红球号码少，那么选择使用的蓝球号码可以适当多一些，因为蓝球的高中奖率也会降低复式投注所带来的风险。

复式投注的最大优点是高中奖率，最大缺点是高投入，因此大家在实战中要结合自己的实际情况，仔细斟酌后选择使用。

第三节　胆拖组号

一、胆拖组号简介

我们首先需要了解双色球玩法中胆码和拖码的定义。

在双色球玩法中，通常把一个或多个最看好的并且在当期中奖号码中会高概率出现的红球备选号码称为胆码。

在双色球红球备选号码的范围中，选择胆码后再从剩余号码中选择若干个号码作为与胆号码相配的红球号码，这些红球号码称为拖码。

胆拖组号是一种主次分明的组号投注方法，就是在双色球 33 个红球号码里选定 1~5 个红球号码作为胆码，再选定 2~20 个（电脑系统限定的个数，理论上最多可以到 32 个，但由于打印区域限制故最多只能打印 20 个）不同的红球号码作为拖码，胆码和拖码的个数加起来要大于 6 个、小于 33 个。

双色球胆拖组号主要针对红球号码，把备选的红球号码分成胆码和拖码两部分，胆码在所投注的每一注彩票里都会出现，而拖码与胆码共同组成完整的一组彩票。

以双色球玩法中 2 拖 5 为例，假设我们通过使用定尾选号技术获得的红球备选号码有 7 个，为 01、05、06、08、16、22、32，其中把胆码设定为 01、05，拖码设定为 06、08、16、22、32，蓝球号假定为 16，实战中可以组成这样的胆拖号码进行投注：

第 1 注：01、05、06、08、16、22+16；

第 2 注：01、05、06、08、16、32+16；

第 3 注：01、05、06、16、22、32+16；

第 4 注：01、05、08、16、22、32+16；

第 5 注：01、05、06、08、22、32+16。

这里的胆码"01、05"在每一注里都有，而拖码"06、08、16、22、32"则分别与胆码共同组成一注完整的彩票，但并不是每个拖码在每一注里都会有。

所组成的单式投注号码为全部含有胆码的所有 6 个号码的红球组合，胆拖投注所组成的每注单式投注号都必须包含全部胆码，组合的变化全部由拖码来完成。选择使用的胆码数量必须要少于 6 个，而且胆码和拖码的号码不能在同一注中重复选择。

双色球胆拖组号是继全包蓝球、三种复式（红球复式、蓝球复式和全复式）组号后又一种被广泛使用的组号方式。

双色球胆拖包括红区胆拖和红区胆拖、蓝区复式投注两种组号投注方式。

红区胆拖组号是以红区为组合游戏的胆拖组号，蓝区为单式。红区先选择1~5个号码作为红区胆号码，再从剩余号码中选择若干个号码作为与胆号码相配的拖号码。

红区胆拖、蓝区复式组号方式是红区为组合游戏的胆拖投注方法，蓝区为复式投注。红区先选择1~5个号码作为红区胆号码，再从剩余号码中选择若干个号码作为与胆号码相配的拖号码，然后再从蓝区选择1~16个号码。

二、胆拖组号的优点

相对于双色球复式组号而言，胆拖组号的优点十分鲜明。

1. 投注金额较少

对于双色球这种大盘游戏来说，如果单纯选择使用复式组号，因为号码组合的注数多，投注金额会相应提高很多。而胆码的准确定位能够使资金投入量相对减少，同样还有可能中得大小不同的奖项。

例如，按复式组号的方法，红色球复式组号10个号（蓝球个数为1）的投注金额为420元；使用胆拖组号，胆1拖9的购买金额为252元，胆2拖8的购买金额为140元，而胆5拖5时只需10元。可以看出，使用胆拖组号时胆码选得越多，所需投入金额就越少。

又如，选7个红球号码的红球复式组号（蓝球只选1个）需要投入14元，但用胆拖组号2拖5的方式，则只要10元就可以；8个红球号码的复式组号需56元，而2拖6只需30元，节省26元；10个红球号码的复式组号需420元，而2拖8只需140元，节省280元。可以得出这样的结论，使用胆拖组号时备选的红球号码越多，则节省的金额也越多。

经过分析可以看出，较复式组号而言，双色球胆拖组号更为经济实用。但是，这里必须要强调的是——选择胆码的准确率一定要高。

2. 中奖效果较好

胆码是胆拖组号的灵魂，在胆码全中、拖码大部分也都选中的情况下，中奖金额非常可观。

例如，胆1拖6时，如果胆码与拖码全都命中，可中得1注一等奖，同时兼中5注三等奖（前提为蓝球命中）。即便胆码无一命中，但只要拖码中得较多，仍可中得一些小奖或保本。

只要胆码全部选中，并在拖码里选中其余的号码，可以确保大面积的中奖，甚至每一注都中奖，大奖、小奖一起中；即使胆码不一定全中，结合拖码所中情况，也可以收获一定的小奖，并不像某些彩民朋友认为的那样：胆拖组号，胆码不中就没戏了。比如，双色球 2 拖 5，如果 2 个胆码全没中，但只要5 个拖码中得 4 个，至少也能中得五等奖，保本收益没有问题；如果蓝球也命中的话，则每注都会中奖，200 元四等奖 1 注、10 元五等奖 4 注，奖金合计240 元，最终可以盈利 230 元。

3. 选号灵活

双色球胆拖组号给彩民提供了广阔的组号投注空间，彩民在投注时可根据自身经济实力和投注计划，自由地增减胆码和拖码。

在备选红球号码不变的前提下，胆码选择得越多，那么实际投注的资金就会越少；相反，胆码选择得越少，实际投注资金也会越多。实战中，彩民可以根据自身的实际情况来选择资金的投入和胆码个数的多少。但是为了提高中奖概率，胆码选择的正确性至关重要。建议彩民综合考虑中奖概率和投注资金之间的协调关系，正确选择适合自己的模式进行投入。

三、如何合理选胆

胆拖组号是乐透型彩票中常用的一种组号投注方法，胆拖组号中选胆是最为关键的一步。

例如，双色球备选红球号码中包括了开奖号码中的 6 个红球，可是在选择的 2 个胆码里只有 1 个是基本号码，虽然拖码中了 4 个，也同样不能中得二等奖（不考虑蓝球情况下）。因此，胆码的选取非常重要。胆码选不好，直接影响到胆拖投注的实际效果。

胆码和拖码的选定，体现的是彩民对所选号码的重视程度和选择范围，是投注人在衡量投注资金与号码多寡比例中的慎重选择。一般来说，选胆要求稳，不能求险。故此，推荐以下几种合理的选胆技巧供彩民朋友参考。

1. 旺区选"胆"

就是在最近几期出号较多的出号旺区选胆。双色球红球四分区法，一区（01~08）、二区（09~16）、中轴 17、三区（18~25）、四区（26~33）各自出球个数没有定式可循，但存在以下走势特征：①四分区每期发生断区的可能性达 64%。②四分区断区一般有一个明显的逐步位移的走势，便于固定排除 8 个号码。比如，如果最近的 5 期内，在中区 18~22 出号比较密集，那么就要在这个区域里选取 3 个胆码，而考虑在其他三个分区进行断区杀号。应充分相信：断区杀号之后，在余下的号码中成功选择 6 红机会很大，能够最大程度击中奖号。

2. 重号寻"胆"

在双色球开奖号码中，由于重号出现较多，而重号的备选范围相对较小（每期只有 6 个红球号码选择），这样选中的可能性比盲目选择的成功率要大得多。

3. 尾号定"胆"

我们在使用排序定位法选择每个位置上的红球尾数时，一般情况下，总会有个别尾数号码近期表现得特别突出，如果我们选定了一个尾号，对应的号码就只有 3~4 个了，然后再从中细选出 1~2 个号码，是最好的选胆码的方式之一。

4. 质数捡"胆"

双色球红球中的 11 个质数为 02、03、05、07、11、13、17、19、23、29、31，质数个数正好占到红球号码数量的 1/3。每期开出质数的平均个数为 $6/33 \times 11 \approx 2$ 个，也就是每期理论上应该出现 2 个质数。实际上质数出现比理论值偏多，如第 2007059 期到 2007061 期连续都中出 3 个质数。质数的筛选，要考虑红球奇偶、大小的比例，一般以 4:2、3:3、2:4 的形式出现。之所以把质数作为胆码的一种选取方法，是因为几乎每一期都会出现 2~3 个质数。

5. 隔期追"胆"

就是在选择本期的胆码时仔细分析上一期的开奖号码，考虑每个号码的冷热程度、奇偶情况，从总体上研究其中自己认为比较重点的号码的惯性和惰性现象，按照隔三期出现或隔五期出现的特征，把这样的号码确定为胆码。

彩民在实战中可以根据自己的喜好对以上介绍的胆码的选择方法进行综合研判，结合当期的实际情况斟酌使用，才能达到最佳效果。

四、选几个胆码合适

在双色球红球备选号码中，只能选取 1~5 个胆码。下面分析在选择不同数量胆码的情况下，中奖的可能性和奖金的收益情况。

第一，选 1 个胆码，N（$6 \leqslant N \leqslant 32$）个拖码（为了方便说明，假设 N = 12，下同），则可组成 792 注有效组合，需 1584 元。①若 1 个胆选中了，则 12 个拖中取 3~5 个，分别获奖 360 元、2720 元，1 注二等奖另加 9100 元。②若 1 个胆未选中，则 12 个拖中取 4~6 个，分别获奖 80 元、550 元、2100 元。

第二，选 2 个胆码、12 个拖码，则可组成 495 注有效组合，需 990 元。①若选中 2 个胆，则 12 个拖中取 3~4 个，分别获奖 450 元、2880 元，1 注二等奖另加 8080 元。②若仅选中 1 个胆，则 12 个拖中取 3~5 个，分别获奖 90 元、520 元、1700 元。③若 1 个胆都未选中，则 12 个拖中取 4~6 个，分别获奖 10 元、50 元、150 元。

第三，选 3 个胆码、12 个拖码，则可组成 220 注有效组合，需 440 元。①若选中 3 个胆，则 12 个拖中取 1~3 个，分别获奖 550 元、2900 元，1 注二等奖另加 6480 元。②若仅选中 2 个胆，则 12 个拖中取 2~4 个，分别获奖 100 元、470 元、1280 元。③若仅选中 1 个胆，则 12 个拖中取 3~5 个，分别获奖 10 元、40 元、100 元。

第四，选 4 个胆码、12 个拖码，拖码两两组合，则可组成 66 注有效组合，需 132 元。①若选中 4 个胆，则 12 个拖中取 0~2 个，分别获奖 660 元、750 元，1 注二等奖另加 4450 元。②若仅选中 3 个胆，则 12 个拖中取 1~3 个，分别获奖 110 元、400 元、870 元。③若仅选中 2 个胆，则 12 个拖中取 2~4 个，分别获奖 10 元、30 元、60 元。

由此可见，在双色球胆拖组号投注实战中，选择 2 个或 3 个胆比较科学合理。

我们再看一个例子。双色球备选红球号码选择了 9 个号码，并进行 4 胆 5 拖的胆拖投注，共组成 10 注号码。

假设选择 01、02、03、04 为红球区的胆码，选择 05、06、07、08、09 为红球区的拖码，01 为蓝色球区号码，组成的单式投注如下：

01、02、03、04、05、06+01；
01、02、03、04、05、07+01；
01、02、03、04、05、08+01；
01、02、03、04、05、09+01；
01、02、03、04、06、07+01；
01、02、03、04、06、08+01；
01、02、03、04、06、09+01；
01、02、03、04、07、08+01；
01、02、03、04、07、09+01；
01、02、03、04、08、09+01。

如果 4 个胆码全中，不管拖码和蓝色球中不中，都可以保证每注单式投注里至少有个五等奖；如果 4 个胆码有 3 个不中，并且蓝色球也没选中，那么，即使拖码里面选中 5 个号都没有奖。当然，也不是说胆码选择得不正确，就完全没有中奖机会。如果胆码选择较少，如1~2个，即使胆码全部未中，那么拖码选中较多时，也会中取一些小的奖项。

因此，通过上面的例子提醒彩民，在实战中选择使用胆拖投注方式时，一定要慎重选择胆码，并适当控制胆码的数量，因为胆码选得越多，固然提高了中奖的机会，但也相应地增加了不中奖的风险。

五、怎样计算胆拖投注的金额及注数

实战中选择了一定数量的红球备选号码和蓝球备选号码，如果使用胆拖组号的方式进行投注，那么该如何计算组号后的投注数量以及投注所需的金额呢？

我们在实际操作中计算胆拖投注注数的公式为：设定红球区胆码个数为 n（1≤n≤5），红球区拖码个数为 m（6-n≤m≤20），蓝球区所选个数为 w，则此胆拖投注的注数个数为：combin（m，6-n）×combin（w，1）。

例如，设红球区胆码个数为 2（1≤n≤5），红球区拖码个数为 8（6-n≤m≤20），蓝球区所选个数为 3，则此胆拖投注的注数个数为：combin(8,4)×combin(3,1)=210 注。

这里用到高等数学中的组合和组合数公式。

组合：是从 n 个不同的元素中，任取 m（m≤n）个元素并成一组，叫做从 n 个不同元素中取出 m 个元素的一个组合。

组合数公式：combin(n,m)=n(n-1)…(n-m+1)/1×2…m=n!/m!(n-m)!。

简单地举例说，combin（4，2）=6 的含义就是在 4 个数中，任意取 2 个数，有 6 种取法。

实战中，如果选择01、02、03、04 为红球区的胆码，选择05、06、07、08、09 为红球区的拖码，选择01、02 为蓝色球区复式号码，则共组成 combin（5，2）×combin（2，1）=20 注，需要投入 40 元。

具体组成的单式投注如下：

01、02、03、04、05、06+01；　　01、02、03、04、05、07+01；
01、02、03、04、05、08+01；　　01、02、03、04、05、09+01；
01、02、03、04、06、07+01；　　01、02、03、04、06、08+01；
01、02、03、04、06、09+01；　　01、02、03、04、07、08+01；
01、02、03、04、07、09+01；　　01、02、03、04、08、09+01；
01、02、03、04、05、06+02；　　01、02、03、04、05、07+02；
01、02、03、04、05、08+02；　　01、02、03、04、05、09+02；

01、02、03、04、06、07+02；　　01、02、03、04、06、08+02；
01、02、03、04、06、09+02；　　01、02、03、04、07、08+02；
01、02、03、04、07、09+02；　　01、02、03、04、08、09+02。

大家在学习和使用中并不一定要全部弄懂胆拖组号投注数量的计算公式，为了大家在实战中使用方便，我们制作了双色球胆拖投注金额计算表，如表3-1所示，同时为了平时查询使用方便收录在本书第七章"复式胆拖投注速查"中。

表3-1　双色球红球胆拖投注金额计算表

投注金额（元）		红球拖码个数													
		2	3	4	5	6	7	8	9	10	11	12	13	14	15	16
红球胆码个数	1					12	42	112	252	504	924	1584	2574	4004	6006	8736
	2				10	30	70	140	252	420	660	990	1430	2002	2730	3640
	3			8	20	40	70	112	168	240	330	440	572	728	990	1120
	4		6	12	20	30	42	56	72	90	110	132	156	182	210	240
	5	4	6	8	10	12	14	16	18	20	22	24	26	28	30	32

投注金额（元）		红球拖码个数													
		17	18	19	20	21	22	23	24	25	26	27	28	29	30	31
红球胆码个数	1	12376	17136	23256	31008	40698	52668	57684	85008	106260	131560	161460	196560	237510	285012	339822
	2	4760	6120	7752	9690	11970	14630	17710	21252	25300	29900	35100	40950	47502	54810	62930
	3	1360	1632	1938	2280	2660	3080	3542	4048	4600	5200	5850	6552	7308	8120	
	4	272	306	342	380	420	462	506	552	600	650	702	756	812		
	5	34	36	38	40	42	44	46	48	50	52	54	56			

表3-1中显示的只是计算蓝球为1个时红球胆拖投注需要投入的金额，若蓝球选择n个时，则胆拖投注的金额为表中"投注金额"乘以蓝球个数n。

每注彩票投注金额2元，因此投注金额除以2等于胆拖投注的投注数量。

第四节　矩阵组号

我们如果能熟能生巧地运用排序定位法，那么就能够高概率地选出红球备选号码，但是它也有一定的局限性。

排序定位法的核心思想是通过确定每个位置上红球号码的尾数来选择红球备选号码，由于在 01~33 区间内，尾数相同的号码有 3~4 个，如果确定第一位置红球号码的尾数为 2，那么该位置的备选号码有 02、12、22（第一位置红球号码的理论范围是 01~28）。虽然在实战中通过排序区间可以对每个位置的红球备选号码进行再次筛选过滤，但是客观地说，把每个位置上红球号码的备选号码精确地确定为一个，并且 6 个位置上的所有号码全部选对，还是很有难度的。

在大多数情况下，每个位置上都会选择出几个不等的红球备选号码，如果组合在一起就有十多个红球备选号码。备选号码很多，彩民需购买这些号码的所有组合（复式投注）才有可能中奖，这将使得彩民每次购买彩票都要投入很多资金，一般彩民难以承受。这种投注方法也违背了"以小博大"的彩票游戏宗旨。

在彩票游戏中，还可能出现一种更"惨"的情况，我们的红球备选号码内囊括了当期的 6 个红球号码，但每一注只有一两个号码与中奖号码对得上。有时，甚至连末等奖也没有中，眼看着一次绝佳的中奖机会白白溜走了。面对这种情况，除了遗憾，别无他法。那么，有没有一种方法，在保证中奖率不降低的情况下，大量排除中奖概率比较小的备选号码，使我们选出的红球号码更精准呢？

下面我们将介绍一种组号方法，它能让彩民在投资中根据自身的资金支配情况，选择适合自己的组号方法，从而确保投资的科学性、合理性，而且能保证最大限度地中奖。通俗地说，就是用最少的钱中最大的奖。这种组号方法就是定位旋转矩阵法。

定位旋转矩阵是在旋转矩阵的基础上扩展衍生而成。它在原有的旋转矩阵法基础上增加了对号码位置的限制，不但保证了原有旋转矩阵的中奖概率，而且还在此基础上最大限度地减少了投注的注数，从而减少资金的投入。

上一章介绍的排序定位法，如果彩民运用得法，能精确定位每个位置上红球备选号码的出现范围。如果再结合定位旋转矩阵法，就能进一步为红球备选号码"瘦身减肥"，从而达到精简投注的最高境界。

一、什么是旋转矩阵

旋转矩阵是一个看似简单却异常复杂和高深的数学难题，它的原理在数学上称为"覆盖设计"。旋转矩阵被引入到彩票界后，演化成一种彩票号码的科学组合方法。简单地说，在双色球中，您只要选对了一定范围的红球备选号码，它就能保证您中奖。

举例来说，不管您选择了多少个备选号码，只要它们中间包含了 6 个红球中奖号码，那么通过旋转矩阵的方法进行组号后，可以保证您至少中得一注对 5 个号码的奖项，也有可能中得对 6 个号码的奖项；如果备选号码中包含了 5 个中奖号码，它就可以保证中得 4 个或 4 个以上的中奖号码。需要提醒彩民朋友的是，这个方法不针对蓝球的选择。

旋转矩阵法具有以下两个特点：

1. 简单易用

运用旋转矩阵法时，您根本不需要具备多么高深的数学知识，要做的只是"依葫芦画瓢"般地套用旋转矩阵的公式即可。

2. 节约资金、保证中奖

如果备选的号码中包括中奖号码，那么通过旋转矩阵法组号后，不但节省了大量投入资金，而且能最大限度地保证您中得大奖。

二、旋转矩阵的优势

如前所述，我们在实战中可以首先通过排序定位法精选出若干备选号码供我们进行投注。可是如果备选的号码数量过多，大多数彩民不可能投入大量的资金去购买所有的号码组合（复式投注）。即便备选号码中包含了中奖号码，但这些号码往往不在同一注投注号码中，也会白白浪费一次绝好的机会。

如何避免这些遗憾呢？这时旋转矩阵就要发挥它的强劲优势了，下面我们通过对比说明双色球投注中组合号码的重要性。倘若您选择了 10 个红球号码：01、02、03、04、05、06、07、08、09、10，您想把它们组合起来进行投注，一般有两种组合方法。

1. 复式投注

复式投注无疑是最简单的方法，这种方法在彩票投注站的宣传单上就有详细的介绍。您只要直接购买 10 个号码的复式就可以了，但需要购买 210 注，投入资金 420 元。因为复式的目标就是中大奖，它将 10 个号码的全部组合都包括了，也就是说，如果这 10 个号码里包含中奖号码，在不考虑蓝球的情况下，您可以稳中二等奖。

表 3-2　双色球红球号码复式投注金额对照表

红球号码个数（个）	7	8	9	10	11	12	13	14	15	16	17	18	19	20
投注金额（元）	14	56	168	420	924	1848	3432	6006	10010	16016	24752	37128	54264	77520

注：①以上投注金额是在选择 1 个蓝球的情况下计算的。②双色球游戏规则中规定：红球号码复式投注中，最多能购买 20 个号码的复式，有些地区还限制到最多购买 16 个号码的红球复式。

从表 3-2 中可以看到，复式投注的缺点显而易见，它需要投入的资金太大了，如果选择 20 个号码需要投入 7 万多元。大多数的彩民不可能投入这么巨大的资金去购买彩票，因此，每次用复式投注法进行彩票投注肯定不是一种理智的彩票玩法。

2. 旋转矩阵

旋转矩阵的价值在于，如果您所选择的多个号码中包括了开奖号码，那么只要用很少的投入，就能够中得一个相应级别的大奖。例如，现有双色球 10 个红球备选号码，使用 10—6—5—14 型旋转矩阵公式，其含义是选择 10 个备选号码，若其中包含了 6 个中奖号码，那么至少会中一注选对 5 个红球号码的奖，即四等奖。使用旋转矩阵后，彩民只需要购买 14 注，投入 28 元，而相应的复式投注需要的投资为 420 元。如此少的投资，如此高的获奖保证，这就是旋转矩阵的优势所在。

表 3-3　双色球 10 个红球号码的 10—6—5—14 型旋转矩阵公式

注号	系统序号					
第 1 注	1	2	5	6	7	9
第 2 注	2	4	6	7	9	10
第 3 注	3	6	7	8	9	10
第 4 注	1	2	3	6	8	9
第 5 注	4	5	6	8	9	10
第 6 注	1	3	4	7	9	10
第 7 注	1	3	4	5	8	9
第 8 注	2	3	4	5	9	10
第 9 注	1	3	4	5	6	7

注号	系统序号					
第10注	1	2	4	6	7	8
第11注	1	2	3	5	6	10
第12注	1	2	5	7	8	10
第13注	2	3	4	5	7	8
第14注	1	2	3	4	8	10

三、旋转矩阵的用法

1. 旋转矩阵名称里数字代码的含义

每种旋转矩阵都有自己固定的名称，例如，10—6—5—14 型矩阵、12—6—5—38 型矩阵、14—5—4—31 型矩阵等。"10—6—5—14"等数字表示该旋转矩阵类型的公式代码。每个矩阵类型的公式代码里包含着四个方面的含义。

第一段代码指彩民所选择的红球号码的备选个数。例如，代码 10、12、14 表示在实战中选出的 10 个、12 个、14 个红球备选号码。

第二段代码指的是在备选号码中所包含的后来开出的中奖号码，如 10—6—5—14 型矩阵中的代码 6 表示所选择的 10 个备选号码包含了 6 个中奖号码，同理 14—5—4—31 型矩阵中的代码 5 也表示所选择的 14 个备选号码包含了 5 个中奖号码。

第三段代码指的是保证中奖的号码数量。例如，12—6—5—38 型矩阵中的第三段代码 5 表示选择了 12 个备选号码后，如果在开奖中包含了 6 个中奖号码，那么这个矩阵的组合里一定会中得一注含 5 个中奖号码的奖项。需要说明的是，这时中得的 5 个号码的奖项最终是几注并不确定，这与组合号码的顺序有关系。也就是说，号码在组合里出现的次数影响最后的中奖情况。

第四段指的是所需购买的注数。还是以 12—6—5—38 型矩阵为例，第四段代码是 38。它表示如果选择了 12 个备选号码并在开奖中包含了 6 个中奖号码，那么这个矩阵的组合里一定会中得 5 个号码的奖项，而这时需要实际购买的注数为 38 注。据此，彩民就可以计算出自己所需的投注金额。

我们通常把 10—6—5—14 型矩阵公式称为 10 个号码的中 6 保 5 型旋转矩阵，其他矩阵以此类推。

2. 旋转矩阵的运用

旋转矩阵的运用极为简单，下面我们通过一个实例来加以说明。

表3-4 双色球系统序号与备选号码对照表

系统序号	1	2	3	4	5	6	7	8	9	10
备选号码	02	06	09	13	15	20	25	28	31	33

备选号码是我们经过分析判断后，认为能高概率出现的并准备用来投注的号码。同时，我们引入系统序号，按从小到大的顺序为备选号码标上序号。例如，表3-4中，我们选择了10个备选号码，准备采用10—6—5—14型旋转矩阵公式来进行组号。我们只要把该矩阵公式（见表3-3）中的所有系统序号换成相应的备选号码，就可以得到一系列号码组合，如表3-4所示。例如，把矩阵公式中的1换成对照表里下方对应的02，2换成06，3换成09，4换成13，以此类推，即可完成。10—6—5—14型矩阵公式里的系统序号替换成备选号码后演变的14注号码如表3-5所示，产生了14注投注号码。第1注号码是怎么得出来的呢？我们首先看表3-3的旋转矩阵公式，表内第1注的第1位系统序号是1，表3-4中系统序号1下对应的是号码02，所以表3-5第1注的第1个号码就是02；表3-3内第1注的第2位系统序号为2，表3-4中系统序号2下对应的号码为06，因此，表3-5中第1注的第2个号码就是06；表3-3第1注的第3个系统序号为5，表3-4中系统序号5下对应的备选号码是15，而表3-5中第1注的第3个号码就是15，其他号码都按这种方法生成。

表3-5 根据10—6—5—14型旋转矩阵公式产生的投注单

第1注	02	06	15	20	25	31
第2注	06	13	20	25	31	33
第3注	09	20	25	28	31	33
第4注	02	06	09	20	28	31
第5注	13	15	20	28	31	33
第6注	02	06	13	25	31	33
第7注	02	09	13	15	28	31
第8注	06	09	13	15	31	33
第9注	02	09	13	15	20	25
第10注	02	06	13	20	25	28

续表

第 11 注	02	06	09	15	20	33
第 12 注	02	06	15	25	28	33
第 13 注	06	09	13	15	25	28
第 14 注	02	06	09	13	28	33

需要特殊说明的是，由于旋转矩阵公式中的各个系统序号出现的次数并不是完全一样的，所以对数字的编码不同就会组合成不同的投注号码，从而最终的中奖结果也不一样。10—6—5—14 型旋转矩阵公式中各个号码出现的次数如表 3-6 所示。

表 3-6　10—6—5—14 型旋转矩阵公式中各个数字出现次数表

系统序号	1	2	3	4	5	6	7	8	9	10
出现次数	9	9	9	9	8	8	8	8	8	8

通过表 3-6 可以看出，我们应用旋转矩阵公式组合号码时应当把出现概率最高的备选号码放在最前面，与出现次数最高的系统序号相匹配，那样，就可以相对获得更多的中奖机会。

有一点可以肯定，无论如何组合号码，根据矩阵所获得的最低中奖保证是不变的。也就是说，开奖后，如果 10 个备选号码中包含了 6 个中奖号码，那么就能最低中得 1 注 5 个号码的奖项——四等奖；如果 10 个备选号码中包含了 5 个中奖号码，那么就能最低中得 3 注 4 个号码的奖项；如果 10 个备选号码中包含了 4 个中奖号码，就一定能中得 6 注 3 个号码，虽然单独 3 个号码没有奖项，但是如果能配合蓝球中奖也是五等奖。这还只是最低中奖保证。

表 3-7　双色球 10—6—5—14 型旋转矩阵公式的最低中奖保证表

开奖情况	出 6	出 5	出 4
出 6 保 5（14 注）	中 1 注对 5 个号	中 3 注对 4 个号	中 6 注对 3 个号

四、实用的旋转矩阵类型

双色球红球号码专业旋转矩阵根据备选号码数量的不同以及中几保几的级

别不同，有很多个公式。限于篇幅，我们在本书只节选了最实用的、中奖保证和级别最高的、彩民在实战中应用最广泛的、价值最大的 8~20 个红球号码的旋转矩阵公式。为了彩民在使用时更加方便，这些旋转矩阵公式集中收录在第七章里供实战查阅。

旋转矩阵组号方式虽然能帮助我们在实战中花最少的钱中得相应的奖项，但是实际操作中比烦琐容易出错，如果读者在实战中需要操作更多个红球中 6 保 5 型矩阵公式或想便捷一键组号过滤，可以直接登录中奖快线网站（http：//www.51caishen.com）下载彩霸王双色球富豪版软件使用即可。软件内置 7~28 个球的所有中 6 保 5 型矩阵公式，选择需要的红球数量以及矩阵设置即可自动给出想要的号码结果。

五、定位旋转矩阵及应用

定位旋转矩阵是在传统旋转矩阵技术基础上的一次创新。它将旋转矩阵组合与位置组合，组号与定位两种方法有机地结合在一起。应用排序定位法在选号与定位正确的前提下，完全可以不降低中奖保证而投入普通矩阵的 1/10 或复式投注的 1/300 的资金，甚至用更低的投入资金来赢取大奖。那么，在实战中怎样应用定位旋转矩阵呢？

假设我们通过排序定位法选出以下号码为备选号码：第一位置号码包括 02、06；第二位置号码包括 09、13；第三位置号码包括 15、20；第四位置号码包括 25、28；第五位置号码包括 31；第六位置号码包括 33。

这些号码组合在一起共有 10 个号码：02、06、09、13、15、20、25、28、31、33。如果我们套用 10—6—5—14 型旋转矩阵公式，那么得出的号码组合投注单如表 3-8 所示。

表 3-8　根据 10—6—5—14 型旋转矩阵公式产生的投注单

第 1 注	02	06	15	20	25	31
第 2 注	06	13	20	25	31	33
第 3 注	09	20	25	28	31	33
第 4 注	02	06	09	20	28	31
第 5 注	13	15	20	28	31	33
第 6 注	02	09	13	25	31	33
第 7 注	02	09	13	15	28	31

第8注	06	09	13	15	31	33
第9注	02	09	13	15	20	25
第10注	02	06	13	20	25	28
第11注	02	06	09	15	20	33
第12注	02	06	15	25	28	33
第13注	06	09	13	15	25	28
第14注	02	06	09	13	28	33

我们再回头看备选号码所在的位置，第一位置号码包括2、6两个号码，也就是说在开奖号码里的第一位置上如果不包含02、06两个号码中任意一个号码，那么这注号码一定不是中奖号码。因此，根据旋转矩阵公式组合后的投注号码中第一位置不包含02、06两码的那注号码完全可以排除。根据第一位置备选号码，在表5-7里的投注单中首先排除了第三注和第五注号码。以此类推，第二位置里不包括号码09或13，第三位置里不包括号码15或20，第四位置里不包括号码25或28，第五位置里不包括号码31，第六位置里不包括号码33的投注号码都可以完全排除。最后的结果是只有第二注号码06、13、20、25、31、33完全符合所有的条件，也是我们当期的投注号码。可见，定位旋转矩阵法能使红球组号更科学、更精简、更实用。

在双色球实战中，我们只需要两步就可以完成"定位旋转矩阵组合法"的运用。

第一，选择合适的旋转矩阵公式对备选的红球号码进行科学组合。

第二，通过定位备选红球号码排除组合后的投注号码。

第四章　双色球红球优化技术

技术决定战术，细节决定成败。

实战中，我们通过选号、组号后均会获得数量不等的红球投注号码，假设这些投注号码里有一注是当期的中奖号码，那么其余的号码就是一些不可能中奖的无用号码，我们通常称为"垃圾号码"或"废号"。

我们在实战中如何筛选或过滤掉这些"垃圾号码"从而缩小中奖号码的范围呢？本章为您一一解读备选投注号码的优化技术，它的学习和应用能够为您节省大量的投注资金。

让我们进入下面"省钱攻略"的学习之路吧！

第一节　形态优化技术

在开奖号码中，红球号码的 AC 值、质数个数、重号个数以及大中小区间比都是号码本身的表现形态，如果彩民能在实战中确定当期号码的表现形态，就一定能预期中奖号码的出现范围，也就能更好地对备选红球号码进行科学、合理的优化选择。本章将对实用性极强的 AC 值、质数个数、重号个数、奇偶比、大小比五种形态优化方法一一详解，帮助彩民更好地优化号码，减少投注成本，并提高中奖率。

一、AC 值形态优化

1. AC 值

AC 值即号码算术复杂性，是由世界著名的彩票专家、数学家诺伯特·海齐和汉斯·里德威尔提出的。它能衡量投注号码组合的合理性，指导彩民进行科学、合理的投注。实战中通过对 AC 值的正确判断，优化已经选择的号码组合，不但能准确地选择开奖号码，而且还能节约大量投注资金，效果非常明显。

以乐透型彩票为例，其 AC 值等于任何一组号码中任意两个数字的正数差值的个数减去（R-1）的值。R 代表开奖号码个数，由于双色球开奖号码中有6 个红球，所以 R 值等于 6。例如，双色球 2007 年第 2007149 期的红球开奖号码是 01、17、19、22、28、30，那么这 6 个数字之间所有的正数差值为：

17－1＝16

19－1＝18

22－1＝21

28－1＝27

30－1＝29

19－17＝2

22－17＝5

28－17＝11

30－17＝13

22－19＝3

28－19＝9

30－19＝11

28－22＝6

30－22＝8

30－28＝2

在这 15 个正数差值中，共有 13 种不同的差值，分别是 2、3、5、6、8、9、11、13、16、18、21、27、29。而 R＝6，那么 R-1＝5。AC 值＝13－（R-1）＝13－5＝8。

又如，双色球 2003 年第 2003001 期的红球开奖号码为：10、11、12、13、26、28，那么这 6 个数字之间的所有正数差值为：

11－10＝1

12－11＝1

13－12＝1

12－10＝2

13－11＝2

28－26＝2

13－10＝3

26－13＝13

26－12＝14

26-11 = 15

28-13 = 15

26-10 = 16

28-12 = 16

28-11 = 17

28-10 = 18

在这其中，共有 9 种不同的正数差值，分别是 1、2、3、13、14、15、16、17、18。而 R=6，那么 R-1=5。AC 值=9-（R-1）= 9-5=4。

在双色球游戏中，AC 值为 4 是一个比较小的数字，事实上大部分红球号码组合的 AC 值都远远大于 4。根据红球号码组合的不同，AC 值也会不同。红球号码组合中 AC 值的最小值是 0，最大值是 10。在双色球中，AC 值的理论出现次数和概率如表 4-1 所示。

表 4-1 双色球 AC 值的理论出现次数与概率

AC 值	0	1	2	3	4	5	6	7	8	9	10
出现次数（次）	93	437	3093	9642	32735	68694	184858	224408	339540	158760	85308
出现概率（%）	0.0084	0.039	0.28	0.87	2.96	6.20	16.69	20.26	30.66	14.33	7.70

表 4-1 详细说明了双色球中各 AC 值的出现次数和概率，我们发现出现概率最高的 AC 值为 6、7、8、9，它们相加的总和达到了 82%。而 AC 值为 5 或小于 5 的出现概率非常低，几乎可以不考虑，这说明双色球的 AC 值总体偏高。

我们以双色球 2006063～2008082 期这 20 期历史数据为例，如表 4-2 所示。

表 4-2 双色球 2006063～2006082 期的 AC 值分析

期　　号	红球号码	AC 值
2006063	04　05　15　21　23　24	8
2006064	03　12　14　21　24　28	8
2006065	04　08　17　28　29　30	8
2006066	06　08　11　18　30　33	7

期　号	红球号码	AC 值
2006067	07　08　11　16　17　24	7
2006068	03　07　10　14　30　33	6
2006069	05　16　20　22　29　30	10
2006070	02　03　11　13　20　27	8
2006071	05　11　12　19　29　31	9
2006072	02　03　05　20　21　24	6
2006073	05　13　16　18　27　29	6
2006074	01　03　15　19　25　33	8
2006075	10　21　22　23　25　33	6
2006076	04　10　17　21　29　32	9
2006077	08　09　12　13　19　33	8
2006078	03　05　17　22　31　33	7
2006079	06　11　13　17　20　32	9
2006080	15　17　20　22　26　29	5
2006081	14　16　18　21　22　32	8
2006082	03　13　15　23　28　29	9

通过 20 期的分析数据可以看出，除了 2006080 期的 AC 值为较小的 5 以外，其他 19 期的 AC 值都比较大。如果一组红球号码的 AC 值越小，说明其算术复杂性越低，那么这一组号码的规律性越强，但在实际开奖中出现的概率也越低。

在实战中我们总结出一个规律：如果某一期开奖号码的 AC 值相对较小，那么 AC 值在下一期会迅速反弹。例如，AC 值 4 在 705 期的双色球开奖数据统计中共开出 20 次，每次出现后，下一期开奖号码的 AC 值一般是 6、8、10 中的一个，尤其 6 和 10 的出现频率高。在实战中如果能抓住这种时机，对精确地分析每个投注号码会有非常大的价值。其实，这个特征的出现也和每个 AC 值的理论出现概率有直接的关系。

我们对双色球 2003001～2008034 期共 705 期开奖号码的 AC 值进行了统计（见表 4-3），发现各个 AC 值的实际出现概率与理论概率非常接近。因此，在实战中我们完全可以根据 AC 值的理论概率分析 AC 值的出现范围。

表 4-3　双色球 705 期（2003001~2008034 期）数据的 AC 值分析统计表

AC 值	出现次数（次）	出现概率（%）	理论概率（%）	概率偏差（%）
0	0	0	0.008	−0.008
1	0	0	0.039	−0.039
2	3	0.426	0.279	0.147
3	4	0.567	0.871	−0.304
4	20	2.837	2.956	−0.119
5	44	6.241	6.202	0.039
6	117	16.596	16.69	−0.094
7	143	20.284	20.261	0.023
8	200	28.369	30.656	−2.287
9	115	16.312	14.334	1.978
10	59	8.369	7.702	0.667

注：概率偏差即实际出现概率与理论概率的差值。

在表 4-4 双色球 711 期 AC 值遗漏规律统计表中，我们统计了 711 期双色球历史开奖数据的 AC 值遗漏值，发现 0~4 范围内 AC 值的遗漏值非常大，说明这 5 个 AC 值很少出现；5、6、7、8、9、10 这 6 个 AC 值的遗漏值非常小，尤其 7、8 这 2 个 AC 值频繁出现，因此，在实战中彩民可以利用这个特征重点关注 AC 值 6、7、8、9、10。

表 4-4　双色球 711 期（2003001~2008040 期）AC 值遗漏规律统计表

AC 值遗漏	0	1	2	3	4	5	6	7	8	9	10
统计期数（期）	711	711	711	711	711	711	711	711	711	711	711
遗漏次数（次）	0	0	3	4	19	44	120	144	200	116	60
平均遗漏（次）	711	711	177	141.4	34.6	14.82	4.88	3.91	2.54	5.09	10.67
最大遗漏（次）	711	711	362	364	139	62	39	22	14	33	37
遗漏 1 次（次）	0	0	0	0	0	2	14	20	28	14	8
遗漏 2 次（次）	0	0	0	0	1	1	18	17	38	13	7
遗漏 3 次（次）	0	0	0	0	0	1	16	18	28	13	3
遗漏 4 次（次）	0	0	0	0	1	3	8	12	14	6	9

续表

AC 值遗漏	0	1	2	3	4	5	6	7	8	9	10
遗漏 5 次（次）	0	0	0	0	0	4	8	11	11	11	2
遗漏 6 次（次）	0	0	0	0	0	2	29	10	7	8	1
遗漏 7 次（次）	0	0	0	0	0	1	1	34	6	1	1
遗漏 8 次（次）	0	0	0	0	1	1	3	3	58	7	1
遗漏 9 次（次）	0	0	0	0	0	1	3	3	4	26	3
遗漏 10 次（次）	0	0	0	0	0	1	3	5	2	4	3
遗漏 10 次以上（次）	0	0	3	4	16	27	17	11	4	13	22
遗漏临界点	—	—	—	—	1~11	1~11	1~8	1~7	1~7	1~9	1~10

注：①统计期数：双色球开奖截至 2008040 期的所有历史开奖数据。②遗漏次数：统计期数内出现的遗漏次数。③平均遗漏：统计期数-遗漏次数/（遗漏次数+1）。④最大遗漏：统计期数内连续出现遗漏的最大次数。⑤遗漏 N 次：统计期数内每次连续出现 N 次遗漏的所有出现次数。⑥遗漏临界点：统计期数内遗漏终止时出现次数最多的遗漏范围，也是遗漏出现"反转"时机的高概率范围值。⑦表中"—"代表数据通过计算后没有实际价值，忽略不计。

在表 4-5 双色球 711 期 AC 值惯性规律统计表中，通过对双色球截至 2008040 期共 711 期数据的 AC 值惯性进行统计后发现，0、1、2、3、4 这 5 个 AC 值在统计期内没有出现过惯性，5、10 这 2 个 AC 值在统计期出现的次数极少。说明在实战中，当这 7 个 AC 值中的一个出现后，在接下来的开奖中完全可以排除上期出现的 AC 值。6、7、8、9 这 4 个 AC 值虽然出现过惯性，但是大多数情况下惯性 1~2 次后就会立即进行"反转"。因此，彩民在实战中完全可以利用 AC 值的这种特征来选择 AC 值，从而优化投注号码。

表 4-5 双色球 711 期（2003001~2008040 期）AC 值惯性规律统计表

AC 值惯性	0	1	2	3	4	5	6	7	8	9	10
统计期数（期）	711	711	711	711	711	711	711	711	711	711	711
惯性次数（次）	0	0	0	0	0	3	23	30	56	21	1
平均惯性（次）	0	0	0	0	0	0.04	0.32	0.42	0.79	0.30	0.01
最大惯性（次）	0	0	0	0	0	1	2	4	5	3	1
惯性 1 次（次）	0	0	0	0	0	3	21	26	37	16	1

续表

AC 值惯性	0	1	2	3	4	5	6	7	8	9	10
惯性 2 次（次）	0	0	0	0	0	0	2	2	13	4	0
惯性 3 次（次）	0	0	0	0	0	0	0	1	4	1	0
惯性 4 次（次）	0	0	0	0	0	0	0	1	1	0	0
惯性 5 次（次）	0	0	0	0	0	0	0	0	1	0	0
惯性 6 次（次）	0	0	0	0	0	0	0	0	0	0	0
惯性 7 次（次）	0	0	0	0	0	0	0	0	0	0	0
惯性 8 次（次）	0	0	0	0	0	0	0	0	0	0	0
惯性 9 次（次）	0	0	0	0	0	0	0	0	0	0	0
惯性 10 次（次）	0	0	0	0	0	0	0	0	0	0	0
惯性 10 次以上（次）	0	0	0	0	0	0	0	0	0	0	0
惯性临界点	—	—	—	—	—	—	1~1	1~1	1~2	1~1	1~1

注：①统计期数：双色球开奖截至 2008040 期的所有历史开奖数据。②惯性次数：统计期数内出现的惯性次数。③平均惯性：统计期数内平均 10 期开奖数据里惯性的出现次数，计算公式为，惯性次数/统计期数×10。④最大惯性：统计期数内连续出现惯性的最大次数。⑤惯性 N 次：统计期数内每次连续出现 N 次惯性的所有出现次数。⑥惯性临界点：统计期数内惯性终止时出现次数最多的惯性范围，也是惯性出现"反转"时机的高概率范围值。⑦表中"—"代表数据通过计算后没有实际价值，忽略不计。

表 4-6 是根据博彩公式计算得到的双色球 AC 值指标遗漏值量化表，通过表 4-6 可以看出任意一个 AC 值指标的遗漏值达到一定期数时，该 AC 值出现的可能性是多少，能更好地指导彩民朋友实战。

表 4-6　双色球 AC 值指标遗漏值量化表

AC 值	0	1	2	3	4	5	6	7	8	9	10
号码分布（注）	93	437	3093	9642	32735	68694	184858	224408	339540	158760	85308
理论出现概率（%）	0.008	0.039	0.279	0.871	2.956	6.202	16.69	20.261	30.656	14.334	7.702
90% 遗漏值（期）	28781	5903	824	263	77	36	13	10	6	15	29

续表

AC值	0	1	2	3	4	5	6	7	8	9	10
95%遗漏值（期）	37445	7679	1072	342	100	47	16	13	8	19	37
99%遗漏值（期）	57562	11805	1648	526	153	72	25	20	13	30	57
99.9%遗漏值（期）	86343	17708	2472	790	230	108	38	31	19	45	86

2. AC值的指标统计

AC值在实战中的指标统计方法及分析技术和"排序定位法"中红球号码排序尾是一样的，只要按照表4-7填写和统计就可以了，这里不再赘述。我们截取双色球2007001～2007029期共29期历史开奖数据来示范制作AC值统计表。

表4-7　双色球2007001～2007029期AC值统计表

开奖期号	红球号码	蓝球号码	AC值	大数	中数	小数	2路	0路	1路	重合码	大数	小数	奇数	偶数	质数	合数
2007001	02 04 09 10 20 26	14	8	大数	1	1	2路	1	1	⑧	大数	1		偶数	1	合数
2007002	05 06 14 20 21 22	01	5	1	中数	2	2路	2	2	1	大数	2	奇数		质数	1
2007003	05 09 11 12 22 27	15	10	2	1	小数	1	3	1路	2	1	小数	1	偶数	1	合数
2007004	03 07 10 13 25 33	10	9	大数	2	1	2	0路	1	3	大数	4	奇数	1	2	合数
2007005	01 05 06 16 24 30	12	10	1	3	小数	3	1	1路	4	大数	5		偶数	3	合数
2007006	06 10 14 22 26 27	14	5	2	中数	1	2路	2	1	5	大数	6	奇数	1	质数	1
2007007	04 12 15 17 22 32	16	8	大数	1	2	2路	3	2	⑧	大数	7	1	偶数	1	合数
2007008	01 04 05 18 19 25	10	8	大数	2	3	2路	4	3	⑧	大数	8	2	偶数	2	合数
2007009	02 04 14 15 25 27	15	4	1	中数	4	1	5	1路	1	1	小数	3	偶数	3	合数
2007010	03 08 14 17 30 32	05	10	2	1	小数	2	6	1路	2	2	小数	4	偶数	4	合数
2007011	03 10 15 25 28 33	16	8	大数	2	1	2路	7	1	⑧	大数	11	5	偶数	5	合数
2007012	03 05 07 21 26 28	04	6	1	中数	2	1	0路	2	1	大数	12	6	偶数	6	合数

续表

开奖期号	红球号码	蓝球号码	AC值	大数	中数	小数	2路	0路	1路	重合码	大数	小数	奇数	偶数	质数	合数
2007013	05 15 18 27 29 32	05	8	大数	1	3	2路		3	⑧	大数	13	7	偶数	7	合数
2007014	01 13 16 20 24 26	09	9	大数	2	4	1	0路	4	1	大数	14	奇数	1	8	合数
2007015	03 04 08 18 22 30	15	8	大数	3	5	2路	1	5	⑧	大数	15	1	偶数	9	合数
2007016	01 18 20 22 26 33	05	8	大数	4	6	2路	2	6	⑧	大数	16	2	偶数	10	合数
2007017	05 09 10 24 25 32	14	8	大数	5	7	2路	3	7	⑧	大数	17	3	偶数	11	合数
2007018	01 12 18 20 21 26	11	8	大数	6	8	2路	4	8	⑧	大数	18	4	偶数	12	合数
2007019	04 11 16 23 29 31	14	8	大数	7	9	2路	5	9	⑧	大数	19	5	偶数	13	合数
2007020	05 10 16 20 28 31	14	8	大数	8	10	2路	6	10	⑧	大数	20	6	偶数	14	合数
2007021	03 06 09 11 25 31	13	7	大数	9	11	1	7	1路	1	大数	21	奇数	1	质数	1
2007022	02 04 07 10 18 27	10	8	大数	10	12	2路	8	1	⑧	大数	22	1	偶数	1	合数
2007023	03 07 13 17 32 33	02	8	大数	11	13	2路	9	2	⑧	大数	23	2	偶数	2	合数
2007024	08 09 17 25 27 32	06	8	大数	12	14	1	0路	3	⑧	大数	24	奇数	1	3	合数
2007025	03 16 18 22 23 26	03	9	大数	13	15	2	0路	4	2	大数	25	奇数		4	合数
2007026	01 04 14 16 26 29	10	4	1	中数	16	3	1	1路	3	1	小数	1	偶数	5	合数
2007027	02 03 09 22 24 27	11	10	2	1	小数	4	2	1	4	2	小数	2	偶数	6	合数
2007028	03 08 13 20 29 30	11	7	大数	2	1	5	3	1路	5	大数	28	奇数	1	质数	1
2007029	06 08 09 11 19 21	10	5	1	中数	2	2路	4	1	6	大数	29	奇数	2	质数	2

注：最小的AC值为0，因为出现概率极低，我们忽略不计；最大的AC值是10，为了统计方便把它规定为小数、0路、偶数、合数，请在实战中小心区分使用。根据经验，如果AC值出现在小数区，那么该AC值就是10。

3. AC值的实战运用

通过分析投注号码的AC值，我们可以重新筛选备选的号码组合，同时，AC值也是评估乐透型彩票号码是否合理的重要参数。AC值越大，表明所选号码组合算术级数越复杂，规律性越差，随机性越强。因此，在过滤号码时，我们要除去那些AC值明显较低的号码组合，通过此种方式能够有效地缩减投注金额。

从表 4-1 中可以看到，AC 值为 0~4 的出现概率约为 4%，所以，在过滤号码时，我们大可以将 AC 值的范围锁定在 5~10。接下来，我们再通过遗漏值、惯性以及热冷温等分析技术对 AC 值进行分析判断，确定一个 AC 值，从而保证所选号码组合的合理性。

表 4-8 双色球红球号码投注号码 AC 值表

注号	投注号码（红球号码）						AC 值
第 1 注	04	11	16	23	29	31	8
第 2 注	05	10	16	20	28	31	8
第 3 注	03	07	10	13	25	33	9
第 4 注	01	05	06	16	24	30	10
第 5 注	03	05	07	21	26	28	6
第 6 注	03	06	09	11	25	31	7
第 7 注	08	09	17	25	27	32	9
第 8 注	03	16	18	22	23	26	9
第 9 注	03	08	13	20	29	30	7
第 10 注	03	07	13	17	32	33	8

假设我们通过运用"排序定位法"和"定位旋转矩阵组号法"选择了表 4-8 中的 10 注红球号码准备投注。为了评估这 10 注号码的合理性，我们从形态上对这些红球号码的 AC 值进行了统计、分析，并认为 AC 值为 8 出现的可能性极高。我们再看这 10 注号码组合，AC 值为 8 的号码组合只有 3 注，分别为第 1、第 2 和第 10 注，那么这 3 注号码就是最合理的备选号码。

4. 经验总结

第一，AC 值具有整体偏高的特征，尤其为 6、7、8、9 的概率最大。

第二，AC 值如果短期内偏离 4~9 的范围，那么迅速回归的特性非常明显。

第三，根据 AC 值遗漏规律统计表，要特别关注 6、7、8、9、10 的出现。

第四，根据 AC 值惯性规律统计表，某个 AC 值出现后在下期完全可以高概率地排除它继续出现的可能性。

第五，只有把 AC 值统计表、遗漏规律统计表、惯性规律统计表、遗漏值量化表等结合使用，才能更好地分析判断即将开奖的号码的 AC 值。

二、质数个数优化

在彩票选号分析中，质数指的是仅能被自身和 1 整除的数，1 不是质数。双色球中的质数共有 11 个，即 2、3、5、7、11、13、17、19、23、29、31。质数个数统计的是一注号码里质数的个数。

1. 分析质数个数的重要性

我们通过概率公式可计算出双色球里质数个数理论上出现的概率，如表 4-9 所示。

表 4-9　双色球质数个数出现情况理论概率统计

每期出现的质数个数（个）	0	1	2	3	4	5	6
理论概率（%）	6.74	26.15	36.33	22.94	6.88	0.92	0.04

表 4-9 说明质数个数为 2 个的理论出现概率最高，其次理论出现概率较高的质数个数为 1 个、3 个，质数个数为 0 个、4 个出现的概率较低，质数个数为 5 个、6 个的出现概率更低，可以忽略不计。其中，质数个数分别为 1、2、3 的总出现概率为 85.42%，与历史数据的统计结果相接近。因此，双色球每期开奖号码中包含的质数个数为 1~3 的概率为 85.42%，说明质数个数在开奖号码里的出现是个常态。

当期开奖号码里的质数个数究竟会有几个？我们根据对历史开奖数据中质数个数的分析，正确判断目标期开奖号码的质数个数，就可有效缩小选号范围。

在实战中，对红球号码的质数个数进行形态分析，不但能帮助我们过滤优化备选号码，高概率地命中中奖号码，而且能最大限度地节约资金。它和 AC 值一样，是进行号码组合优化的有力武器。

2. 如何选择质数个数

通过对比双色球质数个数的理论出现概率和实际概率，我们可知：如果某一期双色球号码中没有出现质数，或者质数个数为 4 个或 4 个以上，那么其在下期出现"反转"的概率极高。

每期开奖号码中质数个数的数量其实是号码的一种表现形态。通过分析

5~10 期的中奖号码的质数个数，我们能较准确地判断下期中奖号码中质数的个数。当某一期或几期中奖号码中质数的个数严重偏离它的理论值时，下期号码的质数个数就可能朝相反方向"反转"。

如表 4-10 所示，双色球 2008005~2008014 期共 10 期的中奖号码中，质数个数为 21 个，平均每期为 2.1 个。当质数个数偏离理论值呈现偏态时，便可预测下期的质数个数向相反方向调整。第 2008006 期的质数个数是 0，远远小于理论值。因此，下期中奖号码中很有可能出现质数个数较多的形态。第 2008007 期的质数个数为 3 个。同理，第 2008013 期的中奖号码中质数个数为 1 个，下期第 2008014 期的质数个数为 4 个，迅速回补了上期的偏态。

表 4-10　双色球第 2008005~2008014 期质数个数分析

期号	红球号码	质数个数（个）
2008005	03　05　15　22　24　25	2
2008006	01　14　16　18　22　27	0
2008007	01　13　17　22　23　30	3
2008008	02　15　16　23　26　27	2
2008009	09　21　29　30　31　32	2
2008010	03　08　11　17　21　27	3
2008011	02　14　17　21　30　32	2
2008012	03　04　05　16　20　30	2
2008013	02　08　15　16　22　28	1
2008014	03　09　11　17　21　31	4
合计	—	21

表 4-11 是根据博彩公式计算得到的质数个数指标遗漏值量化表，通过表 4-11 可以看出某个质数个数的遗漏值达到一定期数时该质数个数出现的可能性是多少，供大家在分析时参考使用，从而更好地进行实战。

表 4-11　双色球质数个数指标遗漏值量化表

质数个数（个）	0	1	2	3	4	5	6
理论出现概率（%）	6.74	26.15	36.33	22.94	6.88	0.92	0.04
90%遗漏值（期）	33	8	5	9	32	249	5755
95%遗漏值（期）	43	10	7	11	42	324	7488
99%遗漏值（期）	66	15	10	18	65	498	11510
99.9%遗漏值（期）	99	23	15	27	97	747	17265

表 4-12 通过对双色球截至 2008040 期共 711 期数据的质数个数遗漏值进行统计，发现最大遗漏值都没有超出遗漏值量化表中 99.9%可信性时所遗漏的期数，大多数在没有达到 99%时就已经出现。同时还发现，质数个数为 1 个、2 个、3 个、4 个时在遗漏 1~4 期后"反转"的概率很高，值得我们在实战中关注。

表 4-12　双色球 2003001~2008040 期质数个数遗漏规律统计表

质数个数（个）	0	1	2	3	4	5	6
统计期数（期）	711	711	711	711	711	711	711
遗漏次数（次）	51	150	166	122	50	7	0
平均遗漏（次）	12.69	3.72	3.26	4.79	12.96	88	711
最大遗漏（次）	43	21	14	25	52	180	711
遗漏1次（次）	6	47	61	29	3	0	0
遗漏2次（次）	2	29	39	23	3	0	0
遗漏3次（次）	2	19	26	12	3	0	0
遗漏4次（次）	3	16	16	18	4	0	0
遗漏5次（次）	4	12	7	10	5	0	0
遗漏6次（次）	3	8	5	8	2	1	0
遗漏7次（次）	0	4	3	4	1	0	0
遗漏8次（次）	1	4	3	2	2	0	0
遗漏9次（次）	4	2	2	3	0	0	0
遗漏10次（次）	0	3	1	2	1	1	0

续表

质数个数（个）	0	1	2	3	4	5	6
遗漏10次以上（次）	26	6	3	11	23	5	0
遗漏临界点	1~6	1~5	1~3	1~6	1~6	—	—

注：①统计期数：双色球开奖截至2008040期的所有历史开奖数据。②遗漏次数：统计期数内遗漏出现的次数。③平均遗漏：统计期数-遗漏次数/（遗漏次数+1）。④最大遗漏：统计期数内连续出现遗漏的最大次数。⑤遗漏N次：统计期数内每次连续出现N次遗漏的所有出现次数。⑥遗漏临界点：统计期数内遗漏终止时出现次数最多的遗漏范围，也是遗漏出现"反转"时机的高概率范围值。⑦表中"—"代表数据通过计算后没有实际价值，忽略不计。

　　表4-13通过对711期双色球历史开奖号码的质数个数的惯性进行统计，发现质数个数为5、6时没有出现过惯性，而质数个数为0、1、2、3、4时，惯性一次后立即"反转"的概率极高，根据这一特征，在实战中可以排除一些不符合条件的备选号码。

表4-13   双色球2003001~2008040期质数个数惯性规律统计表

质数个数（个）	0	1	2	3	4	5	6
统计期数（期）	711	711	711	711	711	711	711
惯性次数（次）	2	36	80	44	2	0	0
平均惯性（次）	0.03	0.51	1.13	0.62	0.03	0	0
最大惯性（次）	1	3	4	4	1	0	0
惯性1次（次）	2	28	54	31	2	0	2
惯性2次（次）	0	6	17	9	0	0	0
惯性3次（次）	0	2	7	3	0	0	0
惯性4次（次）	0	0	2	1	0	0	0
惯性5次（次）	0	0	0	0	0	0	0
惯性6次（次）	0	0	0	0	0	0	0
惯性7次（次）	0	0	0	0	0	0	0
惯性8次（次）	0	0	0	0	0	0	0
惯性9次（次）	0	0	0	0	0	0	0

质数个数（个）	0	1	2	3	4	5	6
惯性10次（次）	0	0	0	0	0	0	0
惯性10次以上（次）	0	0	0	0	0	0	0
惯性临界点	1~1	1~1	1~2	1~1	1~1	—	—

注：①统计期数：双色球开奖截至2008040期的所有历史开奖数据。②惯性次数：统计期数内出现的惯性次数。③平均惯性：统计期数内平均10期开奖数据中惯性的出现次数，计算公式为，惯性次数/统计期数×10。④最大惯性：统计期数内连续出现惯性的最大次数。⑤惯性N次：统计期数内每次连续出现N次惯性的所有出现次数。⑥惯性临界点：统计期数内惯性终止时出现次数最多的惯性范围，也是惯性出现"反转"时机的高概率范围值。⑦表中"—"代表数据通过计算后没有实际价值，忽略不计。

3. 经验总结

第一，根据理论出现概率和历史数据统计，开奖号码中质数个数分别为1、2、3的出现概率最大。

第二，质数个数如果短期内偏离上述高概率的出现范围，那么迅速回归的特性非常明显。

第三，根据质数个数遗漏规律统计表，质数个数遗漏1~4期后出现"反转"的概率极高。

第四，根据质数个数惯性规律统计表，某个质数个数出现后在下期很难再次出现。

第五，只有把质数个数遗漏规律统计表、惯性规律统计表、遗漏值量化表等结合使用，才能更好地预测即将开奖号码的质数个数。

4. 案例分析

下面，我们根据表4-10中双色球2008005~2008014期红球号码的历史数据，对质数个数进行分析，以优化第2008015期的备选号码。

通过运用"排序定位法"与"旋转矩阵组合法"，我们选择了两注红球号码02、05、19、24、27、31和03、06、11、22、25、32为备选号码。我们在表4-10中可以看到第2008014期中奖号码的质数个数为4，超过了理论值，所以继续出现4个质数的可能性很小，质数个数一定会"反转"回归到理论值附近。而第一注备选号码02、05、19、24、27、31中质数个数为4，所以完全可以高概率地排除它。另一注备选号码的质数个数为2，符合我们的分析，所以保留。

第 2008015 期实际开奖号码的质数个数恰恰是 2，与预测相吻合。

三、重号个数优化

重号是指在上期出现了之后在下期继续出现的号码，也就是间隔为 0 期的号码。重号个数是指上期开奖中出现的号码在本期出现的个数。

举例来说，双色球第 2004042 期红球号码为 06、10、13、17、18、21，第 2004043 期红球号码为 04、09、10、21、22、24，则重号为 10、21，重号个数是 2 个。

1. 重号个数的重要性

我们通过概率公式可计算出双色球里红球号码重号个数理论上出现的概率，如表 4-14 所示。

表 4-14 双色球红球号码重号个数理论出现概率

重号个数（个）	0	1	2	3	4	5	6
出现概率（%）	26.73	43.73	23.77	5.28	0.48	0.01	0.00009

在双色球的开奖号码中，重号个数为 0 的理论概率为 26.73%，而统计 711 期双色球历史开奖号码，重号个数为 0 的实际出现概率为 28.55%，与理论出现概率接近。因此可知，双色球每期开奖号码中包含的重号个数在 1~6 的概率为 71.45%，说明重号是一种常态。

开奖中和上期中奖号码相同的号码即重号究竟会有几个？我们根据对历史数据重号个数的分析，正确判断目标期开奖号码的重号个数，可有效地缩小选号范围。这就是通过分析重号个数后对备选红球号码的进一步优化。

2. 如何选择重号个数

表 4-14 的概率统计表明，双色球重号 0 个、1 个、2 个的总概率约为 94%。因此，重号为 3 个、4 个、5 个、6 个的形态完全可以忽略不计，事实上在开奖中这种情况的发生是微乎其微的。

所以，0~2 是双色球红球号码重号个数的重点分析范围。在实战中，通过利用遗漏值、惯性及热冷温等技术来分析重号个数高概率的出现范围，能最终确定重号个数的出现情况。

表 4-15 是根据博彩公式计算得到的红球号码重号个数指标遗漏值量化表，通过表 4-15 可以看出在某一个重号个数指标的遗漏值达到一定期数时该

重号个数出现的可能性是多少，能更好地进行实战指导。

表 4-15　双色球红球号码重号个数遗漏值量化表

重号个数（个）	0	1	2	3	4	5	6
理论出现概率（%）	26.73	43.73	23.77	5.28	0.48	0.01	0.00009
90%遗漏值（期）	7	4	8	42	479	23024	2558427
95%遗漏值（期）	10	5	11	55	623	29956	3328590
99%遗漏值（期）	15	8	17	85	957	46049	5116853
99.9%遗漏值（期）	22	12	25	127	1436	69074	7675280

表 4-15 中，重号个数为 0、1、2 这三种形态是我们实战分析的重点。例如，目前开奖中重号个数出现为 0 的形态已经遗漏了 8 期，根据遗漏值量化表可知，重号个数为 0 的情况遗漏 8 期时该形态出现的可能性已经超过了 90%，接近 95%，所以，我们在接下来的开奖中要重点关注重号个数为 0 的投注号码。

表 4-16 中，3、4、5、6 四个重号个数形态的遗漏值很大，说明这四个重号个数形态的出现次数很低，完全可以忽略不计；0、1、2 三个重号个数的遗漏值非常小，表明出现频繁，并且每种重号个数形态分别遗漏 1~4 期后"反转"的概率极高，所以在实战中可以利用这个特征重点关注它们的出现。

表 4-16　双色球 2003001~2008040 期红球号码重号个数遗漏规律统计表

重号个数（个）	0	1	2	3	4	5	6
统计期数（期）	711	711	711	711	711	711	711
遗漏次数（次）	153	179	135	30	4	0	0
平均遗漏（次）	3.62	2.96	4.24	21.97	141.4	711	711
最大遗漏（次）	18	11	24	112	281	711	711
遗漏 1 次（次）	44	81	31	1	0	0	0
遗漏 2 次（次）	29	39	21	1	1	0	0
遗漏 3 次（次）	28	25	24	2	0	0	0
遗漏 4 次（次）	19	18	16	0	0	0	0

重号个数（个）	0	1	2	3	4	5	6
遗漏5次（次）	10	7	17	1	0	0	0
遗漏6次（次）	9	3	5	5	0	0	0
遗漏7次（次）	2	2	7	0	0	0	0
遗漏8次（次）	4	0	4	0	0	0	0
遗漏9次（次）	3	2	0	1	0	0	0
遗漏10次（次）	0	1	1	1	0	0	0
遗漏10次以上（次）	5	1	9	18	3	0	0
遗漏临界点	1～4	1～3	1～5	1～6	1～1	—	—

注：①统计期数：双色球开奖截至2008040期的所有历史开奖数据。②遗漏次数：统计期数内遗漏出现的次数。③平均遗漏：统计期数－遗漏次数／（遗漏次数＋1）。④最大遗漏：统计期数内连续出现遗漏的最大次数。⑤遗漏N次：统计期数内每次连续出现N次遗漏的所有出现次数。⑥遗漏临界点：统计期数内遗漏终止时出现次数最多的遗漏范围，也是遗漏出现"反转"时机的高概率范围值。⑦表中"—"代表数据通过计算后没有实际价值，忽略不计。

表4-17是711期数据的红球号码重号个数惯性规律统计表。重号个数3在统计期内出现过2次惯性，而4、5、6三个重号个数在统计期内没有出现过惯性，这说明在实战中，如果连续两次出现重号个数为3、4、5或6，那么在接下来的开奖中几乎可以100%地排除继续惯性的可能性。一般来说，重号个数惯性一两次后就不会继续惯性下去。

表4-17　双色球2003001～2008040期红球号码重号个数惯性规律统计表

重号个数（个）	0	1	2	3	4	5	6
统计期数（期）	711	711	711	711	711	711	711
惯性次数（次）	48	119	40	2	0	0	0
平均惯性（次）	0.68	1.67	0.56	0.03	0	0	0
最大惯性（次）	3	5	3	1	0	0	0
惯性1次（次）	36	70	33	2	0	0	0
惯性2次（次）	11	30	6	0	0	0	0

重号个数（个）	0	1	2	3	4	5	6
惯性3次（次）	1	12	1	0	0	0	0
惯性4次（次）	0	5	0	0	0	0	0
惯性5次（次）	0	2	0	0	0	0	0
惯性6次（次）	0	0	0	0	0	0	0
惯性7次（次）	0	0	0	0	0	0	0
惯性8次（次）	0	0	0	0	0	0	0
惯性9次（次）	0	0	0	0	0	0	0
惯性10次（次）	0	0	0	0	0	0	0
惯性10次以上（次）	0	0	0	0	0	0	0
惯性临界点	1~1	1~2	1~1	1~1	——	——	——

注：①统计期数：双色球开奖截至2008040期的所有历史开奖数据。②惯性次数：统计期数内出现的惯性次数。③平均惯性：统计期数内平均10期开奖数据里惯性的出现次数，计算公式为，惯性次数/统计期数×10。④最大惯性：统计期数内连续出现惯性的最大次数。⑤惯性N次：统计期数内每次连续出现N次惯性的所有出现次数。⑥惯性临界点：统计期数内惯性终止时出现次数最多的惯性范围，也是惯性出现"反转"时机的高概率范围值。⑦表中"——"代表数据通过计算后没有实际价值，忽略不计。

3. 经验总结

第一，根据理论出现概率和历史数据统计，开奖号码中包含重号个数分别为0、1、2的出现概率最大。

第二，重号个数如果短期内偏离上述高概率的出现范围，那么迅速回归的特性非常明显。

第三，根据重号个数遗漏规律统计表，重号个数遗漏1~4期后出现"反转"的概率极高。

第四，根据重号个数惯性规律统计表，重号个数出现惯性1~2次"反转"的概率很高。

4. 案例分析

假设在第2006095期中，我们通过"排序定位法"和"定位旋转矩阵法"选择了3注红球号码准备进行投注（先不考虑蓝球），分别为：第一注01、12、17、18、28、32，第二注02、03、13、19、25、30，第三注01、03、17、

20、21、29。

在表4-18中，我们选择双色球2006075～2006094期共计20期数据为样本对红球号码重号个数进行分析，再优化备选号码。

表4-18　双色球2006075～2006094期红球号码重号个数分析

开奖号码	红球号码						重号个数（个）
2006075	10	21	22	23	25	33	2
2006076	04	10	17	21	29	32	2
2006077	08	09	12	13	19	33	0
2006078	03	05	17	22	31	33	1
2006079	06	11	13	17	20	32	1
2006080	15	17	20	22	26	29	2
2006081	14	16	18	21	22	32	1
2006082	03	13	15	23	28	29	0
2006083	07	09	18	19	26	29	1
2006084	01	12	17	21	25	28	0
2006085	02	06	18	21	24	25	2
2006086	04	06	10	24	26	31	2
2006087	04	05	08	09	12	30	1
2006088	03	11	20	24	25	26	0
2006089	01	13	16	18	19	22	0
2006090	02	11	15	20	23	29	0
2006091	07	08	12	21	22	24	0
2006092	02	08	11	16	20	21	2
2006093	02	12	16	18	19	23	2
2006094	15	16	17	18	24	33	2

我们从表4-18中可以看出，红球号码的重号个数在0～2范围内频繁交替出现。在第2006092期、第2006093期、第2006094期连续三期开奖号码中，重号的出现个数都为2，惯性出现次数为2。根据双色球红球号码重号个数惯性规律统计表可知，重号个数2连续惯性2次后，它很难继续出现，可大胆地排除此类备选号码。

我们备选的第一注号码01、12、17、18、28、32中，因为含有第2006094期开奖号码内的17、18两个号码，即重号个数为2，故排除此备选号码。

在表4-18中，我们观察到重号个数为0的形态在2006088~2006091期连续出现了4期，表现为短期热态，预计后期会呈现相对的温态或冷态以求均衡，所以我们可以关注它，但不是分析的重点。

还有一个显著的特征：重号个数为1的理论出现概率最大，但截至2006094期，它已经连续遗漏了7期，表现了极度的"非等量"冷态。为求均衡，近期内一定会调偏回补。而且，根据红球号码重号个数遗漏值量化表可知，重号个数为1在遗漏7期时，它再次开出的可信性已经超过了95%，接近99%。同样，根据红球号码重号个数遗漏值规律统计表可以看到，重号个数为1在遗漏次数达到7后立即"反转"的概率极高。

综合以上分析，我们重点选择当期开奖号码里的重号个数为1。对比剩下的两注备选红球号码，只有第三注号码01、03、17、20、21、29符合要求。事实胜于雄辩，第2006095期开奖号码的重号个数为1，证明我们的分析是完全正确的。

四、奇偶比形态优化

双色球中，能被2整除的号码称为偶数号码，如12、22等；不能被2整除的号码称为奇数号码，如01、11、23等。双色球的33个红球号码中包括17个奇数号码和16个偶数号码。

奇偶比是指红色球开奖号码中奇数号码个数与偶数号码个数之比。如双色球第2004088期红球开奖号码为：02、10、19、22、24、32，其中奇数号码是19，偶数号码有02、10、22、24、32，那么这注号码的奇偶比为1∶5，其他以此类推。

1. 分析奇偶比的重要性

我们通过概率公式计算出了双色球红球号码里所有奇偶比的理论出现概率，如表4-19所示。

表4-19 双色球红球号码奇偶比分类及其理论出现概率

双色球	奇偶比分类及其理论出现概率						
（红球）	全奇	5奇1偶	4奇2偶	3奇3偶	2奇4偶	1奇5偶	全偶
33选6	1.12%	8.94%	25.79%	34.38%	22.35%	6.70%	0.72%

通过表 4-19 可知，在双色球中，5 奇 1 偶、4 奇 2 偶、3 奇 3 偶、2 奇 4 偶、1 奇 5 偶五种组合的总出现概率为 98.16%。也就是说，在这个范围内选择投注号码，中奖概率为 98.16%，其中，4 奇 2 偶、3 奇 3 偶、2 奇 4 偶三个组合的总出现概率达到 82.52%。这也说明了理论上全奇与全偶组合出现的机会很小，在实战中完全可以忽略不计。

在实战中如能根据对历史数据中奇偶比出现状况的分析，正确判断即将开奖号码的奇偶比出现形态，便能事半功倍地缩小选号范围。如果投注号码不符合该奇偶比形态，那它一定不是中奖号码，我们完全可以将其排除。通过分析奇偶比的出现形态，彩民可以对备选红球号码进行合理、科学的优化。

2. 如何选择奇偶比

在实战中，利用遗漏值、惯性及热冷温等技术来分析奇偶比形态高概率的出现范围，才能最终确定奇偶比的出现情况。

表 4-20 是根据博彩公式计算得到的红球号码奇偶比遗漏值量化表，通过表 4-20 可以看出某一个奇偶比形态的遗漏值达到一定期数时其出现的可能性是多少。

表 4-20 双色球红球号码奇偶比遗漏值量化表

奇偶比	全奇	5 奇 1 偶	4 奇 2 偶	3 奇 3 偶	2 奇 4 偶	1 奇 5 偶	全偶
理论出现概率（%）	1.12	8.94	25.79	34.38	22.35	6.70	0.72
90%遗漏值（期）	204	25	8	5	9	33	319
95%遗漏值（期）	266	32	10	7	12	43	415
99%遗漏值（期）	409	49	15	11	18	66	637
99.9%遗漏值（期）	613	74	23	16	27	100	956

在表 4-20 中，奇偶比为 4 奇 2 偶、3 奇 3 偶、2 奇 4 偶三种形态是我们实战分析的重点。假设在目前开奖中 3 奇 3 偶的形态已经遗漏了 5 期，根据遗漏值量化表可知，奇偶比为 3 奇 3 偶的形态遗漏 10 期时，该形态出现的可能性已经超过了 95%，几乎接近 99%，所以在接下来的开奖中要重点关注奇偶比形态为 3 奇 3 偶的投注号码。

表 4-21 分析了双色球共 711 期历史开奖号码的奇偶比遗漏值，我们发现全奇、全偶、5 奇 1 偶、1 奇 5 偶四种形态的遗漏值非常大，说明这四种奇偶比形态的出现次数很低，尤其全奇、全偶两种形态的出现完全可以忽略不计。4 奇 2 偶、3 奇 3 偶、2 奇 4 偶三种奇偶形态的遗漏值非常小，并且每种奇偶

比形态分别遗漏1~4期后"反转"的概率极高，所以在实战中可以利用这个特征重点关注它们。

表4-21　双色球2003001~2008040期红球号码奇偶比遗漏规律统计表

奇偶比	全奇	5奇1偶	4奇2偶	3奇3偶	2奇4偶	1奇5偶	全偶
统计期数（期）	711	711	711	711	711	711	711
遗漏次数（次）	13	56	125	163	125	48	9
平均遗漏（次）	49.86	11.49	4.65	3.34	4.65	13.53	70.2
最大遗漏（次）	195	61	21	12	24	47	179
遗漏1次（次）	1	5	28	53	26	4	0
遗漏2次（次）	0	3	28	36	22	0	0
遗漏3次（次）	0	4	13	31	15	2	0
遗漏4次（次）	0	4	14	17	15	9	0
遗漏5次（次）	0	3	8	4	12	2	0
遗漏6次（次）	0	6	9	8	9	0	1
遗漏7次（次）	0	0	4	6	7	1	0
遗漏8次（次）	0	4	7	2	7	5	0
遗漏9次（次）	0	2	3	3	4	4	1
遗漏10次（次）	0	3	0	1	0	2	0
遗漏10次以上（次）	12	22	11	2	8	19	7
遗漏临界点	1~11	1~10	1~6	1~4	1~6	1~10	1~11

注：①统计期数：双色球开奖截至第2008040期的所有历史开奖数据。②遗漏次数：统计期数内遗漏出现的次数。③平均遗漏：统计期数-遗漏次数/（遗漏次数+1）。④最大遗漏：统计期数内连续出现遗漏的最大次数。⑤遗漏N次：统计期数内每次连续出现N次遗漏的所有出现次数。⑥遗漏临界点：统计期数内遗漏终止时出现次数最多的遗漏范围，也是遗漏出现"反转"时机的高概率范围值。

表4-22通过对711期双色球开奖号码的奇偶比共7种形态的惯性进行统计，发现全奇、全偶、5奇1偶、1奇5偶四种奇偶比形态在开奖中极少出现惯性，表明只要有其中一种奇偶比形态出现后，就可以高概率地排除该种形态继续出现的可能性。4奇2偶、3奇3偶、2奇4偶三种奇偶比形态相对出现

的比较频繁。

表 4-22　双色球 2003001~2008040 期红球号码奇偶比惯性规律统计表

奇偶比	全奇	5奇1偶	4奇2偶	3奇3偶	2奇4偶	1奇5偶	全偶
统计期数（期）	711	711	711	711	711	711	711
惯性次数（次）	0	2	50	76	42	1	0
平均惯性（次）	0	0.03	0.7	1.07	0.59	0.01	0
最大惯性（次）	0	1	6	3	2	1	0
惯性1次（次）	0	2	32	55	35	1	0
惯性2次（次）	0	0	11	17	7	0	0
惯性3次（次）	0	0	4	4	0	0	0
惯性4次（次）	0	0	1	0	0	0	0
惯性5次（次）	0	0	1	0	0	0	0
惯性6次（次）	0	0	1	0	0	0	0
惯性7次（次）	0	0	0	0	0	0	0
惯性8次（次）	0	0	0	0	0	0	0
惯性9次（次）	0	0	0	0	0	0	0
惯性10次（次）	0	0	0	0	0	0	0
惯性10次以上（次）	0	0	0	0	0	0	0
惯性临界点	—	1~1	1~2	1~1	1~1	1~1	—

注：①统计期数：双色球开奖截至第 2008040 期的所有历史开奖数据。②惯性次数：统计期数内惯性出现的次数。③平均惯性：统计期数内平均 10 期开奖数据里惯性的出现次数，计算公式为，惯性次数/统计期数×10。④最大惯性：统计期数内连续出现惯性的最大次数。⑤惯性 N 次：统计期数内每次连续出现 N 次惯性的所有出现次数。⑥惯性临界点：统计期数内惯性终止时出现次数最多的惯性范围，也是惯性出现"反转"时机的高概率范围值。⑦表中"—"代表数据通过计算后没有实际价值，忽略不计。

3. 经验总结

第一，4 奇 2 偶、3 奇 3 偶、2 奇 4 偶三种奇偶形态因为高概率的出现，是实战中分析的重点。

第二，必须结合奇偶比遗漏值量化表、遗漏规律统计表、惯性规律统计表来高概率地综合分析。

4. 案例分析

我们以表 4-23 中双色球 2006047～2006066 期共计 20 期数据为样本对奇偶比进行分析。

表 4-23　双色球 2006047～2006066 期红球号码奇偶比分析

开奖期号	红球号码						奇偶比
2006047	02	17	20	22	28	32	1：5
2006048	09	13	19	25	29	32	5：1
2006049	06	10	12	13	17	20	2：4
2006050	02	06	12	15	25	31	3：3
2006051	02	06	07	17	27	30	3：3
2006052	11	24	26	27	30	32	2：4
2006053	01	11	17	27	28	31	5：1
2006054	03	05	07	10	28	30	3：3
2006055	04	05	28	29	31	33	4：2
2006056	11	13	15	21	23	25	6：0
2006057	03	04	17	18	21	31	4：2
2006058	01	12	22	23	24	25	3：3
2006059	05	10	15	17	27	29	5：1
2006060	05	15	19	23	30	32	4：2
2006061	05	13	17	19	25	30	5：1
2006062	18	22	23	24	26	30	1：5
2006063	04	05	15	21	23	24	4：2
2006064	03	12	14	21	24	28	2：4
2006065	04	08	17	28	29	30	2：4
2006066	06	08	11	18	30	33	2：4

由表 4-23 我们可以看出，第 2006064 期、第 2006065 期、第 2006066 期连续三期奇偶比出现形态均为 2：4，呈现绝对的热态。这时 2：4 的奇偶形态

已经惯性 2 次，根据奇偶比惯性规律统计表可知，奇偶比形态为 2：4 并且惯性 2 次后立即"反转"的概率为 100%，因此，可以大胆地排除此种情况再次出现的可能性。

表 4-23 中，奇偶比形态中出现概率最高的 3：3 形态目前遗漏了 8 期，呈现绝对的"非等量"冷态，为求均衡，它一定会在近期内调偏回补，必须重点关注。同时，根据奇偶比遗漏值量化表可知，奇偶比为 3：3 的形态在遗漏 8 期时，它再次出现的可信性已经接近了 99%，因此，必须重点关注为 3：3 的奇偶比形态，它的出现已经势在必行。

根据奇偶比遗漏值规律统计表可知，奇偶比为 3：3 的形态遗漏 8 期后立即"反转"的概率超过 90%，因此可以重点关注奇偶比为 3：3 形态的继续出现。

综合以上几点分析，我们确定当期开奖号码的奇偶比为 3：3。第 2006067 期开奖号码的红球号码是 07、08、11、16、17、24，奇偶比形态为 3：3，证明我们的分析是正确的。

五、大小比形态优化

双色球红球号码中，数值较大的号码称为大数号码，数值较小的号码称为小数号码。一般来说，大数号码、小数号码各占一半。但当所有号码不能被 2 整除时，通常流行的做法是大数号码比小数号码多 1 个，那么双色球的 33 个红球号码中包括 17 个大数号码和 16 个小数号码。红球号码的大、小数号码区分如表 4-24 所示。

表 4-24　双色球红球号码大、小数号码区分表

大数号码	17	18	19	20	21	22	23	24	25	26	27	28	29	30	31	32	33
小数号码	1	2	3	4	5	6	7	8	9	10	11	12	13	14	15	16	

大小比是指双色球中红球开奖号码里大数号码个数与小数号码个数之比。如双色球红球开奖号码为：02、10、19、24、27、31，其中大数号码有 19、24、27、31，小数号码是 02、10，那么这注号码的大小比为 4：2，其他以此类推。

1. 分析大小比的重要性

我们通过概率公式计算出双色球红球号码所有大小比形态的理论出现概率，如表4-25所示。

表4-25 双色球红球号码大小比分类及其理论出现概率

双色球（红球）	大小比分类及其理论出现概率						
	全大	5大1小	4大2小	3大3小	2大4小	1大5小	全小
33选6	1.12%	8.94%	25.79%	34.38%	22.35%	6.70%	0.72%

通过表4-25可知，在双色球所有大小比的形态出现中，5大1小、4大2小、3大3小、2大4小、1大5小五个组合总出现概率为98.16%，也就是说，实战中在这个范围内选择投注号码，中奖概率为98.16%。其中，4大2小、3大3小、2大4小三个组合的总出现概率达到82.52%，如果实战中在这个范围内选择号码，中奖概率为82.52%。从另一方面也说明了理论上全大与全小组合出现的机会很小，在实战中完全可以忽略不计。细心的彩民会发现，大小比与奇偶比各形态的出现概率完全一样，只是统计、分析的角度不同，具有异曲同工之妙。

分析大小比的目的，是根据对近期红球开奖数据中大小比形态的出现状况来分析判断即将开奖号码里大小比的出现情况，从而确定即将开奖号码的大小比形态。这样，不但能事半功倍地缩小选号范围，同时，如果投注号码里不符合该大小比形态的投注号码一定不是中奖号码，我们完全可以高概率地排除。通过分析大小比的出现形态后，可以对备选红球号码进行合理、科学的优化，从而精确号码，减少投入。

2. 如何选择大小比

实战中，利用遗漏值、惯性及热冷温等技术进行分析大小比形态高概率的出现范围，能最终确定大小比的出现情况。

表4-26是根据博彩公式计算得到的红球号码大小比指标遗漏值量化表，通过表4-26可以看出在某一个大小比形态的遗漏值达到一定期数时该大小比形态出现的可能性是多少，从而能更好地指导实战。

表4-26中，大小比为4大2小、3大3小、2大4小这三种形态是实战分析中的重点。假如在目前开奖中3大3小的形态已经遗漏了8期，根据遗漏值量化表可知，大小比为3大3小的形态遗漏8期时，该形态出现的可能性已经接近了99%，所以在接下来的开奖中要重点关注大小比形态为3大3小的投注号码。

表4-26　双色球红球号码大小比指标遗漏值量化表

大小比	全大	5大1小	4大2小	3大3小	2大4小	1大5小	全小
理论出现概率（%）	1.12	8.94	25.79	34.38	22.35	6.70	0.72
90%遗漏值（期）	204	25	8	5	9	33	319
95%遗漏值（期）	266	32	10	7	12	43	415
99%遗漏值（期）	409	49	15	11	18	66	637
99.9%遗漏值（期）	613	74	23	16	27	100	956

表4-27中，通过对双色球711期数据的大小比共7种形态遗漏值进行规律统计，发现全大、全小、5大1小、1大5小四种形态的遗漏值非常大，说明这四种大小比形态的出现次数很低，尤其全大、全小两种形态完全可以忽略不计。4大2小、3大3小、2大4小三种大小比形态的遗漏值非常小，表明出现频繁，并且每种大小比形态分别遗漏1~4期后"反转"的概率极高，所以在实战中应予以重点关注。

表4-27　双色球 2003001~2008040 期红球号码大小比遗漏规律统计表

大小比	全大	5大1小	4大2小	3大3小	2大4小	1大5小	全小
统计期数（期）	711	711	711	711	711	711	711
遗漏次数（次）	4	55	148	162	134	46	2
平均遗漏（次）	141.4	11.71	3.78	3.37	4.27	14.15	236.33
最大遗漏（次）	285	44	17	12	17	57	591
遗漏1次（次）	0	4	48	53	28	3	0
遗漏2次（次）	0	3	20	39	22	3	0
遗漏3次（次）	0	2	20	22	28	3	0
遗漏4次（次）	0	5	22	17	17	1	0
遗漏5次（次）	0	8	12	13	7	1	0
遗漏6次（次）	0	5	9	6	8	1	0
遗漏7次（次）	0	2	4	2	5	0	0
遗漏8次（次）	0	0	2	4	3	4	0
遗漏9次（次）	0	2	2	3	3	3	0

续表

大小比	全大	5大1小	4大2小	3大3小	2大4小	1大5小	全小
遗漏10次（次）	0	2	4	1	4	0	0
遗漏10次以上（次）	4	22	5	2	9	27	2
遗漏临界点	1~11	1~11	1~5	1~4	1~6	1~11	1~11

注：①统计期数：双色球开奖截至第2008040期的所有历史开奖数据。②遗漏次数：统计期数内遗漏出现的次数。③平均遗漏：统计期数-遗漏次数/（遗漏次数+1）。④最大遗漏：统计期数内连续出现遗漏的最大次数。⑤遗漏N次：统计期数内每次连续出现N次遗漏的所有出现次数。⑥遗漏临界点：统计期数内遗漏终止时出现次数最多的遗漏范围，也是遗漏出现"反转"时机的高概率范围值。

表4-28通过对双色球711期历史开奖号码的大小比共7种形态的惯性规律进行统计后发现，全大、全小、5大1小、1大5小四种大小比形态在开奖中极少出现惯性，并且只要有其中一种大小比形态出现后，就可以高概率地排除该种形态继续出现的可能性。4大2小、3大3小、2大4小三种大小形态相对出现得比较频繁，每种大小比形态分别惯性1~2期左右后"反转"的概率极高。

表4-28 双色球2003001~2008040期红球号码大小比惯性规律统计表

大小比	全大	5大1小	4大2小	3大3小	2大4小	1大5小	全小
统计期数（期）	711	711	711	711	711	711	711
惯性次数（次）	0	9	45	73	29	3	0
平均惯性（次）	0	0.13	0.63	1.03	0.41	0.04	0
最大惯性（次）	0	1	3	4	2	1	0
惯性1次（次）	0	9	37	49	23	3	0
惯性2次（次）	0	0	7	16	6	0	0
惯性3次（次）	0	0	1	6	0	0	0
惯性4次（次）	0	0	0	2	0	0	0
惯性5次（次）	0	0	0	0	0	0	0
惯性6次（次）	0	0	0	0	0	0	0

续表

大小比	全大	5大1小	4大2小	3大3小	2大4小	1大5小	全小
惯性7次（次）	0	0	0	0	0	0	0
惯性8次（次）	0	0	0	0	0	0	0
惯性9次（次）	0	0	0	0	0	0	0
惯性10次（次）	0	0	0	0	0	0	0
惯性10次以上（次）	0	0	0	0	0	0	0
惯性临界点	—	1~1	1~1	1~2	1~1	1~1	—

注：①统计期数：双色球开奖截至第 2008040 期的所有历史开奖数据。②惯性次数：统计期数内惯性出现的次数。③平均惯性：统计期数内平均 10 期开奖数据里惯性的出现次数，计算公式为，惯性次数/统计期数×10。④最大惯性：统计期数内连续出现惯性的最大次数。⑤惯性 N 次：统计期数内每次连续出现 N 次惯性的所有出现次数。⑥惯性临界点：统计期数内惯性终止时出现次数最多的惯性范围，也是惯性出现"反转"时机的高概率范围值。⑦表中"—"代表数据通过计算后没有实际价值，忽略不计。

3. 经验总结

第一，4大2小、3大3小、2大4小三种大小形态出现概率非常高，是实战中分析的重点。

第二，必须结合大小比遗漏值量化表、遗漏规律统计表、惯性规律统计表等来高概率地综合分析。

4. 案例分析

下面，我们选双色球2007112～2007131期共计20期数据为样本对大小比进行分析。

表 4-29　双色球 2007112～2007131 期大小比分析

开奖期号	红球号码						大小比
2007112	07	11	14	16	25	32	2：4
2007113	04	18	23	25	26	31	5：1
2007114	05	12	15	24	27	33	3：3
2007115	01	05	10	16	20	26	2：4
2007116	03	05	07	11	17	27	2：4

续表

开奖期号	红球号码						大小比
2007117	03	07	09	10	26	32	2：4
2007118	04	10	16	18	25	32	3：3
2007119	03	08	11	13	25	31	2：4
2007120	06	07	11	12	18	25	2：4
2007121	03	10	21	22	27	28	4：2
2007122	04	07	19	24	26	32	4：2
2007123	01	13	15	23	28	32	3：3
2007124	03	07	13	16	19	32	2：4
2007125	03	05	18	20	27	33	4：2
2007126	09	10	19	23	26	31	4：2
2007127	06	09	13	16	24	28	2：4
2007128	09	10	19	21	27	31	4：2
2007129	05	07	20	21	22	30	4：2
2007130	03	05	09	11	27	31	2：4
2007131	03	05	07	16	22	27	2：4

从表4-29中可知，第2007130期、第2007131期连续两期里大小比出现形态均为2：4，这时2：4的大小形态已经进行惯性1次，根据大小比惯性规律统计表可知，大小比形态为2：4且惯性1次后立即"反转"的概率很高，因此，在即将开奖的号码中，这种情况不太可能出现。

表4-29中，大小比形态中出现概率最高的3：3形态目前遗漏了8期，呈现绝对的"非等量"冷态，为求均衡，它一定会近期内调偏回补，必须重点关注。同时，根据大小比遗漏值量化表可知，奇偶比为3：3的形态在遗漏8期时，它接下来出现的可信性已经接近了99%，因此，必须重点关注3：3的大小比形态。

综合以上几点分析，我们确定当期开奖号码的大小比为3：3。事实证明一切，第2007132期开奖号码的红球号码是01、09、16、21、22、23，大小比形态为3：3，说明我们的分析是正确的。

第二节　形态优化技术的选用原则

在实战中，彩民不但可以应用"排序定位法"、"定位旋转矩阵法"来进行红球备选号码的选择，还可以再通过 AC 值形态优化、质数个数形态优化、重号个数形态优化、大小比形态优化、奇偶比形态优化等方法来进一步对备选号码进行科学、合理的优化，从而提高中奖概率、缩小选号范围，降低投入资金。那么在实战中如何选用各种方法来进行号码的最后优化，要遵循哪些原则呢？

一、形态优化的选择原则

只有准确选择形态优化方法，再通过该方法确定即将开奖号码的出现形态，最后才能精准优化号码。因此，如何选择形态优化方法是保证高效率优化号码的关键。我们可以结合双色球的遗漏值表、惯性统计表以及遗漏值量化表来运用。

首先，必须全面观察 AC 值形态、质数个数形态、重号个数形态、大小比形态、奇偶比在历史开奖数据中的表现。如果在历史开奖数据中，某种形态在统计期内的遗漏、惯性或热冷温状态表现得非常突出，那么就可以判断这个形态有"明显态势"可抓。假如大小比形态中 3：3 形态已经遗漏了 10 期，远远低于它的理论出现概率。根据大小比形态量化表可知，3：3 形态在接下来的开奖中出现的可信性非常高，已经接近 99.9%，那么，预期该形态的出现有"态势明显"的特征，可以选择使用。

反过来说，如果某种形态从整体上看表现得非常明显，特征性很强，比如，AC 值 8 出现的概率非常高，但是现在观察到的结果是，它在短期内没有这种表现，出现了"异常"现象，那么，它发生"反转"的可能性极大。这时，AC 值 8 就是一个不可忽视的指标，应毫不犹豫地选择。

同样，如果某个形态在近期内出现的次数呈现"偏态"，并且达到了极限，那我们完全可以排除它继续出现的可能性。比如，若重号个数为 2 在开奖中已经连续出现了两期，接近重号个数为 2 惯性出现的极限，那么发生"反转"的概率极高，所以我们完全可以排除重号个数为 2 继续出现的可能性。

形态的选择必须以最近 30 期统计数据为基础，以遗漏值、惯性、热冷温分析技术为准则来分析判断每种形态。号码形态在开奖中表现得越有规律，它的应用价值越大。如果某个形态长期表现得很有规律，只是在近期表现得不尽如人意，说明该形态有极大的潜力，具有很大的预测能力，往往能帮助读者在实战中出其不意，屡立战功。

虽然形态很多，即使是相同的形态，在不同的统计期中的表现也有差异，有的一团雾水，朦胧难辨；有的清晰可见，呼之欲出。因此，要想高效地优化号码，就必须找最有规律、状态最明显的形态，那些表现不规律的、不明显的形态则坚决不用，宁缺毋滥。

二、形态优化的应用原则

选好形态后，接下来就要对形态逐个进行分析，最后提炼出分析结果，这便是形态的应用环节，也是号码优化的重要环节。不同形态既可以单独使用，也可以联合作战；既可交叉使用，也可相互印证。

1. 交叉使用原则

所谓交叉使用，就是每次在进行形态分析时，需将各种已经选择好的形态分门别类地排列开来，看其中哪个形态最"异常"、"态势最明显"，哪个好选用哪个。在此基础上，各种形态都可以交叉使用，质数个数可以和重号个数交叉使用，大小比也可以和奇偶比交叉使用。大家一定要活学活用，举一反三。

2. 相互印证原则

所谓相互印证，是指每次应用形态优化号码时，可以同时使用几种方法相互参照，从不同角度进行优化分析，看看其结果有没有统一性。如果分析选择是正确的，结果应当完全一致。例如，在实战中，我们根据质数个数形态对两注号码进行优化，同时还能确定该号码的重号个数为2，如果通过质数个数优化后确定的备选号码中重号个数为2，就再次证明了之前的推断是可靠的。反之，如果有一项或两项不符合，说明形态的优化分析或号码的选择有问题。相互印证实则是对形态的一种校验。

第三节　形态优化实战案例

假设上期双色球开奖号码的红球号码为03、13、18、20、27、31。在实战中，根据"排序定位法"及"定位旋转矩阵法"选择出表4-30中的10注备选红球号码。

表4-30　双色球备选红球号码投注形态优化

注号	备选红球号码						AC值	质数个数（个）	重号个数（个）	奇偶比	大小比
第1注	08	18	27	29	30	32	8	1	2	2：4	5：1
第2注	15	16	18	21	22	30	7	0	1	2：4	4：2
第3注	04	06	08	18	20	33	6	0	1	1：5	3：3
第4注	07	09	25	27	30	32	5	1	1	4：2	4：2
第5注	02	08	12	14	20	32	5	1	0	0：6	2：4
第6注	02	07	10	17	23	29	9	4	0	3：3	3：3
第7注	12	18	21	24	25	29	7	1	1	3：3	5：1
第8注	02	08	09	18	24	28	7	1	1	1：5	3：3
第9注	03	07	12	13	20	33	9	2	1	4：2	2：4
第10注	01	04	07	08	13	14	5	2	1	3：3	0：6

第一，如果通过AC值形态优化分析后，确定当期开奖红球号码的AC值是7、8、9，那么表4-30中的第1注、第2注、第6注、第7注、第8注、第9注共6注红球号码符合预期的AC值范围，予以保留。

第二，通过质数个数形态优化分析后，即使没有确定质数个数的精确范围，但是我们看到第6注号码含有4个质数，出现的概率非常低，因此，可以高概率地排除第6注号码。现在，符合优化结果的只有第1注、第2注、第7注、第8注、第9注共5注红球号码。

第三，再通过重号个数形态优化分析，确定当期出现1个重号的概率很高，所以排除了含有2个重号的第1注和不含有重号的第5注与第6注号码，准确率极高，这时，只剩下第2注、第7注、第8注、第9注共4注红球号码符合优化要求。

第四，通过奇偶比形态优化分析，我们选择了2：4、4：2及3：3三个高概率出现范围，从而排除了第8注红球号码。

第五，通过大小比形态优化，选择2：4、3：3、4：2的高概率出现范围，第7注红球号码因为大小比为5：1而被排除。

综合以上几种优化方法，我们最终选择了第2注和第9注号码为备选红球号码。所有的形态优化都是在高概率的基础上进行的，如果分析判断准确，当期的红球中奖号码一定在备选号码内。

第五章　双色球蓝球选号技术

本章介绍如何精确选择蓝球号码的技术。与红球相比，蓝球是 16 选 1，中奖概率很大，但是如果不掌握一定的方法，也容易犯错。蓝球号码选择的正确与否，关系到获奖的级别，所以不容忽视。本章中的蓝球排序定位法是以红球排序定位法为基础引申出的，因此，可与第二章对照阅读。

在双色球游戏中，蓝球号码的作用不可小觑。从大的方面说，如果蓝球号码选择有误，即使所有的红球号码全部正确也只能中得二等奖。虽然二等奖奖金不菲，但是与 500 万元乃至 1000 万元大奖相比，只能算是小巫见大巫。从小的方面来讲，彩民在投资彩票时要有风险控制意识。而根据游戏规则，只要蓝球号码选择正确，最低会中得一个末等奖。从投资回报的角度看，重视蓝球号码的选择是明智之举。因此，蓝球号码选择的正确与否，对双色球投注起着"画龙点睛"的作用。

第一节　双色球蓝球定尾选号技术

选择蓝球号码所采用的方法和红球号码完全一样。不同的是，蓝球选号是 16 选 1，而红球选号则是 33 选 6，蓝球号码比红球号码的中奖概率高了 69223 倍。相对来说，选号的难度降低了很多。

蓝球选号也可以采用"排序定位法"，我们在第二章已经详细介绍了这一方法。

首先，我们要制作蓝球号码尾统计表，其方法与红球号码尾一致。我们以 2007059～2007087 期的蓝球开奖号码为例，示范制作蓝球号码尾统计表，如表 5-1 所示。

表5-1 双色球2007059~2007087期蓝球号码尾统计表

开奖期号	红球号码	蓝球号码	蓝球尾	大数	中数	小数	2路	0路	1路	重合码	大数	小数	奇数	偶数	质数	合数
2007059	01 03 04 06 07 29	14	4	1	中数	1	1	1	1路	1	1	小数		偶数	1	合数
2007060	01 02 08 16 19 29	05	5	2	中数	2	2路	2	1	2	大数	1	奇数	1	质数	1
2007061	01 06 07 11 20 23	05	5	3	中数	3	2路	3	2	3	大数	2	奇数	2	质数	2
2007062	08 17 20 29 30 33	09	9	大数	1	4	1	0路	3	4	大数	3	奇数	3	1	合数
2007063	10 15 17 24 26 28	12	2	1	2	小数	2路	1	4	1	小数	1		偶数	质数	1
2007064	02 06 09 16 21 23	16	6	2	中数	1	1	0路	5	⑥	大数	1	2	偶数	1	合数
2007065	04 07 19 21 25 31	07	7	大数	1	2	2	1	1路	1	大数	2	奇数	1	质数	
2007066	05 11 16 24 32 33	08	8	大数	2	3	2路	2	1	⑧	大数	3	1	偶数	1	合数
2007067	06 11 13 17 21 23	11	1	3		小数			1路	①	1	小数	奇数	1	质数	1
2007068	11 18 19 22 23 28	01	1	2	4	小数	2	4	1路	①	2	小数	奇数	2	质数	2
2007069	03 04 11 12 14 32	12	2	3	5	小数	2路	5	1	3	小数			偶数	质数	3
2007070	06 08 15 17 18 30	12	2	4	6	小数	2路	6	2	2	4	小数	2	偶数	质数	4
2007071	01 06 14 21 30 31	09	9	大数	7	1	1	0路	3	3	大数	1	奇数	1	1	合数
2007072	02 04 08 13 14 33	16	6	1	中数	2	2路		4	⑥	大数	2	1	偶数	2	合数
2007073	05 09 11 19 28 31	02	2	2	1	小数	2路	1	5	1	小数	2		偶数	质数	1
2007074	08 13 15 25 27 28	03	3	3	中数	1	1	0路	6	③	2	小数	奇数	1	质数	2
2007075	13 16 17 22 30 32	03	3	4	中数	2	2	0路	7	③	3	小数	奇数	2	质数	3
2007076	06 12 15 16 20 31	02	2	5	1	小数	2路	1	1	4	小数	1		偶数	质数	4
2007077	06 08 14 21 28 29	02	2	6	2	小数	2路	2	9	5	小数			偶数	质数	5
2007078	04 06 07 23 25 32	01	1	7	3	小数	1	3	1路	①	6	小数	奇数	1	质数	6
2007079	03 04 14 20 21 25	14	4	8	中数	1	2	4	1路		7	小数	1	偶数	1	合数
2007080	01 08 16 18 19 29	04	4	9	中数	2	2	5	1路	2	8	小数	2	偶数	2	合数
2007081	09 14 15 19 24 33	13	3	10	中数	3	4	0路	1	③	9	小数	奇数	1	质数	
2007082	05 15 17 18 25 32	15	5	11	中数	4	2路	1	2	1	大数	1	奇数	2	质数	2
2007083	11 14 18 20 21 26	05	5	12	中数	5	2路	2	3	2	大数	2	奇数	3	质数	3
2007084	06 10 12 14 20 27	10	0	13	1	小数	1	0路	4	3	1	小数	1	偶数	1	合数

续表

开奖期号	红球号码						蓝球号码	蓝球尾	大数	中数	小数	2路	0路	1路	重合码	大数	小数	奇数	偶数	质数	合数
2007085	02	12	17	19	29	30	12	2	14	2	小数	2路	1	5	4	2	小数	2	偶数	质数	1
2007086	05	08	14	22	27	29	16	6	15	中数	1	1	0路	6	⑥	大数	1	3	偶数	1	合数
2007087	01	03	04	05	08	21	09	9	大数	1	2	2	0路	7	1	大数	2	奇数	1	2	合数

蓝球选号中，不但图表的制作统计方法与红球排序尾号码统计表一样，而且分析图表内各项指标的技术也是完全相同的。在分析蓝球号码尾统计表时，要根据指标的选用原则来选择分析应用的指标，然后再用遗漏值、惯性以及热冷温的技术对选用的指标进行分析判断，从而确定蓝球号码尾。

在实战中，假设能够确定蓝球尾出现在大中小区的大数分区，那么蓝球尾的范围为7、8、9，16个蓝球号码中尾数为7、8、9的号码只有07、08、09；如果我们同时还能确定蓝球尾出现在质数区，质数包括1、2、3、5、7，那么包括蓝球号码01、02、03、05、07、11、12、13、15；两者之间取交集，最后剩下07。如果分析正确，号码07一定是当期开奖号码中的蓝球号码。

表5-2是统计了双色球截至2008040期共711期数据的蓝球号码尾遗漏规律统计表。总体来说，每个指标遗漏1~3期发生"反转"的概率极高。因此，在实战中可以重点关注每个指标在某一区间是否达到该遗漏值的临界点，从而判断"反转"情况。如果达到临界点，那么该指标将会出现。

表5-2 双色球2003001~2008040期蓝球号码尾实战遗漏规律统计表

项目	大数	中数	小数	2路	0路	1路	重合码	大数	小数	奇数	偶数	质数	合数
统计期数（期）	711	711	711	711	711	711	711	711	711	711	711	711	711
遗漏次数（次）	106	176	147	144	161	139	176	164	163	178	178	169	170
平均遗漏（次）	5.65	3.02	3.81	3.91	3.40	4.09	3.02	3.32	3.34	2.98	2.98	3.19	3.16
最大遗漏（次）	23	9	25	14	14	16	10	12	6	7	6	6	11
遗漏1次（次）	19	87	46	45	57	39	71	72	85	88	74	98	68
遗漏2次（次）	17	46	32	30	43	23	52	40	41	57	52	48	46
遗漏3次（次）	11	20	18	18	23	21	27	20	18	20	24	11	19
遗漏4次（次）	13	14	16	15	14	22	14	10	12	9	10	6	15

续表

项目	大数	中数	小数	2路	0路	1路	重合码	大数	小数	奇数	偶数	质数	合数
遗漏5次（次）	15	4	14	11	6	12	4	6	5	2	11	3	4
遗漏6次（次）	1	2	9	8	9	7	3	4	2	1	7	3	9
遗漏7次（次）	3	1	4	5	3	1	3	7	0	0	0	0	3
遗漏8次（次）	3	0	2	3	2	3	1	1	0	0	0	0	3
遗漏9次（次）	6	2	2	2	1	3	0	2	0	0	0	0	1
遗漏10次（次）	4	0	0	0	0	4	1	0	0	0	0	0	1
遗漏10次以上（次）	14	0	4	7	3	4	0	2	0	0	0	0	1
遗漏临界点	1~6	1~2	1~4	1~5	1~3	1~5	1~3	1~3	1~2	1~2	1~3	1~2	1~3

注：①统计期数：双色球开奖截至第2008040期的所有历史开奖数据。②遗漏次数：统计期数内遗漏出现的次数。③平均遗漏：统计期数-遗漏次数/（遗漏次数+1）。④最大遗漏：统计期数内连续出现遗漏的最大次数。⑤遗漏N次：统计期数内每次连续出现N次遗漏的所有出现次数。⑥遗漏临界点：统计期数内遗漏终止时出现次数最多的遗漏范围，也是遗漏出现"反转"时机的高概率范围值。

表5-3双色球蓝球号码尾实战惯性规律统计表中，每个指标惯性的"临界点"差不多，每个指标遗漏1~2期发生"反转"的概率极高。因此，在实战中可以重点关注。如果达到临界点并确定反转发生概率极高，那么完全可以排除指标在该区继续出现的可能性。

表5-3　双色球2003001~2008040期蓝球号码尾实战惯性规律统计表

项目	大数	中数	小数	2路	0路	1路	重合码	大数	小数	奇数	偶数	质数	合数
统计期数（期）	711	711	711	711	711	711	711	711	711	711	711	711	711
惯性次数（次）	131	357	223	216	274	221	321	307	404	390	321	426	285
平均惯性（次）	1.84	5.02	3.14	3.04	3.85	3.11	4.51	4.32	5.68	5.49	4.51	5.99	4.01
最大惯性（次）	3	9	4	4	7	6	8	6	12	6	7	11	6
惯性1次（次）	106	176	148	144	161	140	177	164	164	179	178	170	170
惯性2次（次）	22	85	53	48	63	52	85	78	92	105	90	102	71
惯性3次（次）	3	45	19	18	27	16	34	37	52	53	33	56	23

项目	大数	中数	小数	2路	0路	1路	重合码	大数	小数	奇数	偶数	质数	合数
惯性4次（次）	0	24	3	6	12	7	14	19	32	28	13	37	12
惯性5次（次）	0	14	0	0	8	5	6	7	22	18	4	22	6
惯性6次（次）	0	5	0	0	2	1	3	2	16	7	2	18	3
惯性7次（次）	0	4	0	0	1	0	1	0	12	0	1	9	0
惯性8次（次）	0	3	0	0	0	0	1	0	5	0	0	6	0
惯性9次（次）	0	1	0	0	0	0	0	0	4	0	0	3	0
惯性10次（次）	0	0	0	0	0	0	0	0	2	0	0	2	0
惯性10次以上（次）	0	0	0	0	0	0	0	0	3	0	0	1	0
惯性临界点	1~1	1~3	1~2	1~2	1~2	1~2	1~2	1~2	1~3	1~3	1~2	1~3	1~2

注：①统计期数：双色球开奖截至第 2008040 期的所有历史开奖数据。②惯性次数：统计期数内惯性出现的次数。③平均惯性：统计期数内平均 10 期开奖数据里惯性的出现次数，计算公式为，惯性次数/统计期数×10。④最大惯性：统计期数内连续出现惯性的最大次数。⑤惯性 N 次：统计期数内每次连续出现 N 次惯性的所有出现次数。⑥惯性临界点：统计期数内惯性终止时出现次数最多的惯性范围，也是惯性出现"反转"时机的高概率范围值。

表 5-4 是根据博彩公式计算得到的双色球蓝球号码尾指标遗漏值量化表，通过表 5-4 可以看出某个指标的遗漏值达到一定期数时该指标出现在该区的可能性是多少。如果目前开奖中蓝球号码尾出现在中数区已经遗漏了 5 期，根据遗漏值量化表可知，蓝球号码尾在中数区遗漏 5 期时在该区出现的可能性已经超过了 99%，所以我们在接下来的开奖中要重点关注号码尾为中数的蓝球号码。

表 5-4 双色球蓝球号码尾指标遗漏值量化表

蓝球尾	大数	中数	小数	0路	1路	2路	重合码	大数	小数	奇数	偶数	质数	合数
尾数分布	3	4	3	4	3	3	4	5	5	5	5	5	5
理论概率（%）	19	50	31	38	31	31	44	44	56	50	50	56	44
90%遗漏值（期）	10.9	3.3	6.2	4.8	6.2	6.2	4.0	4.0	2.8	3.3	3.3	2.8	4.0
95%遗漏值（期）	14.2	4.3	8.1	6.3	8.1	8.1	5.2	5.2	3.6	4.3	4.3	3.6	5.2

续表

蓝球尾	大数	中数	小数	0路	1路	2路	重合码	大数	小数	奇数	偶数	质数	合数
99%遗漏值（期）	21.9	6.6	12.4	9.6	12.4	12.4	7.9	7.9	5.6	6.6	6.6	5.6	7.9
99.9%遗漏值（期）	32.8	10.0	18.6	14.5	18.6	18.6	11.9	11.9	8.4	10.0	10.0	8.4	11.9

注：蓝球尾为"大数"时，包括07、08、09共3个蓝球号码，理论出现概率为19%；同理，蓝球尾为"中数"时，包括03、04、05、06、13、14、15、16共8个蓝球号码，理论出现概率为50%；蓝球尾为"小数"时，包括01、02、10、11、12共5个蓝球号码，理论出现概率为31%。其他指标理论出现概率以此类推。

经验总结：

第一，必须要重视蓝球号码的正确选择，它不但可以控制投注风险，而且是中得大奖的"催化剂"。

第二，必须结合蓝球号码尾实战遗漏规律统计表、惯性规律统计表综合分析"临界点"，从而选择蓝球尾出现的区间。

第三，时刻用蓝球号码尾遗漏值量化表衡量每个指标的趋势状态，更好地把握中奖机会。

第二节　目前流行的蓝球选号技术精选

双色球的蓝色球区是16选1，选中一个蓝球就中奖，因此可以单独分析蓝色球的走势。

在彩民中流行的几种比较常见选择蓝球的方法，如奇偶选号法、大小选号法、区间选号法、余数选号法等，这里做简单介绍，其中任意一种方法如能与定尾选蓝技术很好地结合使用，完全可以达到"一码定蓝"的最高层次。

一、奇偶选号法

所谓奇偶选号法，就是通过判定蓝球的奇偶属性来进行选号的方法。由于蓝球一共有16个号码，所以奇偶数的总比例为1:1，奇数的出现概率与偶数的出现概率一样，其中奇数有01、03、05、07、09、11、13、15，偶数有02、04、06、08、10、12、14、16。假如彩民朋友确定当期的蓝球为奇数或是偶数，只需要从8个奇数或偶数中选择，相当于8选1，所以判定奇偶数的方向对于选号起到了事半功倍的效果。有几条宝贵的经验可供彩民朋友参考：

第一，奇数最多连续出 7 期，偶数最多连续出 8 期。

第二，奇数最多间隔 3 单次后出现惯性，偶数最多间隔 6 单次后出现惯性。

第三，奇偶奇偶……连续单次跳跃 3 期后逆转重复。

例如，双色球近期蓝球号码的出现按号码的奇偶性排列为偶、奇、偶、奇、偶、奇，请分析下期开奖号码的奇偶性。前面偶奇、偶奇、偶奇单次跳跃 3 次，已达到极限值，因此判定本期会连续产生奇数。这也是根据"非对称"原理排除"对称"现象的最好案例。

二、大小选号法

所谓大小选号法，就是通过判定蓝球的大小属性来进行选号的方法。划分大小码通常是以中点来划分的，一般我们把 01~08 划分为小号区，09~16 划分为大号区。和奇偶选号法一样，彩民可以先确定当期的号码的大小属性，然后再在大小号码的区间中选择号码，这样可以缩小选号范围。有几条宝贵的经验可供彩民朋友参考：

第一，大号最多连续出 5 期，小号最多连续出 4 期。

第二，大号最多间隔出现 4 单次后出现惯性，小号间隔出现 7 单次后出现惯性。

第三，大小大小……连续单次跳跃 5 期后逆转重复。

例如，双色球近十期蓝球号码的出现按号码的大小属性排列为大、小、大、小、大、小、大、小、大、小，拟判断下期开奖号码的大小。前面大小、大小、大小单次跳跃 5 次，已达到极限值，因此判定本期会连续产生小数。

三、区间选号法

奇偶选号法和大小选号法就是两种区间选号法。

这里所说的区间选号法是将区间划分得更细，将 16 个号码均分成 3 个区间：一区（01~05）、二区（06~10）、三区（11~16）。然后根据三区的遗漏值、惯性以及冷热程度选择区间，每个区间最多只有 6 个号码。

第一，各区间最多连续出 3 期。

第二，1 区间最多间隔出 6 单次后出现惯性；2 区间和 3 区间最多间隔出 12 单次后出现惯性。

第三，一区间、二区间、三区间、一区间……连续单次跳跃 15 期后逆转重复。

四、余数选号法

1. 除以 3 余数选号法

蓝球号码除以 3 余 0 的号码包括 03、06、09、12、15；除以 3 余 1 的号码包括 01、04、07、10、13、16；除以 3 余 2 的号码包括 02、05、08、11、14。

实战中可以根据以下规律特征进行排除和选择蓝球号码：

第一，除以 3 余 0 的号码最多连续出 3 期；除以 3 余 1 的号码最多连续出 6 期；除以 3 余 2 的号码最多连续出 5 期。

第二，除以 3 余 0 或余 1 的号码最多间隔出现 6 单次后出现惯性；除以 3 余 2 最多间隔出现 5 单次后出现惯性。

2. 除以 4 余数选号法

蓝球号码除以 4 余 0 的号码包括 04、08、12、16；除以 4 余 1 的号码包括 01、05、09、13；除以 4 余 2 的号码包括 02、06、10、14；除以 4 余 3 的号码包括 03、07、11、15。

实战中可以根据以下规律特征进行排除和选择蓝球号码：

第一，除以 4 余 0 的号码最多间隔出现 4 单次后出现惯性；除以 4 余 1 的号码为 3 单次；除以 4 余 2 的号码为 7 单次；除以 4 余 3 的号码为 6 单次。

第二，除以 4 余 0、1、2、3……最多连续单次跳跃 8 期后逆转重复。

实战中选择蓝球号码使用技术时要"主次分明"才能达到"一码定蓝"的最佳效果。主要使用的技术为"排序定位法"，配合使用的技术为大小、奇偶、区间等选号法，若能举一反三地灵活运用以上蓝球选号方法，就可以轻松地确定蓝球号码。

第三节　高概率公式选蓝法

本节为了开拓彩民朋友的分析选号思路，特整理三种在网络上彩民中间流传的利用计算公式高概率选择蓝球号码的技术方法供大家在实战中学习使用，一方面做到让大家明白"条条大路通罗马"和"多维思考"的启迪作用，另一方面在实战中偶尔运用该技术方法往往会达到意想不到的奇效。

一、五期断蓝法

五期断蓝法是利用近 5 期的蓝球号码来判断即将开奖期蓝球中奖号码的方法，这种方法其实属于利用公式计算来选择蓝球中奖号码的范畴，也就是通过简单的数学运算即可得出蓝球中奖号码范围的方法。我们这里把它单独拿出来进行讲解，不仅因为它简单易用，最重要的是因为这种选择蓝球号码的方法准确率较高。

在双色球游戏中，可以用来分析和判断蓝球的方法有很多，像分析遗漏值、寻找盘面热点、判断奇偶大小等，五花八门、不计其数，当然最终还是要有效才行。我们要讲解的"五期断蓝法"因为方法比较简单，不用考虑大小奇偶、冷点热点，只要列出近 5 期的蓝球号码，然后再进行一个简单的运算就可以。

具体的操作方法我们来看一下。在依次列出双色球近 5 期的蓝球中奖号码后，首先计算出这 5 期蓝球中奖号码的平均值，然后再把平均值加 4 和减 4，最后会得到两个结果，作为一个取值范围，这个就是下一期中蓝球中奖号码的选号范围了。若平均值有小数，可以四舍五入来取整。

我们举例来看。

比如，我们要判断第 2009068 期的蓝球中奖号码，首先列出前 5 期，也就是第 2009063～2009067 期的蓝球中奖号码，分别是 16、15、02、04 和 05；5 期的蓝球中奖号码的平均值是 8，然后用 8 加 4 和 8 减 4，得到的结果分别是 12 和 4，那么，可以考虑的范围就是奖号 04～12 之间了；最后，在第 2009068 期中开出了蓝球中奖号码是 05，是在判断的取值范围之内的。

再举个例子看看。

例如，要判断第 2009052 期的蓝球中奖号码，还是列出前 5 期的蓝球号码，分别是 16、01、06、04 和 07；计算后，5 期蓝球中奖号码的平均值是 6.8，小数点后面四舍五入，平均值是 7，然后继续用 7 加 4 和 7 减 4，得到的结果分别是 11 和 3，也就是说，第 2009052 期的蓝球中奖号码可以在奖号 03～11 之间来选择，最后，当期开出的蓝球中奖号码是 08，也是在判断的范围之内的。

再继续举例。

例如，要判断第 2010035 期的蓝球中奖号码，还是列出前 5 期的蓝球号码，分别是 05、04、08、09 和 12；计算后，5 期蓝球中奖号码的平均值是 7.6，小数点后面四舍五入，平均值是 8，然后继续用 8 加 4 和 8 减 4，得到的结果分别是

12 和 4，也就是说，第 2010035 期的蓝球中奖号码可以在奖号 04～12 之间来选择，最后，当期开出的蓝球中奖号码是 10，也是在判断的范围之内的。

例如，要判断第 2010036 期的蓝球中奖号码，还是列出前 5 期的蓝球号码，分别是 04、08、09、12 和 10；计算后，5 期蓝球中奖号码的平均值是 8.6，小数点后面四舍五入，平均值是 9，然后继续用 9 加 4 和 9 减 4，得到的结果分别是 13 和 5，也就是说，第 2010036 期的蓝球中奖号码可以在奖号 05～13 之间来选择，最后，当期开出的蓝球号码是 08，也是在判断的范围之内的。

例如，要判断第 2010037 期的蓝球中奖号码，还是列出前 5 期的蓝球号码，分别是 08、09、12、10 和 08；计算后，5 期蓝球中奖号码的平均值是 9.4，小数点后面四舍五入，平均值是 9，然后继续用 9 加 4 和 9 减 4，得到的结果分别是 13 和 5，也就是说，第 2010037 期的蓝球中奖号码可以在奖号 05～13 之间来选择，最后，当期开出的蓝球中奖号码是 06，也是在判断的范围之内的。

双色球蓝球中奖号码的历史数据中这种例子还有很多，在这里就不一一列举了。可以看出，运用这种方法判断蓝球中奖号码范围的准确率比较高，而且操作起来非常简单，最重要的是参考价值也很高，一般通过运算之后，都能将蓝球中奖号码的选号范围缩小一半甚至是一半以上，这样的情况下，彩民朋友只要再加入 1～2 项其他指标（利用蓝球走势图选择的指标）的分析很容易便能将当期蓝球中奖号码的备选范围缩减到 1～3 枚之间。

当然，在运用这种方法时，有时候在计算 5 期奖号平均值这一步，得到的结果不一定都是整数，如果碰到有小数点的情况，基本上可以用四舍五入的方法来取整数，像在我们之前举的几个例子中就是用了四舍五入的方法，大家在操作中千万要注意。

另外，我们可以看到，这种运用 5 期号码分析的方法，每一次都是用新的数字（最近 5 期蓝球中奖号码）在进行运算，所以这就是一种动态的分析法，因为每期开出的蓝球中奖号码各不相同，所以每一次的平均值也是不同的，这样就能够比较客观地进行蓝球中奖号码的分析，这也正是这一种方法准确率较高的原因了。

大家在实战中不妨运用这种方法通过简单的运算来锁定蓝球中奖号码范围，然后再结合对蓝球走势图中其他指标的分析进行排除多余的蓝球号码，从而在极小的范围内选择当期蓝球中奖号码；我们在实战中利用这种层层剥笋、层层推进的选蓝模式完全可以极大地提高正确选择每期蓝球中奖号码的中奖率，时常命中蓝球中奖号码也不是什么困难的事情了。

当然，不管什么方法都不可能 100% 地保证每一期蓝球中奖号码范围都能正确选择，所以，对于我们在这里介绍的五期断蓝法，大家可以对历史开奖数据进行对错统计并根据蓝球号码当前的走势情况选择性地运用。

运用五期断蓝法选择蓝球中奖号码的准确率很高，即使偶尔出现错误也极少会出现连续多期错误的情况，因此在实战中大可放心选择使用。不论我们选择使用任何选号方法都是以高概率选择为原则，我们不能因为某种方法技术偶尔的失误率就因噎废食地放弃高概率。

二、矩阵杀蓝法

矩阵杀蓝法是从网络上流行的选蓝技巧中收集并验证的排除蓝球号码（俗称为杀）的好方法，此方法一般每期可排除掉 4 个蓝球号码，准确率约为 80%。

此法原来只有顺杀法一种，在很多人提炼和应用的过程中，又增加了逆杀法，由原来的杀掉 4 个蓝球号码，扩展到可以杀掉 8 个蓝球号码。还对其出错的情况进行了分析研究，找到了一些应对的办法，使得准确率也有了提高。

1. 杀蓝矩阵

我们把双色球玩法所包含的十六个蓝球号码分成 01、05、09、13，02、06、10、14，03、07、11、15，04、08、12、16 四组，把它们分别放入下面的矩阵中：

表 5-5　蓝球号码矩阵列表

矩阵一区	矩阵二区	矩阵三区	矩阵四区
01　05	02　06	03　07	04　08
09　13	10　14	11　15	12　16

本矩阵的特点是：每个矩阵单元有四个号，这四个号排成两行两列。整个矩阵有四个单元，每个单元的上下行组成了整个矩阵的上下行，整个矩阵共是两行八列。

我们可以把每个矩阵单元称作区，把每区上行的第一个数作为这个区的标识，如矩阵单元 01、05、09、13 上行的第一个数是 01，我们就把这个单元标识为矩阵一区。其他以此类推。

2. 基本杀法

按照上面的矩阵，根据双色球玩法前两期的蓝球开奖号码来进行杀号，从前第一期的蓝球号码数起，数到上期蓝球号码，再从上期蓝号继续往下数同样的数，数到哪个数结束时，就把这个数所在矩阵区的四个蓝球号码杀掉。这个杀法我们称为顺时针杀号法。

同样按照上面的矩阵，根据双色球玩法前两期的蓝球开奖号码来进行杀号。从前第二期的蓝球号码数起，数到上期蓝球号码，再从上期蓝号继续往下数同样的数，数到哪个数结束时，就把这个数所在矩阵区的四个蓝球号码杀掉。这个杀法我们称为逆时针杀号法。

还是让我们举例进行说明吧。

例如：2004098期蓝球号码03，2004099期蓝球号码02，那么2004100期可以杀掉哪些蓝球号码呢？

（1）顺时针杀：从蓝球号码02开始计数，经蓝球号码06到03一共为2个数。接下来则从蓝球号码03开始计数2个数，经蓝球号码07到04。蓝球号码04所在区的04、08、12、16四个蓝球号码则根据顺时针杀法可以排除掉。

表 5-6

矩阵一区	矩阵二区	矩阵三区	矩阵四区
01　05	02　06	03　07	04　08
09　13	10　14	11　15	12　16

（2）逆时针杀：从蓝球号码03开始计数，经蓝球号码06数到02一共为3数。接下来同样从蓝球号码02开始计数3个数，经蓝球号码05到01。蓝球号码01所在区的01、05、09、13四个蓝球号码则根据逆时针杀法可以排除掉。

表 5-7

矩阵一区	矩阵二区	矩阵三区	矩阵四区
01　05	02　06	03　07	04　08
09　13	10　14	11　15	12　16

这个例子通过基本杀法中的顺时针、逆时针的不同杀法共计排除了01、05、09、13、04、08、12、16八个蓝球号码。而2004100期蓝球开奖号码为15，当期杀号完全正确。

3. 换行

我们在数数杀号时，遇到一行数完再数另一行时，如何换行呢？这时，要把整个矩阵的上下行看作是首尾相连的，即上行的首与下行的尾相连，下行的首与上行的尾相连。例如顺数到上行的 08，可接着下行的 09 往下数，顺数到下行的 16 时，可接着上行的 01 往下数。逆数与此相反。只要记住 08 与 09 相邻，01 与 16 相邻即可。

4. 技术要领

（1）可以顺时针数，也可逆时针数。有时不论顺数还是逆数，都数到同一区，这时就只能杀去该区的 4 个蓝球号码。

例如：已知上两期蓝球号码为 07、15，那么 2004119 期可以杀掉哪些蓝球号码呢？

顺时针杀：从 07 起经 04、08、09、13、10、14、11 到 15 是八数，再从 15 起经 12、16、01、05、02、06、03、八数到 07，就杀 07 所在区的 03、07、11、15 四个数。

逆时针杀：从 15 起经 11、14、10、13、09、08、04 到 07 是八数，再从 07 起经 03、06、02、05、01、16、12 八数到 15，就杀 15 所在区的 03、07、11、15 四个数，2004119 期双色球蓝球开奖号码为 06，当期所杀蓝球号码完全正确。

顺时针杀与逆时针杀均落在同一区，故本例只杀了四个蓝球号码。

（2）绝杀：当连续三期的蓝球号码都落在同一区时，可把这个矩阵区的四个蓝球号码全部杀掉。

例如：双色球 2004 年 087 期、088 期、089 期连续开出的蓝球号码是矩阵二区的 14，在杀 2004090 期蓝球号码时就可把矩阵二区的蓝球号码 02、06、10、14 全部杀掉。

又如：双色球 2004 年 116 期、117 期、118 期连续开出的蓝球号码 03、07、15 都在矩阵三区，那么在杀 2004119 期蓝球号码时就可把矩阵三区的 03、07、11、15 全部杀掉。

历史数据表明：从开始双色球玩法以来，极少有过连续四期蓝号开在同一区的情况，可大胆杀掉。故称之为绝杀。

（3）解决杀错的问题：连续两期蓝球号码开在同一矩阵区的情况比较多些，而且出现这种情况时在当期所杀的蓝球号码是错误的，往往会包含当期的蓝球开奖号码。从 2003001 期起到 2005006 期的全部 209 期中，属于这种情况的就出现 64 期，大部分的错误出在这种情况下。实战中如果遇到这种情况解决的方法就是运用逆向思维，把本来准备杀掉的蓝球号码保留作为蓝球备选号码即可。

这种逆向思维选蓝法仅仅适用于连续两期蓝球号码同区不同号码的情况，如连续两期开出的蓝球号码为同号，则不能用此法，直接杀掉相同号码所在矩阵区的四个蓝球号码即可。

5. 总结

实战中使用本杀法基本上可把蓝球杀号控制在 8 个，把双色球蓝球号码 16 选 1 变为 8 选 1，若运用得好，还可能变为 4 选 1，极大地降低了蓝球号码的选号难度，节约了成本。

同其他任何选蓝方法一样，此法也不会是百分之百的准确，在实际运用中，大家可结合本书中讲解的其他方法选择性地使用，效果会更好。

三、公式杀蓝法

在双色球游戏中，判断蓝球的方法有很多种，可以用上一期的开奖号码、期号、开奖日期等作为分析指标，来判断当期的蓝球号码。接下来，为大家列举 32 种简单、实用的通过简单公式计算即可排除蓝球号码和蓝球尾数的方法。

当然，不管什么方法都不可能每一期都成功地排除，所以，对于在这里介绍的利用公式计算排除蓝球的方法，大家可以根据每个计算公式历史中出情况的统计和当前的走势情况选择性地运用。

1. 32 种杀蓝公式及实战解析

（1）运用上期所开出的蓝球号码加 6，所得到的尾数，作为当期被排除的蓝球尾数。举例说明，我们在分析第 2009081 期蓝球号码时，可以用上期蓝球，也就是第 2009080 期的蓝球 06 加 6，相加得数是 12，那么，在第 2009081 期中就可以排除尾数是 2 的奖号，分别是奖号 02 和 12，结果当期开出的蓝球号码是 03。

在运用这种方法时有一点要提醒大家，就是当上期奖号加 6 后的和大于 16 时，就要用得数减去 16，再取尾数。比如，上一期的蓝球号码是 13，13 加 6 等于 19，这个时候就要用 19 减去 16，等于 3，最后，3 是当期可以排除的尾数。

（2）运用上期蓝球号码加 10 和减 10，所得到的尾数的绝对值作为当期可以排除的蓝球尾数；同样，如果得数大于 16 就要用得数减去 16。比如，在分析第 2009075 期的蓝球号码时，可以用上期的蓝球号码 13 分别加 10 和减 10，得到 23 和 3，再把 23 减去 16 等于 7，最后，取 3 和 7 作为当期排除的尾数，也就是当期可以不考虑奖号 03、07 以及 13。

（3）用上期的蓝球号码减 7，得到的尾数作为当期可以排除的蓝球尾数；同样，在得数大于 16 的情况下，要用得数减去 16。举例说明，我们要分析第 2009091 期的蓝球号码，可以用上期蓝球 14 减去 7，得数是 7，那么，7 就是当期被排除的蓝球尾数，也就是奖号 07 在当期可以不考虑。最后，在第 2009091 期摇奖活动中开出的蓝球号码是 04。

（4）运用上期的摇奖期号，加上上期开奖日期的和除以 16，最后的得数就是当期可以排除的蓝球号码。还是以第 2009091 期为例，在分析这一期蓝球号码的时候，用上期的期号和开奖日期相加，也就是 90 加 4，得数是 94，再用 94 除以 16，等于 5，那么在第 2009091 期中就可以排除蓝球 05，最后，当期开出的蓝球号码是 04。

另外，这种方法还可以稍稍转变一下，用当期的摇奖期号和开奖日期相加，再除以 16。也就是用 91 加 6 除以 16，最后的得数是 6，那么 06 也可以作为当期被排除的蓝球号码，而在第 2009091 期中开出的蓝球号码是 04。

（5）运用上期期号的个位数加 1 后的尾数，作为本期排除的蓝球尾数。比如，我们要分析双色球游戏第 2009083 期的蓝球号码，那么，就上期期号的个位数也就是 2，加上 1，等于 3，那么，当期可以排除的蓝球尾数就是 3 了，结果，在第 2009083 期中开出的蓝球是奖号 04。

（6）运用上两期蓝球相加的和，作为本期排除的蓝球，注意，在得数大于 16 时，要用得数减去 16。比如，我们要分析第 2009089 期的蓝球号码，用上两期的蓝球号码，分别是 06 和 02 相加，得数是 8，那么 08 就是当期可以排除的蓝球号码，在 2009089 期的摇奖活动中开出的蓝球号码是 04。

（7）运用上一期中第 1 位的红球号码加 3，得数就是本期中可以排除的蓝球号码。比如，我们要分析第 2009091 期的蓝球号码，先找到上期也就是第 2009090 期中第 1 位的红球号码，当期开出的第 1 位的红球号码是 07，然后，就用 7 加上 3，得数是 10，那么，10 就是在第 2009091 期中可以排除的蓝球号码了，最后当期的蓝球是以奖号 04 开出的。

（8）用上一期蓝球号码的个位和十位互换位置，换位后的号码就是当期可以排除的蓝球号码；需要注意的是，如果互换位置后的号码大于 16，就要减去 16。比如，我们要分析第 2009082 期蓝球号码，先看一下第 2009081 期开出的蓝球，是奖号 03，十位和个位互换位置后是 30，然后用 30 减去 16，等于 14，那么，14 就是第 2009083 期可以被排除的蓝球号码，最后，当期开出的蓝球号码是 02。

（9）用上上期的蓝球号码除以 3 后取余数，再加上期蓝球，最后的得数就是当期可以排除的蓝球。我们举例说明，在分析第 2009091 期的蓝球号码时，先找出上上期也就是第 2009089 期的蓝球号码 04 除以 3，余数是 1，再用 1 加上期也就是第 2009090 期的蓝球号码 14，最后的得数是 15，那么，15 就是在第 2009091 期中可以排除的蓝球，最后，当期开出的蓝球号码是 04。

（10）用上两期蓝球的尾数分别相加和相减，所得值左右各取 3 位，最后，不在这个范围内的同尾号可以全部作为排除的尾数。以第 2009092 期蓝球号码为例，来看看这种方法的具体操作。首先将上两期的蓝球尾数 4 和 4 相加等于 8，取左右各 3 位是 5、6、7、8、9、0、1；再用上两期的蓝球尾数相减等于 0，取左右各 3 位是 7、8、9、0、1、2、3；可以看出，两组尾数中，没有发生同尾号的分别是 5、6、2、3，那么，当期中应该不会开出尾数是 2、3、5、6 的奖号，也就是说可以排除奖号 02、03、05、06、12、13、15 以及 16；结果当期开出的蓝球号码是 04。

（11）连续两期蓝球号码进行相减（最大蓝号–最小蓝号），两者之间的差为下期排除的蓝号。例如，2007087 期蓝号 09，第 2007086 期蓝号 16，最大蓝号–最小蓝号（16–9＝7），号码 07 为第 2007088 期需要排除的蓝球号码。错误周期为 5 期。

（12）隔两期蓝号进行相减（最大蓝号–最小蓝号），两者之间的差为下期排除的蓝号。例如，2007087 期蓝号 09，2007084 期蓝号 10，最大蓝号–最小蓝号（10–9＝1），号码 01 为 2007088 期需要排除的蓝球号码。错误周期为 7 期。

（13）隔三期蓝号进行相减（最大蓝号–最小蓝号），两者之间的差为下期排除的蓝号。例如，2007087 期蓝号 09，2007083 期蓝号 05，最大蓝号–最小蓝号（9–5＝4），号码 04 为 2007088 期需要排除的蓝球号码。错误周期为 3 期。

（14）每期开奖的最大红球号码减去当期蓝号的差为下期所要排除的蓝球号码。例如，福彩双色球第 2007087 期蓝号 09，红球最大号码为 21，21–9＝12，号码 12 为第 2007088 期需要排除的蓝球号码。错误周期为 4 期。

（15）两期蓝号进行相加，两者之和减去最大蓝号为下期所要排除的蓝号。例如，福彩双色球第 2007087 期蓝号 09，第 2007086 期蓝号 16，16+9–16＝9，号码 09 为第 2007088 期需要排除的蓝球号码。错误周期为 4 期。

（16）每期开奖的红球由小到大依次相加，其相加结果以最接近最大蓝号为界线，所得到的和数为下期需要排除的蓝号。例如，第 2007087 期红球号码为 01、03、04、05、08、21，号码 1+3+4+5＝13，号码 13 为第 2007088 期需要排除的蓝球号码。错误周期为 4 期。

（17）当期最大红球号码与最小号码的差，差数大于 16 时，减去最大蓝号 16 所得到的结果为下期需要排除的蓝号。例如，第 2007087 期红球号码为 01、03、04、05、08、21，用 21–1＝20，20–16＝4，号码 04 为 2007088 期需要排除的蓝球号码。错误周期为 5 期。

（18）连续两期蓝号进行相加取其个位号码，个位号码即为下期所要排除的蓝球小号码。蓝球小号码范围为 1～10。例如，第 2007087 期蓝号 09，第 2007086 期蓝号 16，用 16+9＝25，个位号码为 5，号码 05 为第 2007088 期需要排除的蓝球号码。错误周期为 5 期。

（19）利用当期期数尾排除当期的同尾蓝号。例如，第 2007088 期的期数尾是 8，第 2007088 期排除蓝号 08，错误周期为 4 期。

（20）排除同期尾出现过的蓝号。例如，第 2007078 期的蓝号是 01，第 2007088 期排除蓝号 01，错误周期为 3 期。

（21）用 15 减去上期蓝球号码，得出的数就是下期要排除的蓝号尾数。例如，双色球第 2009013 期蓝号开出 09，用 15－09＝6，绝杀蓝号 6 尾的 06 和 16 两个号码，结果第 2009014 期开蓝号 02，杀号成功！又用 15－2＝13，杀掉 3 尾的 03 和 13，结果第 2009015 期开 05，杀号又正确！再用 15－5＝10，杀 0 尾，结果第 2009016 期开 03，我们又杀对蓝号。

（22）用 19 减上期蓝号得出的数即为下期要排除的尾数。例如，双色球第 2009001 期蓝号开 04，用 19－04＝15，绝杀蓝号 5 尾的 05、15 两个号码，结果第 2009002 期开蓝号 14，杀号成功！又用 19－14＝5，杀掉 05、15，结果双色球第 2009003 期蓝号开 02，杀号又成功！我们一鼓作气，再用 19－02＝17，杀掉 07，结果第 2009004 期蓝球号码开 03。

（23）用 21 减上期蓝号得出的数就是下期要排除的尾数。例如，双色球第 2009020 期蓝号开 13，用 21－13＝08，杀掉 08，结果第 2009021 期开 09；又用 21－09＝12，杀 2 尾，结果第 2009022 期开 08；再用 21－08＝13，杀 3 尾，结果第 2009023 期开 08；杀号正确。

（24）用上两期蓝号的头和尾相加的数即为下期要排除的蓝号尾数。例如，双色球第 2009018 期开 15，第 2009019 期开 04，两期的头尾相加即 1+4＝5，杀掉 5 尾（05、15），结果第 2009020 期开 13，杀号成功！又用 0+3＝3，杀掉 3 尾，结果第 2009021 期开 09；再用 1+9＝10，杀掉 0 尾，结果第 2009022 期蓝号开出 08。

（25）用上两期蓝号的尾和头相加的数即为下期要排除的尾数。例如，第 2009021 期开 09，第 2009022 期开 08，用 9+0＝09，杀 9 尾，结果 2009023 期开 08；又用 8+0＝8，杀 8 尾，结果第 2009024 期开 12；再用 8+1＝9，杀掉 9 尾，结果第 2009025 期开 11。

（26）用上两期蓝号尾相加得出的数就是下期要排除的尾数。例如，第 2009023 期蓝号开 08，第 2009024 期开 12，8+2＝10，杀 0 尾，结果下期开 11；再用 2+1＝3，杀 3 尾，结果第 2009026 期开 16。

（27）用上期蓝号尾与隔一期蓝号尾相加得出的数即为下期要排除的尾数。例如，第2009028期开10，与隔一期即2009026期的16相加，即为0+6=6尾，杀06和16，结果第2009029期开13；再用2009029期的13与2009027期的06相加得出09尾，杀9尾，结果第2009030期开出07。

（28）用上期蓝号乘以2得出的数即为下期要排除的尾数。例如，第2009029期开出13，用13×2=26，绝杀6尾，结果第2009030期开07；再用7×2=14，绝杀04和14，结果第2009031期开01。

（29）用上期蓝号尾乘4得出的数即是下期要排除的尾数。例如，第2009029期开13，用3×4=12，绝杀2尾，结果第2009030期开07；又用7×4=28，绝杀8尾，结果第2009031期开01；再用1×4=4，绝杀4尾，结果第2009032期开06。

（30）用上期蓝号加7或减7，注意蓝号大于14则减7，小于14则加7，得出的数即为下期要排除的尾数。例如，双色球第2009006期开02，用2+7=9，杀9尾，结果第2009007期开15，完全正确；又用15-7=8，杀掉8尾，结果下期开02；再用2+7=9，杀9尾，结果第2009009期开02。

（31）用上期蓝号加2得出的数即为下期要排除的蓝号尾数。例如，第2009029期开13，用13+2=15，杀掉5尾，结果下期开07；又用07+2=9，杀掉9尾，结果第2009031期开01；再用1+2=3，绝杀3尾的03、13，结果第2009032期开出06。

（32）用上期蓝号加6得出的数就是下期蓝号要排除的尾数。例如，第2009029期蓝号开13，用13+6=19，绝杀9尾，结果第2009030期开07；又用07+6=13，绝杀03和13，结果下期开01；再用01+6=7，绝杀7，结果下期蓝号开06，例子不胜枚举。

2. 12种方法齐用锁定蓝号——多种杀蓝公式综合使用实战案例

实战中我们往往是把多种杀蓝公式同时使用，这样可以极大地帮助我们缩小蓝球中奖号码的选择范围，从而节约投注资金、提高中奖概率和确保投资收益最大化。

下面例子中，我们把第21~32种共计12种杀蓝方法同时使用，成功地杀掉了8~9个蓝球尾数，只需购买1~3个蓝球就能命中当期蓝球中奖号码。

例如，第2009026期双色球蓝号开16，我们同时用上述12种杀号法来排除：第1种杀1尾，第2种杀3尾，第3种杀5尾，第4种杀7尾，第5种杀2尾，第6种杀7尾，第7种杀8尾，第8种杀2尾，第9种杀4尾，第10种杀9尾，第11种杀8尾，第12种杀2尾，成功杀掉1、3、5、7、2、8、4、9共8个尾数，只需投注0、6尾数的10、06、16即可，结果第2009027期开

06，完全正确。

再用上述方法依此杀掉9、3、5、7、2、7、4、3、8共9个尾数，只剩下0尾，选10投注下期，结果2009028期开10，一码定蓝。我们再依此杀掉5、9、1、0、7、6、2、4共8个尾，只需购买3、8尾的03、13、08，结果第2009029期果然开出13，我们又连续中奖！例子实在太多了，有兴趣的朋友不妨逐期验证。

最后还要重复说明，不管什么方法都不可能每一期都成功排除，所以，对于我们在这里介绍的利用公式计算排除蓝球的方法，大家可以根据每个计算公式历史中出情况的统计和当前的走势情况选择性地运用。

俗话说得好：方法是死的，人是活的。只要每个读者能举一反三、融会贯通地多思维思考并灵活运用，一定能找到更好的技术方法用于选号中奖。

第六章 双色球实战速查表汇总

不要等待机会，而要创造机会。

本章汇集了在实战中重要的、必备的速查图表，包括在实战中进行指标分析时必须使用的指标遗漏值量化表、形态规律统计表以及在实战中组号投注时经常使用的复式胆拖速查表。复式胆拖速查表可以帮助彩民根据自己的备选号码在进行复式或胆拖投注时，快速准确地计算投注号码数量、投注所需金额以及相应的中奖金额，极其实用，方便快捷。

有了这些具有巨大价值的速查工具，大家在实战中就能得心应手地选号投注来搏击大奖了！

第一节 双色球位置及形态遗漏值量化表

本节我们制作汇总了常用的双色球各个位置排序尾号码指标以及各种形态的遗漏值量化表供大家在实战中进行参考使用。但是大家要记住，这只是经过精确计算的理论参考数据，虽然让我们在取舍一些指标时有了数据量化的标准，也具有极大实战指导价值，但是建议不能全盘生搬硬套，在使用时要根据每个指标大的趋势进行灵活使用。

一、双色球各个位置指标遗漏值量化表

1. 一位排序尾指标遗漏值量化表

表6-1 双色球红球号码一位排序尾指标遗漏值量化表

一位排序尾	大数	中数	小数	0路	1路	2路	重合码	大数	小数	奇数	偶数	质数	合数
尾数分布	3	4	3	5	3	3	4	5	5	5	5	5	5

续表

一位排序尾	大数	中数	小数	0路	1路	2路	重合码	大数	小数	奇数	偶数	质数	合数
理论概率（%）	15	43	42	29	39	32	48	33	67	55	45	68	32
90%遗漏值（期）	14.2	4.1	4.2	6.7	4.7	6.0	3.5	5.7	2.1	2.9	3.9	2.0	6.0
95%遗漏值（期）	18.4	5.3	5.5	8.7	6.1	7.8	4.6	7.5	2.7	3.8	5.0	2.6	7.8
99%遗漏值（期）	28.3	8.2	8.5	13.4	9.3	11.9	7.0	11.5	4.2	5.8	7.7	4.0	11.9
99.9%遗漏值（期）	42.5	12.3	12.7	20.2	14.0	17.9	10.6	17.2	6.2	8.7	11.6	6.1	17.9

2. 二位排序尾指标遗漏值量化表

表6-2　双色球红球号码二位排序尾指标遗漏值量化表

二位排序尾	大数	中数	小数	0路	1路	2路	重合码	大数	小数	奇数	偶数	质数	合数
尾数分布	3	4	3	4	3	3	4	5	5	5	5	5	5
理论概率（%）	30	45	25	40	30	30	39	53	47	50	50	50	50
90%遗漏值（期）	6.5	3.9	8.0	4.5	6.5	6.5	4.7	3.0	3.6	3.3	3.3	3.3	3.3
95%遗漏值（期）	8.4	5.0	10.4	5.9	8.4	8.4	6.1	4.0	4.1	4.3	4.3	4.3	4.3
99%遗漏值（期）	12.9	7.7	16.0	9.0	12.9	12.9	9.3	6.1	7.3	6.6	6.6	6.6	6.6
99.9%遗漏值（期）	19.4	11.6	24.0	13.5	19.4	19.4	14.0	9.1	10.9	10.0	10.0	10.0	10.0

3. 三位排序尾指标遗漏值量化表

表6-3　双色球红球号码三位排序尾指标遗漏值量化表

三位排序尾	大数	中数	小数	0路	1路	2路	重合码	大数	小数	奇数	偶数	质数	合数
尾数分布	3	4	3	4	3	3	4	5	5	5	5	5	5
理论概率（%）	31	40	29	40	30	30	40	51	49	50	50	50	50
90%遗漏值（期）	6.2	4.5	6.7	4.5	6.5	6.5	4.5	3.2	3.4	3.3	3.3	3.3	3.3
95%遗漏值（期）	8.1	5.9	8.7	5.9	8.4	8.4	5.9	4.2	4.4	4.3	4.3	4.3	4.3
99%遗漏值（期）	12.4	9.0	13.4	9.0	12.9	12.9	9.0	6.5	6.8	6.6	6.6	6.6	6.6
99.9%遗漏值（期）	18.6	13.5	20.2	13.5	19.4	19.4	13.5	9.7	10.1	10.0	10.0	10.0	10.0

4. 四位排序尾指标遗漏值量化表

表 6-4　双色球红球号码四位排序尾指标遗漏值量化表

四位排序尾	大数	中数	小数	0 路	1 路	2 路	重合码	大数	小数	奇数	偶数	质数	合数
尾数分布	3	4	3	4	3	3	4	5	5	5	5	5	5
理论概率（%）	30	41	29	40	30	30	40	51	49	50	50	50	50
90%遗漏值（期）	6.5	4.4	6.7	4.5	6.5	6.5	4.5	3.2	3.4	3.3	3.3	3.3	3.3
95%遗漏值（期）	8.4	5.7	8.7	5.9	8.4	8.4	5.9	4.2	4.4	4.3	4.3	4.3	4.3
99%遗漏值（期）	12.9	8.7	13.4	9.0	12.9	12.9	9.0	6.5	6.8	6.6	6.6	6.6	6.6
99.9%遗漏值（期）	19.4	3.1	20.2	13.5	19.4	19.4	13.5	9.7	10.1	10.0	10.0	10.0	10.0

5. 五位排序尾指标遗漏值量化表

表 6-5　双色球红球号码五位排序尾指标遗漏值量化表

五位排序尾	大数	中数	小数	0 路	1 路	2 路	重合码	大数	小数	奇数	偶数	质数	合数
尾数分布	3	4	3	4	3	3	4	5	5	5	5	5	5
理论概率（%）	33	35	32	40	30	30	39	53	47	50	50	48	52
90%遗漏值（期）	5.7	5.3	6.0	4.5	6.5	6.5	4.7	3.0	3.6	3.3	3.3	3.5	3.1
95%遗漏值（期）	7.5	7.0	7.8	5.9	8.4	8.4	6.1	4.0	4.1	4.3	4.3	4.6	4.1
99%遗漏值（期）	11.5	10.7	11.9	9.0	12.9	12.9	9.3	6.1	7.3	6.6	6.6	7.0	6.3
99.9%遗漏值（期）	17.2	16.0	17.9	13.5	19.4	19.4	14.0	9.1	10.9	10.0	10.0	10.6	9.4

6. 六位排序尾指标遗漏值量化表

表 6-6　双色球红球号码六位排序尾指标遗漏值量化表

六位排序尾	大数	中数	小数	0 路	1 路	2 路	重合码	大数	小数	奇数	偶数	质数	合数
尾数分布	3	4	3	4	3	3	4	5	5	5	5	5	5
理论概率（%）	24	33	43	47	23	30	48	33	67	55	45	62	38
90%遗漏值（期）	8.4	5.7	4.1	3.6	8.8	6.5	3.5	5.7	2.1	2.9	3.9	2.4	4.8
95%遗漏值（期）	10.9	7.5	5.3	4.1	11.5	8.4	4.6	7.5	2.7	3.8	5.0	3.1	6.3
99%遗漏值（期）	16.8	11.5	8.2	7.3	17.6	12.9	7.0	11.5	4.2	5.8	7.7	4.8	9.6
99.9%遗漏值（期）	25.2	17.2	12.3	10.9	26.4	19.4	10.6	17.2	6.2	8.7	11.6	7.1	14.5

7. 蓝球尾数指标遗漏值量化表

表6-7 双色球蓝球尾数指标遗漏值量化表

蓝球尾数	大数	中数	小数	0路	1路	2路	重合码	大数	小数	奇数	偶数	质数	合数
尾数分布	3	4	3	4	3	3	4	5	5	5	5	5	5
理论概率（%）	19	50	31	38	31	31	44	44	56	50	50	56	44
90%遗漏值（期）	10.9	3.3	6.2	4.8	6.2	6.2	4.0	4.0	2.8	3.3	3.3	2.8	4.0
95%遗漏值（期）	14.2	4.3	8.1	6.3	8.1	8.1	5.2	5.2	3.6	4.3	4.3	3.6	5.2
99%遗漏值（期）	21.9	6.6	12.4	9.6	12.4	12.4	7.9	7.9	5.6	6.6	6.6	5.6	7.9
99.9%遗漏值（期）	32.8	10.0	18.6	14.5	18.6	18.6	11.9	11.9	8.4	10.0	10.0	8.4	11.9

二、双色球各个形态遗漏值量化表

1. AC值遗漏值量化表

表6-8 双色球红球号码AC值遗漏值量化表

AC值	0	1	2	3	4	5	6	7	8	9	10
号码分布（注）	93	437	3093	9642	32735	68694	184858	224408	339540	158760	85308
理论出现概率（%）	0.008	0.039	0.279	0.871	2.956	6.202	16.69	20.261	30.656	14.334	7.702
90%遗漏值（期）	28781	5903	824	263	77	36	13	10	6	15	29
95%遗漏值（期）	37445	7679	1072	342	100	47	16	13	8	19	37
99%遗漏值（期）	57562	11805	1648	526	153	72	25	20	13	30	57
99.9%遗漏值（期）	86343	17708	2472	790	230	108	38	31	19	45	86

2. 质数个数遗漏值量化表

表6-9 双色球红球号码质数个数遗漏值量化表

质数个数（个）	0	1	2	3	4	5	6
理论出现概率（%）	6.74	26.15	36.33	22.94	6.88	0.92	0.04
90%遗漏值（期）	33	8	5	9	32	249	5755
95%遗漏值（期）	43	10	7	11	42	324	7488
99%遗漏值（期）	66	15	10	18	65	498	11510
99.9%遗漏值（期）	99	23	15	27	97	747	17265

3. 双色球红球号码重号个数遗漏值量化表

表 6-10　双色球红球号码重号个数遗漏值量化表

重号个数（个）	0	1	2	3	4	5	6
理论出现概率（%）	26.73	43.73	23.77	5.28	0.48	0.01	0.00009
90%遗漏值（期）	7	4	8	42	479	23024	2558427
95%遗漏值（期）	10	5	11	55	623	29956	3328590
99%遗漏值（期）	15	8	17	85	957	46049	5116853
99.9%遗漏值（期）	22	12	25	127	1436	69074	7675280

4. 双色球红球号码奇偶比遗漏值量化表

表 6-11　双色球红球号码奇偶比遗漏值量化表

奇偶比	全奇	5奇1偶	4奇2偶	3奇3偶	2奇4偶	1奇5偶	全偶
理论出现概率（%）	1.12	8.94	25.79	34.38	22.35	6.70	0.72
90%遗漏值（期）	204	25	8	5	9	33	319
95%遗漏值（期）	266	32	10	7	12	43	415
99%遗漏值（期）	409	49	15	11	18	66	637
99.9%遗漏值（期）	613	74	23	16	27	100	956

5. 双色球大小比遗漏值量化表

表 6-12　双色球红球号码大小比遗漏值量化表

大小比	全大	5大1小	4大2小	3大3小	2大4小	1大5小	全小
理论出现概率（%）	1.12	8.94	25.79	34.38	22.35	6.70	0.72
90%遗漏值（期）	204	25	8	5	9	33	319
95%遗漏值（期）	266	32	10	7	12	43	415
99%遗漏值（期）	409	49	15	11	18	66	637
99.9%遗漏值（期）	613	74	23	16	27	100	956

第二节　双色球形态规律统计表

双色球各个形态规律统计表内的数据统计期数均截至截稿时的最新开奖期第 2010062 期。大家看到这些规律统计表时，随着开奖数据的增加，下面所有表内统计数据显示的规律会有一定的变化。因此，彩民在使用下面的规律统计表内数据进行实战分析时，就会出现一定的误差。

建议彩民朋友在下面规律统计表的基础上收集后继的开奖结果根据图表下方的"说明"自行统计所需的数据并添加在相应的表格内，只有制作出完整的规律统计表才能真正地用于实战分析。

在日常使用中，需要每个读者期期进行规律统计表的数据更新，以保证统计数据所显示的规律是最新的、最科学的、最具参考价值的，那会更加实用、准确。

有些人很懒惰，连一些必备的功课都不想做却还想中得大奖，哪有那么好的事情啊。大家记住，天下没有免费的午餐，只有一分耕耘才能得到一分收获。

大奖永远都是留给有所准备的人！我们开始行动吧！

一、AC 值规律统计表

1. 双色球历史实战红球号码 AC 值遗漏规律统计表

表 6-13　双色球 2003001 ~ 2010062 期红球号码 AC 值遗漏规律统计表（完成）

AC 值遗漏	0	1	2	3	4	5	6	7	8	9	10
统计期数（期）	1041	1041	1041	1041	1041	1041	1041	1041	1041	1041	1041
遗漏次数（次）	0	0	3	6	28	69	180	218	288	162	86
平均遗漏（次）	1041	1041	259.5	147.86	34.93	13.89	4.76	3.76	2.61	5.39	10.98
最大遗漏（次）	1041	1041	384	560	139	62	39	22	16	33	37
遗漏 1 次（次）	0	0	0	0	0	3	28	37	42	17	11
遗漏 2 次（次）	0	0	0	0	1	2	23	25	50	19	7

AC 值遗漏	0	1	2	3	4	5	6	7	8	9	10
遗漏 3 次（次）	0	0	0	0	0	3	19	26	40	16	6
遗漏 4 次（次）	0	0	0	0	1	4	11	17	20	8	9
遗漏 5 次（次）	0	0	0	0	0	7	11	16	18	14	3
遗漏 6 次（次）	0	0	0	0	0	4	46	13	9	15	2
遗漏 7 次（次）	0	0	0	0	1	3	3	52	11	5	3
遗漏 8 次（次）	0	0	0	0	1	3	7	6	83	11	1
遗漏 9 次（次）	0	0	0	0	0	2	4	4	5	32	5
遗漏 10 次（次）	0	0	0	0	0	2	3	7	3	6	7
遗漏 10 次以上（次）	0	0	3	4	24	36	25	15	7	19	32
遗漏临界点	—	—	1~11	1~11	1~11	1~11	1~7	1~7	1~7	1~9	1~10

注：①统计期数：双色球开奖截至第 2008040 期的所有历史开奖数据。②遗漏次数：统计期数内遗漏出现的次数。③平均遗漏：统计期数-遗漏次数/（遗漏次数+1）。④最大遗漏：统计期数内连续出现遗漏的最大次数。⑤遗漏 N 次：统计期数内每次连续出现 N 次遗漏的所有出现次数。⑥遗漏临界点：统计期数内遗漏终止时出现次数最多的遗漏范围，也是遗漏出现"反转"时机的高概率范围值。⑦表中"—"代表数据通过计算后没有实际价值，忽略不计。

2. 双色球历史实战红球号码 AC 值惯性规律统计表

表 6-14　双色球 2003001~2010062 期红球号码 AC 值惯性规律统计表（完成）

AC 值	0	1	2	3	4	5	6	7	8	9	10
统计期数（期）	1041	1041	1041	1041	1041	1041	1041	1041	1041	1041	1041
惯性次数（次）	0	0	0	0	0	6	37	44	80	26	2
平均惯性（次）	0	0	0	0	0	0.06	0.36	0.42	0.77	0.25	0.02
最大惯性（次）	0	0	0	0	0	1	5	4	5	3	1
惯性 1 次（次）	0	0	0	0	0	6	27	36	50	20	2
惯性 2 次（次）	0	0	0	0	0	0	5	5	19	5	0
惯性 3 次（次）	0	0	0	0	0	0	2	2	8	1	0
惯性 4 次（次）	0	0	0	0	0	0	2	1	2	0	0

AC 值	0	1	2	3	4	5	6	7	8	9	10
惯性5次（次）	0	0	0	0	0	0	1	0	1	0	0
惯性6次（次）	0	0	0	0	0	0	0	0	0	0	0
惯性7次（次）	0	0	0	0	0	0	0	0	0	0	0
惯性8次（次）	0	0	0	0	0	0	0	0	0	0	0
惯性9次（次）	0	0	0	0	0	0	0	0	0	0	0
惯性10次（次）	0	0	0	0	0	0	0	0	0	0	0
惯性10次以上（次）	0	0	0	0	0	0	0	0	0	0	0
惯性临界点	—	—	—	—	—	1~1	1~2	1~1	1~2	1~1	1~1

注：①统计期数：双色球开奖截至第 2008040 期的所有历史开奖数据。②惯性次数：统计期数内惯性出现的次数。③平均惯性：统计期数内平均 10 期开奖数据中惯性的出现次数，计算公式为，惯性次数/统计期数×10。④最大惯性：统计期数内连续出现惯性的最大次数。⑤惯性 N 次：统计期数内每次连续出现 N 次惯性的所有出现次数。⑥惯性临界点：统计期数内惯性终止时出现次数最多的惯性范围，也是惯性出现"反转"时机的高概率范围值。⑦表中"—"代表数据通过计算后没有实际价值，忽略不计。

二、质数个数规律统计表

1. 双色球历史实战红球号码质数个数遗漏规律统计表

表 6-15　双色球 2003001~2010062 期红球号码质数个数遗漏规律统计表（完成）

质数个数（个）	0	1	2	3	4	5	6
统计期数（期）	1041	1041	1041	1041	1041	1041	1041
遗漏次数（次）	75	216	241	178	65	16	0
平均遗漏（次）	12.71	3.8	3.31	4.82	14.79	60.29	1041
最大遗漏（次）	58	21	14	25	66	180	1041
遗漏1次（次）	8	66	86	45	4	0	0
遗漏2次（次）	2	43	50	35	3	0	0

续表

质数个数（个）	0	1	2	3	4	5	6
遗漏 3 次（次）	5	26	40	17	4	0	0
遗漏 4 次（次）	6	25	28	26	4	0	0
遗漏 5 次（次）	5	18	10	11	6	0	0
遗漏 6 次（次）	4	10	7	9	3	1	0
遗漏 7 次（次）	0	6	8	6	4	1	0
遗漏 8 次（次）	2	5	4	3	2	0	0
遗漏 9 次（次）	6	4	3	6	1	0	0
遗漏 10 次（次）	2	5	1	2	2	1	0
遗漏 10 次以上（次）	35	8	4	18	32	13	0
遗漏临界点	1~6	1~5	1~4	1~6	1~6	1~6	—

注：①统计期数：双色球开奖截至第 2008040 期的所有历史开奖数据。②遗漏次数：统计期数内遗漏出现的次数。③平均遗漏：统计期数-遗漏次数/（遗漏次数+1）。④最大遗漏：统计期数内连续出现遗漏的最大次数。⑤遗漏 N 次：统计期数内每次连续出现 N 次遗漏的所有出现次数。⑥遗漏临界点：统计期数内遗漏终止时出现次数最多的遗漏范围，也是遗漏出现"反转"时机的高概率范围值。⑦表中"—"代表数据通过计算后没有实际价值，忽略不计。

2. 双色球历史实战红球号码质数个数惯性规律统计表

表 6-16 双色球 2003001~2010062 期红球号码质数个数惯性规律统计表（完成）

质数个数（个）	0	1	2	3	4	5	6
统计期数（期）	1041	1041	1041	1041	1041	1041	1041
惯性次数（次）	3	66	114	64	2	0	0
平均惯性（次）	0.03	0.63	1.1	0.61	0.02	0	0
最大惯性（次）	1	3	4	4	1	0	0
惯性 1 次（次）	3	50	76	47	2	0	2
惯性 2 次（次）	0	12	24	13	0	0	0
惯性 3 次（次）	0	4	10	3	0	0	0

续表

质数个数（个）	0	1	2	3	4	5	6
惯性4次（次）	0	0	4	1	0	0	0
惯性5次（次）	0	0	0	0	0	0	0
惯性6次（次）	0	0	0	0	0	0	0
惯性7次（次）	0	0	0	0	0	0	0
惯性8次（次）	0	0	0	0	0	0	0
惯性9次（次）	0	0	0	0	0	0	0
惯性10次（次）	0	0	0	0	0	0	0
惯性10次以上（次）	0	0	0	0	0	0	0
惯性临界点	1~1	1~1	1~2	1~1	1~1	—	—

注：①统计期数：双色球开奖截至第 2008040 期的所有历史开奖数据。②惯性次数：统计期数内惯性出现的次数。③平均惯性：统计期数内平均 10 期开奖数据中惯性的出现次数，计算公式为，惯性次数/统计期数×10。④最大惯性：统计期数内连续出现惯性的最大次数。⑤惯性 N 次：统计期数内每次连续出现 N 次惯性的所有出现次数。⑥惯性临界点：统计期数内惯性终止时出现次数最多的惯性范围，也是惯性出现"反转"时机的高概率范围值。⑦表中"—"代表数据通过计算后没有实际价值，忽略不计。

三、重号个数规律统计表

1. 双色球历史实战红球号码重号个数遗漏规律统计表

表 6-17　双色球 2003001~2010062 期红球号码重号个数遗漏规律统计表（完成）

重号个数（个）	0	1	2	3	4	5	6
统计期数（期）	1041	1041	1041	1041	1041	1041	1041
遗漏次数（次）	212	263	193	48	5	0	0
平均遗漏（次）	3.89	2.95	4.37	20.27	172.67	1041	1041
最大遗漏（次）	18	11	24	112	442	1041	1041
遗漏1次（次）	61	118	44	2	0	0	0

续表

重号个数（个）	0	1	2	3	4	5	6
遗漏 2 次（次）	36	60	33	1	1	0	0
遗漏 3 次（次）	38	43	31	2	0	0	0
遗漏 4 次（次）	23	24	17	1	0	0	0
遗漏 5 次（次）	17	7	22	1	0	0	0
遗漏 6 次（次）	11	3	10	8	0	0	0
遗漏 7 次（次）	4	2	9	1	0	0	0
遗漏 8 次（次）	5	1	9	2	0	0	0
遗漏 9 次（次）	6	3	2	2	0	0	0
遗漏 10 次（次）	2	1	4	1	0	0	0
遗漏 10 次以上（次）	9	1	12	27	4	0	0
遗漏临界点	1~5	1~3	1~6	1~6	1~11	—	—

注：①统计期数：双色球开奖截至第 2008040 期的所有历史开奖数据。②遗漏次数：统计期数内遗漏出现的次数。③平均遗漏：统计期数-遗漏次数/（遗漏次数+1）。④最大遗漏：统计期数内连续出现遗漏的最大次数。⑤遗漏 N 次：统计期数内每次连续出现 N 次遗漏的所有出现次数。⑥遗漏临界点：统计期数内遗漏终止时出现次数最多的遗漏范围，也是遗漏出现"反转"时机的高概率范围值。⑦表中"—"代表数据通过计算后没有实际价值，忽略不计。

2. 双色球历史实战红球号码重号个数惯性规律统计表

表 6-18　双色球 2003001~2010062 期红球号码重号个数惯性规律统计表（完成）

重号个数（个）	0	1	2	3	4	5	6
统计期数（期）	1041	1041	1041	1041	1041	1041	1041
惯性次数（次）	71	191	54	3	0	0	0
平均惯性（次）	0.68	1.83	0.52	0.03	0	0	0
最大惯性（次）	4	7	3	1	0	0	0
惯性 1 次（次）	53	110	44	3	0	0	0
惯性 2 次（次）	14	48	8	0	0	0	0

重号个数（个）	0	1	2	3	4	5	6
惯性 3 次（次）	3	18	2	0	0	0	0
惯性 4 次（次）	1	8	0	0	0	0	0
惯性 5 次（次）	0	5	0	0	0	0	0
惯性 6 次（次）	0	1	0	0	0	0	0
惯性 7 次（次）	0	1	0	0	0	0	0
惯性 8 次（次）	0	0	0	0	0	0	0
惯性 9 次（次）	0	0	0	0	0	0	0
惯性 10 次（次）	0	0	0	0	0	0	0
惯性 10 次以上（次）	0	0	0	0	0	0	0
惯性临界点	1~1	1~2	1~1	1~1	—	—	—

注：①统计期数：双色球开奖截至第 2008040 期的所有历史开奖数据。②惯性次数：统计期数内惯性出现的次数。③平均惯性：统计期数内平均 10 期开奖数据中惯性的出现次数，计算公式为，惯性次数/统计期数×10。④最大惯性：统计期数内连续出现惯性的最大次数。⑤惯性 N 次：统计期数内每次连续出现 N 次惯性的所有出现次数。⑥惯性临界点：统计期数内惯性终止时出现次数最多的惯性范围，也是惯性出现"反转"时机的高概率范围值。⑦表中"—"代表数据通过计算后没有实际价值，忽略不计。

四、奇偶比规律统计表

1. 双色球历史实战红球号码奇偶比遗漏规律统计表

表 6-19　双色球 2003001~2008040 期红球号码奇偶比遗漏规律统计表（完成）

奇偶比	全奇	5 奇 1 偶	4 奇 2 偶	3 奇 3 偶	2 奇 4 偶	1 奇 5 偶	全偶
统计期数（期）	1041	1041	1041	1041	1041	1041	1041
遗漏次数（次）	18	75	181	244	182	68	13
平均遗漏（次）	53.84	12.71	4.73	3.25	4.69	14.1	73.43
最大遗漏（次）	195	61	21	12	24	51	179

续表

奇偶比	全奇	5奇1偶	4奇2偶	3奇3偶	2奇4偶	1奇5偶	全偶
遗漏1次（次）	1	7	41	81	37	6	0
遗漏2次（次）	0	3	39	60	32	1	0
遗漏3次（次）	0	7	21	44	22	4	0
遗漏4次（次）	0	4	18	23	22	11	0
遗漏5次（次）	0	4	11	8	16	2	0
遗漏6次（次）	0	8	10	12	12	1	1
遗漏7次（次）	0	0	9	7	3	3	0
遗漏8次（次）	0	6	9	2	12	5	0
遗漏9次（次）	0	2	4	4	7	4	1
遗漏10次（次）	0	3	3	1	4	2	0
遗漏10次以上（次）	16	31	16	2	9	29	11
遗漏临界点	1~11	1~11	1~7	1~3	1~7	1~11	1~11

注：①统计期数：双色球开奖截至第2008040期的所有历史开奖数据。②遗漏次数：统计期数内遗漏出现的次数。③平均遗漏：统计期数－遗漏次数/（遗漏次数+1）。④最大遗漏：统计期数内连续出现遗漏的最大次数。⑤遗漏N次：统计期数内每次连续出现N次遗漏的所有出现次数。⑥遗漏临界点：统计期数内遗漏终止时出现次数最多的遗漏范围，也是遗漏出现"反转"时机的高概率范围值。

2. 双色球历史实战红球号码奇偶比惯性规律统计表

表6-20　双色球2003001~2010062期红球号码奇偶比惯性规律统计表（完成）

奇偶比	全奇	5奇1偶	4奇2偶	3奇3偶	2奇4偶	1奇5偶	全偶
统计期数（期）	1041	1041	1041	1041	1041	1041	1041
惯性次数（次）	0	4	70	124	56	5	0
平均惯性（次）	0	0.04	0.67	1.19	0.54	0.05	0
最大惯性（次）	0	1	6	4	2	1	0
惯性1次（次）	0	4	51	90	47	5	0

续表

奇偶比	全奇	5奇1偶	4奇2偶	3奇3偶	2奇4偶	1奇5偶	全偶
惯性2次（次）	0	0	12	25	9	0	0
惯性3次（次）	0	0	4	8	0	0	0
惯性4次（次）	0	0	1	1	0	0	0
惯性5次（次）	0	0	1	0	0	0	0
惯性6次（次）	0	0	1	0	0	0	0
惯性7次（次）	0	0	0	0	0	0	0
惯性8次（次）	0	0	0	0	0	0	0
惯性9次（次）	0	0	0	0	0	0	0
惯性10次（次）	0	0	0	0	0	0	0
惯性10次以上（次）	0	0	0	0	0	0	0
惯性临界点	—	1~1	1~1	1~1	1~1	1~1	—

注：①统计期数：双色球开奖截至第2008040期的所有历史开奖数据。②惯性次数：统计期数内惯性出现的次数。③平均惯性：统计期数内平均10期开奖数据中惯性的出现次数，计算公式为，惯性次数/统计期数×10。④最大惯性：统计期数内连续出现惯性的最大次数。⑤惯性N次：统计期数内每次连续出现N次惯性的所有出现次数。⑥惯性临界点：统计期数内惯性终止时出现次数最多的惯性范围，也是惯性出现"反转"时机的高概率范围值。⑦表中"—"代表数据通过计算后没有实际价值，忽略不计。

五、大小比规律统计表

1. 双色球历史实战红球号码大小比遗漏规律统计表

表6-21　双色球2003001~2010062期红球号码大小比遗漏规律统计表（完成）

大小比	全大	5大1小	4大2小	3大3小	2大4小	1大5小	全小
统计期数（期）	1041	1041	1041	1041	1041	1041	1041
遗漏次数（次）	7	80	206	235	192	66	4
平均遗漏（次）	129.25	11.86	4.03	3.42	4.4	14.55	207.41

续表

大小比	全大	5大1小	4大2小	3大3小	2大4小	1大5小	全小
最大遗漏（次）	301	52	20	12	17	57	591
遗漏1次（次）	0	6	62	70	37	4	0
遗漏2次（次）	0	3	30	58	34	4	0
遗漏3次（次）	0	6	31	41	40	4	0
遗漏4次（次）	0	6	29	25	19	1	0
遗漏5次（次）	0	9	15	15	15	1	0
遗漏6次（次）	0	7	12	9	9	1	0
遗漏7次（次）	0	3	6	4	7	3	0
遗漏8次（次）	0	0	3	5	9	6	0
遗漏9次（次）	0	3	2	3	4	5	0
遗漏10次（次）	0	3	7	2	5	1	0
遗漏10次以上（次）	7	34	9	3	13	36	4
遗漏临界点	1~11	1~11	1~5	1~4	1~6	1~11	1~11

注：①统计期数：指双色球开奖截至第2008040期的所有历史开奖数据。②遗漏次数：指统计期数内遗漏出现的次数。③平均遗漏：统计期数-遗漏次数/（遗漏次数+1）。④最大遗漏：指统计期数内连续出现遗漏的最大次数。⑤遗漏N次：指统计期数内每次连续出现N次遗漏的所有出现次数。⑥临界点：指统计期数内遗漏终止时出现次数最多的遗漏范围，也是遗漏出现"反转"时机的高概率范围值。

2. 双色球历史实战红球号码大小比惯性规律统计表

表6-22　双色球2003001~2010062期红球号码大小比惯性规律统计表

大小比	全大	5大1小	4大2小	3大3小	2大4小	1大5小	全小
统计期数（期）	1041	1041	1041	1041	1041	1041	1041
惯性次数（次）	0	12	66	118	48	6	0
平均惯性（次）	0	0.12	0.63	1.13	0.46	0.06	0

续表

大小比	全大	5大1小	4大2小	3大3小	2大4小	1大5小	全小
最大惯性（次）	0	1	3	4	4	1	0
惯性1次（次）	0	12	54	77	38	6	0
惯性2次（次）	0	0	10	28	8	0	0
惯性3次（次）	0	0	2	10	1	0	0
惯性4次（次）	0	0	0	3	1	0	0
惯性5次（次）	0	0	0	0	0	0	0
惯性6次（次）	0	0	0	0	0	0	0
惯性7次（次）	0	0	0	0	0	0	0
惯性8次（次）	0	0	0	0	0	0	0
惯性9次（次）	0	0	0	0	0	0	0
惯性10次（次）	0	0	0	0	0	0	0
惯性10次以上（次）	0	0	0	0	0	0	0
惯性临界点	—	1~1	1~1	1~2	1~1	1~1	—

注：①统计期数：双色球开奖截至第2008040期的所有历史开奖数据。②惯性次数：统计期数内惯性出现的次数。③平均惯性：统计期数内平均10期开奖数据中惯性的出现次数，计算公式为，惯性次数/统计期数×10。④最大惯性：统计期数内连续出现惯性的最大次数。⑤惯性N次：统计期数内每次连续出现N次惯性的所有出现次数。⑥惯性临界点：统计期数内惯性终止时出现次数最多的惯性范围，也是惯性出现"反转"时机的高概率范围值。⑦表中"—"代表数据通过计算后没有实际价值，忽略不计。

第三节　复式胆拖投注速查

1. 双色球红球复式中奖计算表

表 6-23　双色球红球复式中奖计算表

中奖号码个数 / 投注金额	奖等	设奖金额	红球7 14	红球8 56	红球9 168	红球10 420	红球11 924	红球12 1848	红球13 3432	红球14 6006	红球15 10010	红球16 16016	红球17 24752	红球18 37128	红球19 54264	红球20 77520
6个红球+1个蓝球	1	A	1	1	1	1	1	1	1	1	1	1	1	1	1	1
	3	3000	6	12	18	24	30	36	42	48	54	60	66	72	78	84
	4	200	-	15	45	90	150	225	315	420	540	675	825	990	1170	1365
	5	10	-	-	20	80	200	400	700	1120	1680	2400	3300	4400	5720	7280
	6	5	-	-	-	15	81	262	658	1414	2730	4872	8184	13101	20163	30030
奖金合计			1A+18000	1A+39000	1A+63200	1A+90875	1A+122405	1A+158310	1A+199290	1A+246270	1A+300450	1A+363360	1A+436920	1A+523505	1A+626015	1A+747950
6个红球	2	B	1	1	1	1	1	1	1	1	1	1	1	1	1	1
	4	200	6	12	18	24	30	36	42	48	54	60	66	72	78	84
	5	10	-	15	45	90	150	225	315	420	540	675	825	990	1170	1365
奖金合计			1B+1200	1B+2550	1B+4050	1B+5700	1B+7500	1B+9450	1B+11550	1B+13800	1B+16200	1B+18750	1B+21450	1B+24300	1B+27300	1B+30450
5个红球+1个蓝球	3	3000	2	3	4	5	6	7	8	9	10	11	12	13	14	15
	4	200	5	15	30	50	75	105	140	180	225	275	330	390	455	525
	5	10	-	10	40	100	200	350	560	840	1200	1650	2200	2860	3640	4550
	6	5	-	-	10	55	181	462	1008	1974	3570	6072	9834	15301	23023	33670
奖金合计			7000	12100	18450	26275	35905	47810	62640	81270	104850	134860	173170	222105	284515	363850
5个红球	4	200	2	3	4	5	6	7	8	9	10	11	12	13	14	15
	5	10	-	15	30	50	75	105	140	180	225	275	330	390	455	525
奖金合计			450	750	1100	1500	1950	2450	3000	3600	4250	4950	5700	6500	7350	8250
4个红球+1个蓝球	4	200	3	6	10	15	21	28	36	45	55	66	78	91	105	120
	5	10	4	16	40	80	140	224	336	480	660	880	1144	1456	1820	2240
	6	5	-	6	34	115	301	672	1344	2478	4290	7062	11154	17017	25207	36400
奖金合计			640	1390	2570	4375	7105	11200	17280	26190	39050	57310	82810	117845	165235	228400
4个红球	5	10	3	6	10	15	21	28	36	45	55	66	78	91	105	120
奖金合计			30	60	100	150	210	280	360	450	550	660	780	910	1050	1200
3个红球+1个蓝球	5	10	4	10	20	35	56	84	120	165	220	286	364	455	560	680
	6	5	3	18	64	175	406	840	1596	2838	4785	7722	12012	18109	26572	38080
奖金合计			55	190	520	1225	2590	5040	9180	15840	26125	41470	63700	95095	138460	197200
2个红球+1个蓝球	6	5	7	28	84	210	462	924	1716	3003	5005	8008	12376	18564	27132	38760
奖金合计			35	140	420	1050	2310	4620	8580	15015	25025	40040	61880	92820	135660	193800
1个红球+1个蓝球	6	5	7	28	84	210	462	924	1716	3003	5005	8008	12376	18564	27132	38760
奖金合计			35	140	420	1050	2310	4620	8580	15015	25025	40040	61880	92820	135660	193800
1个蓝球	6	5	7	28	84	210	462	924	1716	3003	5005	8008	12376	18564	27132	38760
奖金合计			35	140	420	1050	2310	4620	8580	15015	25025	40040	61880	92820	135660	193800

注：① A 表示当期单注一等奖奖金；B 表示当期单注二等奖奖金。②红球复式：从红色球号码中选择 7~20 个号码，从蓝色球号码中选择 1 个号码。

2. 双色球蓝球复式中奖计算表

表 6-24　双色球蓝球复式中奖计算表

中奖号码个数 投注金额	奖等	设奖金额	蓝球2 4	蓝球3 6	蓝球4 8	蓝球5 10	蓝球6 12	蓝球7 14	蓝球8 16	蓝球9 18	蓝球10 20	蓝球11 22	蓝球12 24	蓝球13 26	蓝球14 28	蓝球15 30	蓝球16 32
6个红球+1个蓝球	1	A	1	1	1	1	1	1	1	1	1	1	1	1	1	1	1
	2	B	1	2	3	4	5	6	7	8	9	10	11	12	13	14	15
奖金合计			1A+1B	1A+2B	1A+3B	1A+4B	1A+5B	1A+6B	1A+7B	1A+8B	1A+9B	1A+10B	1A+11B	1A+12B	1A+13B	1A+14B	1A+15B
6个红球	2	B	2	3	4	5	6	7	8	9	10	11	12	13	14	15	16
奖金合计			2B	3B	4B	5B	6B	7B	8B	9B	10B	11B	12B	13B	14B	15B	16B
5个红球+1个蓝球	3	3000	1	1	1	1	1	1	1	1	1	1	1	1	1	1	1
	4	200	1	2	3	4	5	6	7	8	9	10	11	12	13	14	15
奖金合计			3200	3400	3600	3800	4000	4200	4400	4600	4800	5000	5200	5400	5600	5800	6000
5个红球	4	200	2	3	4	5	6	7	8	9	10	11	12	13	14	15	16
奖金合计			400	600	800	1000	1200	1400	1600	1800	2000	2200	2400	2600	2800	3000	3200
4个红球+1个蓝球	4	200	1	1	1	1	1	1	1	1	1	1	1	1	1	1	1
	5	10	1	2	3	4	5	6	7	8	9	10	11	12	13	14	15
奖金合计			210	220	230	240	250	260	270	280	290	300	310	320	330	340	350
4个红球	5	10	2	3	4	5	6	7	8	9	10	11	12	13	14	15	16
奖金合计			20	30	40	50	60	70	80	90	100	110	120	130	140	150	160
3个红球+1个蓝球	5	10	1	1	1	1	1	1	1	1	1	1	1	1	1	1	1
奖金合计			10	10	10	10	10	10	10	10	10	10	10	10	10	10	10
2个红球+1个蓝球	6	5	1	1	1	1	1	1	1	1	1	1	1	1	1	1	1
奖金合计			5	5	5	5	5	5	5	5	5	5	5	5	5	5	5
1个红球+1个蓝球	6	5	1	1	1	1	1	1	1	1	1	1	1	1	1	1	1
奖金合计			5	5	5	5	5	5	5	5	5	5	5	5	5	5	5
1个蓝球	6	5	1	1	1	1	1	1	1	1	1	1	1	1	1	1	1
奖金合计			5	5	5	5	5	5	5	5	5	5	5	5	5	5	5

注：① A 表示当期单注一等奖奖金；B 表示当期单注二等奖奖金。②蓝球复式：红色球号码中选择 6 个号码，从蓝色球号码中选择 2~16 个号码。

3. 双色球全复式中奖计算表（完整版）

使用方法： 例如彩民当期投注 7 个红球号码和 2 个蓝球号码，通过表找到对应行，可知投注金额为 28 元；如果投注号码中得当期 6 个红球和 1 个蓝球，一定会中得一等奖 1 注、二等奖 1 注和固定奖金 19200 元。其他以此类推。

说明： 表中 A 代表本期一等奖奖金；B 代表本期二等奖奖金。

表 6-25　双色球复式投注奖金计算表（完整版）

投红球数	投蓝球数	投注金额	中红球数	中蓝球数	中奖金额
7	1	14	6	1	1A+18000
7	1	14	6	0	1B+1200
7	1	14	5	1	7000
7	1	14	5	0	450

续表

投红球数	投蓝球数	投注金额	中红球数	中蓝球数	中奖金额
7	1	14	4	1	640
7	1	14	4	0	30
7	1	14	3	1	55
7	1	14	2	1	35
7	1	14	1	1	35
7	1	14	0	1	35
7	2	28	6	1	1A+1B+19200
7	2	28	6	0	2B+2400
7	2	28	5	1	7450
7	2	28	5	0	900
7	2	28	4	1	670
7	2	28	4	0	60
7	2	28	3	1	55
7	2	28	2	1	35
7	2	28	1	1	35
7	2	28	0	1	35
7	3	42	6	1	1A+2B+20400
7	3	42	6	0	3B+3600
7	3	42	5	1	7900
7	3	42	5	0	1350
7	3	42	4	1	700
7	3	42	4	0	90
7	3	42	3	1	55
7	3	42	2	1	35
7	3	42	1	1	35
7	3	42	0	1	35
7	4	56	6	1	1A+3B+21600
7	4	56	6	0	4B+4800
7	4	56	5	1	8350
7	4	56	5	0	1800
7	4	56	4	1	730

投红球数	投蓝球数	投注金额	中红球数	中蓝球数	中奖金额
7	4	56	4	0	120
7	4	56	3	1	55
7	4	56	2	1	35
7	4	56	1	1	35
7	4	56	0	1	35
7	5	70	6	1	1A+4B+22800
7	5	70	6	0	5B+6000
7	5	70	5	1	8800
7	5	70	5	0	2250
7	5	70	4	1	760
7	5	70	4	0	150
7	5	70	3	1	55
7	5	70	2	1	35
7	5	70	1	1	35
7	5	70	0	1	35
7	6	84	6	1	1A+5B+24000
7	6	84	6	0	6B+7200
7	6	84	5	1	9250
7	6	84	5	0	2700
7	6	84	4	1	790
7	6	84	4	0	180
7	6	84	3	1	55
7	6	84	2	1	35
7	6	84	1	1	35
7	6	84	0	1	35
7	7	98	6	1	1A+6B+25200
7	7	98	6	0	7B+8400
7	7	98	5	1	9700
7	7	98	5	0	3150
7	7	98	4	1	820
7	7	98	4	0	210

续表

投红球数	投蓝球数	投注金额	中红球数	中蓝球数	中奖金额
7	7	98	3	1	55
7	7	98	2	1	35
7	7	98	1	1	35
7	7	98	0	1	35
7	8	112	6	1	1A+7B+26400
7	8	112	6	0	8B+9600
7	8	112	5	1	10150
7	8	112	5	0	3600
7	8	112	4	1	850
7	8	112	4	0	240
7	8	112	3	1	55
7	8	112	2	1	35
7	8	112	1	1	35
7	8	112	0	1	35
7	9	126	6	1	1A+8B+27600
7	9	126	6	0	9B+10800
7	9	126	5	1	10600
7	9	126	5	0	4050
7	9	126	4	1	880
7	9	126	4	0	270
7	9	126	3	1	55
7	9	126	2	1	35
7	9	126	1	1	35
7	9	126	0	1	35
7	10	140	6	1	1A+9B+28800
7	10	140	6	0	10B+12000
7	10	140	5	1	11050
7	10	140	5	0	4500
7	10	140	4	1	910
7	10	140	4	0	300
7	10	140	3	1	55

投红球数	投蓝球数	投注金额	中红球数	中蓝球数	中奖金额
7	10	140	2	1	35
7	10	140	1	1	35
7	10	140	0	1	35
7	11	154	6	1	1A+10B+30000
7	11	154	6	0	11B+13200
7	11	154	5	1	11500
7	11	154	5	0	4950
7	11	154	4	1	940
7	11	154	4	0	330
7	11	154	3	1	55
7	11	154	2	1	35
7	11	154	1	1	35
7	11	154	0	1	35
7	12	168	6	1	1A+11B+31200
7	12	168	6	0	12B+14400
7	12	168	5	1	11950
7	12	168	5	0	5400
7	12	168	4	1	970
7	12	168	4	0	360
7	12	168	3	1	55
7	12	168	2	1	35
7	12	168	1	1	35
7	12	168	0	1	35
7	13	182	6	1	1A+12B+32400
7	13	182	6	0	13B+15600
7	13	182	5	1	12400
7	13	182	5	0	5850
7	13	182	4	1	1000
7	13	182	4	0	390
7	13	182	3	1	55
7	13	182	2	1	35

续表

投红球数	投蓝球数	投注金额	中红球数	中蓝球数	中奖金额
7	13	182	1	1	35
7	13	182	0	1	35
7	14	196	6	1	1A+13B+33600
7	14	196	6	0	14B+16800
7	14	196	5	1	12850
7	14	196	5	0	6300
7	14	196	4	1	1030
7	14	196	4	0	420
7	14	196	3	1	55
7	14	196	2	1	35
7	14	196	1	1	35
7	14	196	0	1	35
7	15	210	6	1	1A+14B+34800
7	15	210	6	0	15B+18000
7	15	210	5	1	13300
7	15	210	5	0	6750
7	15	210	4	1	1060
7	15	210	4	0	450
7	15	210	3	1	55
7	15	210	2	1	35
7	15	210	1	1	35
7	15	210	0	1	35
7	16	224	6	1	1A+15B+36000
7	16	224	6	0	16B+19200
7	16	224	5	1	13750
7	16	224	5	0	7200
7	16	224	4	1	1090
7	16	224	4	0	480
7	16	224	3	1	55
7	16	224	2	1	35
7	16	224	1	1	35

投红球数	投蓝球数	投注金额	中红球数	中蓝球数	中奖金额
7	16	224	0	1	35
8	1	56	6	1	1A+39000
8	1	56	6	0	1B+2550
8	1	56	5	1	12100
8	1	56	5	0	750
8	1	56	4	1	1390
8	1	56	4	0	60
8	1	56	3	1	190
8	1	56	2	1	140
8	1	56	1	1	140
8	1	56	0	1	140
8	2	112	6	1	1A+1B+41550
8	2	112	6	0	2B+5100
8	2	112	5	1	12850
8	2	112	5	0	1500
8	2	112	4	1	1450
8	2	112	4	0	120
8	2	112	3	1	190
8	2	112	2	1	140
8	2	112	1	1	140
8	2	112	0	1	140
8	3	168	6	1	1A+2B+44100
8	3	168	6	0	3B+7650
8	3	168	5	1	13600
8	3	168	5	0	2250
8	3	168	4	1	1510
8	3	168	4	0	180
8	3	168	3	1	190
8	3	168	2	1	140
8	3	168	1	1	140
8	3	168	0	1	140

续表

投红球数	投蓝球数	投注金额	中红球数	中蓝球数	中奖金额
8	4	224	6	1	1A+3B+46650
8	4	224	6	0	4B+10200
8	4	224	5	1	14350
8	4	224	5	0	3000
8	4	224	4	1	1570
8	4	224	4	0	240
8	4	224	3	1	190
8	4	224	2	1	140
8	4	224	1	1	140
8	4	224	0	1	140
8	5	280	6	1	1A+4B+49200
8	5	280	6	0	5B+12750
8	5	280	5	1	15100
8	5	280	5	0	3750
8	5	280	4	1	1630
8	5	280	4	0	300
8	5	280	3	1	190
8	5	280	2	1	140
8	5	280	1	1	140
8	5	280	0	1	140
8	6	336	6	1	1A+5B+51750
8	6	336	6	0	6B+15300
8	6	336	5	1	15850
8	6	336	5	0	4500
8	6	336	4	1	1690
8	6	336	4	0	360
8	6	336	3	1	190
8	6	336	2	1	140
8	6	336	1	1	140
8	6	336	0	1	140
8	7	392	6	1	1A+6B+54300

投红球数	投蓝球数	投注金额	中红球数	中蓝球数	中奖金额
8	7	392	6	0	7B+17850
8	7	392	5	1	16600
8	7	392	5	0	5250
8	7	392	4	1	1750
8	7	392	4	0	420
8	7	392	3	1	190
8	7	392	2	1	140
8	7	392	1	1	140
8	7	392	0	1	140
8	8	448	6	1	1A+7B+56850
8	8	448	6	0	8B+20400
8	8	448	5	1	17350
8	8	448	5	0	6000
8	8	448	4	1	1810
8	8	448	4	0	480
8	8	448	3	1	190
8	8	448	2	1	140
8	8	448	1	1	140
8	8	448	0	1	140
8	9	504	6	1	1A+8B+59400
8	9	504	6	0	9B+22950
8	9	504	5	1	18100
8	9	504	5	0	6750
8	9	504	4	1	1870
8	9	504	4	0	540
8	9	504	3	1	190
8	9	504	2	1	140
8	9	504	1	1	140
8	9	504	0	1	140
8	10	560	6	1	1A+9B+61950
8	10	560	6	0	10B+25500

投红球数	投蓝球数	投注金额	中红球数	中蓝球数	中奖金额
8	10	560	5	1	18850
8	10	560	5	0	7500
8	10	560	4	1	1930
8	10	560	4	0	600
8	10	560	3	1	190
8	10	560	2	1	140
8	10	560	1	1	140
8	10	560	0	1	140
8	11	616	6	1	1A+10B+64500
8	11	616	6	0	11B+28050
8	11	616	5	1	19600
8	11	616	5	0	8250
8	11	616	4	1	1990
8	11	616	4	0	660
8	11	616	3	1	190
8	11	616	2	1	140
8	11	616	1	1	140
8	11	616	0	1	140
8	12	672	6	1	1A+11B+67050
8	12	672	6	0	12B+30600
8	12	672	5	1	20350
8	12	672	5	0	9000
8	12	672	4	1	2050
8	12	672	4	0	720
8	12	672	3	1	190
8	12	672	2	1	140
8	12	672	1	1	140
8	12	672	0	1	140
8	13	728	6	1	1A+12B+69600
8	13	728	6	0	13B+33150
8	13	728	5	1	21100

投红球数	投蓝球数	投注金额	中红球数	中蓝球数	中奖金额
8	13	728	5	0	9750
8	13	728	4	1	2110
8	13	728	4	0	780
8	13	728	3	1	190
8	13	728	2	1	140
8	13	728	1	1	140
8	13	728	0	1	140
8	14	784	6	1	1A+13B+72150
8	14	784	6	0	14B+35700
8	14	784	5	1	21850
8	14	784	5	0	10500
8	14	784	4	1	2170
8	14	784	4	0	840
8	14	784	3	1	190
8	14	784	2	1	140
8	14	784	1	1	140
8	14	784	0	1	140
8	15	840	6	1	1A+14B+74700
8	15	840	6	0	15B+38250
8	15	840	5	1	22600
8	15	840	5	0	11250
8	15	840	4	1	2230
8	15	840	4	0	900
8	15	840	3	1	190
8	15	840	2	1	140
8	15	840	1	1	140
8	15	840	0	1	140
8	16	896	6	1	1A+15B+77250
8	16	896	6	0	16B+40800
8	16	896	5	1	23350
8	16	896	5	0	12000

投红球数	投蓝球数	投注金额	中红球数	中蓝球数	中奖金额
8	16	896	4	1	2290
8	16	896	4	0	960
8	16	896	3	1	190
8	16	896	2	1	140
8	16	896	1	1	140
8	16	896	0	1	140
9	1	168	6	1	1A+63200
9	1	168	6	0	1B+4050
9	1	168	5	1	18450
9	1	168	5	0	1100
9	1	168	4	1	2570
9	1	168	4	0	100
9	1	168	3	1	520
9	1	168	2	1	420
9	1	168	1	1	420
9	1	168	0	1	420
9	2	336	6	1	1A+1B+67250
9	2	336	6	0	2B+8100
9	2	336	5	1	19550
9	2	336	5	0	2200
9	2	336	4	1	2670
9	2	336	4	0	200
9	2	336	3	1	520
9	2	336	2	1	420
9	2	336	1	1	420
9	2	336	0	1	420
9	3	504	6	1	1A+2B+71300
9	3	504	6	0	3B+12150
9	3	504	5	1	20650
9	3	504	5	0	3300
9	3	504	4	1	2770

投红球数	投蓝球数	投注金额	中红球数	中蓝球数	中奖金额
9	3	504	4	0	300
9	3	504	3	1	520
9	3	504	2	1	420
9	3	504	1	1	420
9	3	504	0	1	420
9	4	672	6	1	1A+3B+75350
9	4	672	6	0	4B+16200
9	4	672	5	1	21750
9	4	672	5	0	4400
9	4	672	4	1	2870
9	4	672	4	0	400
9	4	672	3	1	520
9	4	672	2	1	420
9	4	672	1	1	420
9	4	672	0	1	420
9	5	840	6	1	1A+4B+79400
9	5	840	6	0	5B+20250
9	5	840	5	1	22850
9	5	840	5	0	5500
9	5	840	4	1	2970
9	5	840	4	0	500
9	5	840	3	1	520
9	5	840	2 .	1	420
9	5	840	1	1	420
9	5	840	0	1	420
9	6	1008	6	1	1A+5B+83450
9	6	1008	6	0	6B+24300
9	6	1008	5	1	23950
9	6	1008	5	0	6600
9	6	1008	4	1	3070
9	6	1008	4	0	600

续表

投红球数	投蓝球数	投注金额	中红球数	中蓝球数	中奖金额
9	6	1008	3	1	520
9	6	1008	2	1	420
9	6	1008	1	1	420
9	6	1008	0	1	420
9	7	1176	6	1	1A+6B+87500
9	7	1176	6	0	7B+28350
9	7	1176	5	1	25050
9	7	1176	5	0	7700
9	7	1176	4	1	3170
9	7	1176	4	0	700
9	7	1176	3	1	520
9	7	1176	2	1	420
9	7	1176	1	1	420
9	7	1176	0	1	420
9	8	1344	6	1	1A+7B+91550
9	8	1344	6	0	8B+32400
9	8	1344	5	1	26150
9	8	1344	5	0	8800
9	8	1344	4	1	3270
9	8	1344	4	0	800
9	8	1344	3	1	520
9	8	1344	2	1	420
9	8	1344	1	1	420
9	8	1344	0	1	420
9	9	1512	6	1	1A+8B+95600
9	9	1512	6	0	9B+36450
9	9	1512	5	1	27250
9	9	1512	5	0	9900
9	9	1512	4	1	3370
9	9	1512	4	0	900
9	9	1512	3	1	520

投红球数	投蓝球数	投注金额	中红球数	中蓝球数	中奖金额
9	9	1512	2	1	420
9	9	1512	1	1	420
9	9	1512	0	1	420
9	10	1680	6	1	1A+9B+99650
9	10	1680	6	0	10B+40500
9	10	1680	5	1	28350
9	10	1680	5	0	11000
9	10	1680	4	1	3470
9	10	1680	4	0	1000
9	10	1680	3	1	520
9	10	1680	2	1	420
9	10	1680	1	1	420
9	10	1680	0	1	420
9	11	1848	6	1	1A+10B+103700
9	11	1848	6	0	11B+44550
9	11	1848	5	1	29450
9	11	1848	5	0	12100
9	11	1848	4	1	3570
9	11	1848	4	0	1100
9	11	1848	3	1	520
9	11	1848	2	1	420
9	11	1848	1	1	420
9	11	1848	0	1	420
9	12	2016	6	1	1A+11B+107750
9	12	2016	6	0	12B+48600
9	12	2016	5	1	30550
9	12	2016	5	0	13200
9	12	2016	4	1	3670
9	12	2016	4	0	1200
9	12	2016	3	1	520
9	12	2016	2	1	420

投红球数	投蓝球数	投注金额	中红球数	中蓝球数	中奖金额
9	12	2016	1	1	420
9	12	2016	0	1	420
9	13	2184	6	1	1A+12B+111800
9	13	2184	6	0	13B+52650
9	13	2184	5	1	31650
9	13	2184	5	0	14300
9	13	2184	4	1	3770
9	13	2184	4	0	1300
9	13	2184	3	1	520
9	13	2184	2	1	420
9	13	2184	1	1	420
9	13	2184	0	1	420
9	14	2352	6	1	1A+13B+115850
9	14	2352	6	0	14B+56700
9	14	2352	5	1	32750
9	14	2352	5	0	15400
9	14	2352	4	1	3870
9	14	2352	4	0	1400
9	14	2352	3	1	520
9	14	2352	2	1	420
9	14	2352	1	1	420
9	14	2352	0	1	420
9	15	2520	6	1	1A+14B+119900
9	15	2520	6	0	15B+60750
9	15	2520	5	1	33850
9	15	2520	5	0	16500
9	15	2520	4	1	3970
9	15	2520	4	0	1500
9	15	2520	3	1	520
9	15	2520	2	1	420
9	15	2520	1	1	420

投红球数	投蓝球数	投注金额	中红球数	中蓝球数	中奖金额
9	15	2520	0	1	420
9	16	2688	6	1	1A+15B+123950
9	16	2688	6	0	16B+64800
9	16	2688	5	1	34950
9	16	2688	5	0	17600
9	16	2688	4	1	4070
9	16	2688	4	0	1600
9	16	2688	3	1	520
9	16	2688	2	1	420
9	16	2688	1	1	420
9	16	2688	0	1	420
10	1	420	6	1	1A+90875
10	1	420	6	0	1B+5700
10	1	420	5	1	26275
10	1	420	5	0	1500
10	1	420	4	1	4375
10	1	420	4	0	150
10	1	420	3	1	1225
10	1	420	2	1	1050
10	1	420	1	1	1050
10	1	420	0	1	1050
10	2	840	6	1	1A+1B+96575
10	2	840	6	0	2B+11400
10	2	840	5	1	27775
10	2	840	5	0	3000
10	2	840	4	1	4525
10	2	840	4	0	300
10	2	840	3	1	1225
10	2	840	2	1	1050
10	2	840	1	1	1050
10	2	840	0	1	1050

续表

投红球数	投蓝球数	投注金额	中红球数	中蓝球数	中奖金额
10	3	1260	6	1	1A+2B+102275
10	3	1260	6	0	3B+17100
10	3	1260	5	1	29275
10	3	1260	5	0	4500
10	3	1260	4	1	4675
10	3	1260	4	0	450
10	3	1260	3	1	1225
10	3	1260	2	1	1050
10	3	1260	1	1	1050
10	3	1260	0	1	1050
10	4	1680	6	1	1A+3B+107975
10	4	1680	6	0	4B+22800
10	4	1680	5	1	30775
10	4	1680	5	0	6000
10	4	1680	4	1	4825
10	4	1680	4	0	600
10	4	1680	3	1	1225
10	4	1680	2	1	1050
10	4	1680	1	1	1050
10	4	1680	0	1	1050
10	5	2100	6	1	1A+4B+113675
10	5	2100	6	0	5B+28500
10	5	2100	5	1	32275
10	5	2100	5	0	7500
10	5	2100	4	1	4975
10	5	2100	4	0	750
10	5	2100	3	1	1225
10	5	2100	2	1	1050
10	5	2100	1	1	1050
10	5	2100	0	1	1050
10	6	2520	6	1	1A+5B+119375

续表

投红球数	投蓝球数	投注金额	中红球数	中蓝球数	中奖金额
10	6	2520	6	0	6B+34200
10	6	2520	5	1	33775
10	6	2520	5	0	9000
10	6	2520	4	1	5125
10	6	2520	4	0	900
10	6	2520	3	1	1225
10	6	2520	2	1	1050
10	6	2520	1	1	1050
10	6	2520	0	1	1050
10	7	2940	6	1	1A+6B+125075
10	7	2940	6	0	7B+39900
10	7	2940	5	1	35275
10	7	2940	5	0	10500
10	7	2940	4	1	5275
10	7	2940	4	0	1050
10	7	2940	3	1	1225
10	7	2940	2	1	1050
10	7	2940	1	1	1050
10	7	2940	0	1	1050
10	8	3360	6	1	1A+7B+130775
10	8	3360	6	0	8B+45600
10	8	3360	5	1	36775
10	8	3360	5	0	12000
10	8	3360	4	1	5425
10	8	3360	4	0	1200
10	8	3360	3	1	1225
10	8	3360	2	1	1050
10	8	3360	1	1	1050
10	8	3360	0	1	1050
10	9	3780	6	1	1A+8B+136475
10	9	3780	6	0	9B+51300

续表

投红球数	投蓝球数	投注金额	中红球数	中蓝球数	中奖金额
10	9	3780	5	1	38275
10	9	3780	5	0	13500
10	9	3780	4	1	5575
10	9	3780	4	0	1350
10	9	3780	3	1	1225
10	9	3780	2	1	1050
10	9	3780	1	1	1050
10	9	3780	0	1	1050
10	10	4200	6	1	1A+9B+142175
10	10	4200	6	0	10B+57000
10	10	4200	5	1	39775
10	10	4200	5	0	15000
10	10	4200	4	1	5725
10	10	4200	4	0	1500
10	10	4200	3	1	1225
10	10	4200	2	1	1050
10	10	4200	1	1	1050
10	10	4200	0	1	1050
10	11	4620	6	1	1A+10B+147875
10	11	4620	6	0	11B+62700
10	11	4620	5	1	41275
10	11	4620	5	0	16500
10	11	4620	4	1	5875
10	11	4620	4	0	1650
10	11	4620	3	1	1225
10	11	4620	2	1	1050
10	11	4620	1	1	1050
10	11	4620	0	1	1050
10	12	5040	6	1	1A+11B+153575
10	12	5040	6	0	12B+68400
10	12	5040	5	1	42775

投红球数	投蓝球数	投注金额	中红球数	中蓝球数	中奖金额
10	12	5040	5	0	18000
10	12	5040	4	1	6025
10	12	5040	4	0	1800
10	12	5040	3	1	1225
10	12	5040	2	1	1050
10	12	5040	1	1	1050
10	12	5040	0	1	1050
10	13	5460	6	1	1A+12B+159275
10	13	5460	6	0	13B+74100
10	13	5460	5	1	44275
10	13	5460	5	0	19500
10	13	5460	4	1	6175
10	13	5460	4	0	1950
10	13	5460	3	1	1225
10	13	5460	2	1	1050
10	13	5460	1	1	1050
10	13	5460	0	1	1050
10	14	5880	6	1	1A+13B+164975
10	14	5880	6	0	14B+79800
10	14	5880	5	1	45775
10	14	5880	5	0	21000
10	14	5880	4	1	6325
10	14	5880	4	0	2100
10	14	5880	3	1	1225
10	14	5880	2	1	1050
10	14	5880	1	1	1050
10	14	5880	0	1	1050
10	15	6300	6	1	1A+14B+170675
10	15	6300	6	0	15B+85500
10	15	6300	5	1	47275
10	15	6300	5	0	22500

投红球数	投蓝球数	投注金额	中红球数	中蓝球数	中奖金额
10	15	6300	4	1	6475
10	15	6300	4	0	2250
10	15	6300	3	1	1225
10	15	6300	2	1	1050
10	15	6300	1	1	1050
10	15	6300	0	1	1050
10	16	6720	6	1	1A+15B+176375
10	16	6720	6	0	16B+91200
10	16	6720	5	1	48775
10	16	6720	5	0	24000
10	16	6720	4	1	6625
10	16	6720	4	0	2400
10	16	6720	3	1	1225
10	16	6720	2	1	1050
10	16	6720	1	1	1050
10	16	6720	0	1	1050
11	1	924	6	1	1A+122405
11	1	924	6	0	1B+7500
11	1	924	5	1	35905
11	1	924	5	0	1950
11	1	924	4	1	7105
11	1	924	4	0	210
11	1	924	3	1	2590
11	1	924	2	1	2310
11	1	924	1	1	2310
11	1	924	0	1	2310
11	2	1848	6	1	1A+1B+129905
11	2	1848	6	0	2B+15000
11	2	1848	5	1	37855
11	2	1848	5	0	3900
11	2	1848	4	1	7315

投红球数	投蓝球数	投注金额	中红球数	中蓝球数	中奖金额
11	2	1848	4	0	420
11	2	1848	3	1	2590
11	2	1848	2	1	2310
11	2	1848	1	1	2310
11	2	1848	0	1	2310
11	3	2772	6	1	1A+2B+137405
11	3	2772	6	0	3B+22500
11	3	2772	5	1	39805
11	3	2772	5	0	5850
11	3	2772	4	1	7525
11	3	2772	4	0	630
11	3	2772	3	1	2590
11	3	2772	2	1	2310
11	3	2772	1	1	2310
11	3	2772	0	1	2310
11	4	3696	6	1	1A+3B+144905
11	4	3696	6	0	4B+30000
11	4	3696	5	1	41755
11	4	3696	5	0	7800
11	4	3696	4	1	7735
11	4	3696	4	0	840
11	4	3696	3	1	2590
11	4	3696	2	1	2310
11	4	3696	1	1	2310
11	4	3696	0	1	2310
11	5	4620	6	1	1A+4B+152405
11	5	4620	6	0	5B+37500
11	5	4620	5	1	43705
11	5	4620	5	0	9750
11	5	4620	4	1	7945
11	5	4620	4	0	1050

投红球数	投蓝球数	投注金额	中红球数	中蓝球数	中奖金额
11	5	4620	3	1	2590
11	5	4620	2	1	2310
11	5	4620	1	1	2310
11	5	4620	0	1	2310
11	6	5544	6	1	1A+5B+159905
11	6	5544	6	0	6B+45000
11	6	5544	5	1	45655
11	6	5544	5	0	11700
11	6	5544	4	1	8155
11	6	5544	4	0	1260
11	6	5544	3	1	2590
11	6	5544	2	1	2310
11	6	5544	1	1	2310
11	6	5544	0	1	2310
11	7	6468	6	1	1A+6B+167405
11	7	6468	6	0	7B+52500
11	7	6468	5	1	47605
11	7	6468	5	0	13650
11	7	6468	4	1	8365
11	7	6468	4	0	1470
11	7	6468	3	1	2590
11	7	6468	2	1	2310
11	7	6468	1	1	2310
11	7	6468	0	1	2310
11	8	7392	6	1	1A+7B+174905
11	8	7392	6	0	8B+60000
11	8	7392	5	1	49555
11	8	7392	5	0	15600
11	8	7392	4	1	8575
11	8	7392	4	0	1680
11	8	7392	3	1	2590

投红球数	投蓝球数	投注金额	中红球数	中蓝球数	中奖金额
11	8	7392	2	1	2310
11	8	7392	1	1	2310
11	8	7392	0	1	2310
11	9	8316	6	1	1A+8B+182405
11	9	8316	6	0	9B+67500
11	9	8316	5	1	51505
11	9	8316	5	0	17550
11	9	8316	4	1	8785
11	9	8316	4	0	1890
11	9	8316	3	1	2590
11	9	8316	2	1	2310
11	9	8316	1	1	2310
11	9	8316	0	1	2310
11	10	9240	6	1	1A+9B+189905
11	10	9240	6	0	10B+75000
11	10	9240	5	1	53455
11	10	9240	5	0	19500
11	10	9240	4	1	8995
11	10	9240	4	0	2100
11	10	9240	3	1	2590
11	10	9240	2	1	2310
11	10	9240	1	1	2310
11	10	9240	0	1	2310
11	11	10164	6	1	1A+10B+197405
11	11	10164	6	0	11B+82500
11	11	10164	5	1	55405
11	11	10164	5	0	21450
11	11	10164	4	1	9205
11	11	10164	4	0	2310
11	11	10164	3	1	2590
11	11	10164	2	1	2310

续表

投红球数	投蓝球数	投注金额	中红球数	中蓝球数	中奖金额
11	11	10164	1	1	2310
11	11	10164	0	1	2310
11	12	11088	6	1	1A+11B+204905
11	12	11088	6	0	12B+90000
11	12	11088	5	1	57355
11	12	11088	5	0	23400
11	12	11088	4	1	9415
11	12	11088	4	0	2520
11	12	11088	3	1	2590
11	12	11088	2	1	2310
11	12	11088	1	1	2310
11	12	11088	0	1	2310
11	13	12012	6	1	1A+12B+212405
11	13	12012	6	0	13B+97500
11	13	12012	5	1	59305
11	13	12012	5	0	25350
11	13	12012	4	1	9625
11	13	12012	4	0	2730
11	13	12012	3	1	2590
11	13	12012	2	1	2310
11	13	12012	1	1	2310
11	13	12012	0	1	2310
11	14	12936	6	1	1A+13B+219905
11	14	12936	6	0	14B+105000
11	14	12936	5	1	61255
11	14	12936	5	0	27300
11	14	12936	4	1	9835
11	14	12936	4	0	2940
11	14	12936	3	1	2590
11	14	12936	2	1	2310
11	14	12936	1	1	2310

续表

投红球数	投蓝球数	投注金额	中红球数	中蓝球数	中奖金额
11	14	12936	0	1	2310
11	15	13860	6	1	1A+14B+227405
11	15	13860	6	0	15B+112500
11	15	13860	5	1	63205
11	15	13860	5	0	29250
11	15	13860	4	1	10045
11	15	13860	4	0	3150
11	15	13860	3	1	2590
11	15	13860	2	1	2310
11	15	13860	1	1	2310
11	15	13860	0	1	2310
11	16	14784	6	1	1A+15B+234905
11	16	14784	6	0	16B+120000
11	16	14784	5	1	65155
11	16	14784	5	0	31200
11	16	14784	4	1	10255
11	16	14784	4	0	3360
11	16	14784	3	1	2590
11	16	14784	2	1	2310
11	16	14784	1	1	2310
11	16	14784	0	1	2310
12	1	1848	6	1	1A+158310
12	1	1848	6	0	1B+9450
12	1	1848	5	1	47810
12	1	1848	5	0	2450
12	1	1848	4	1	11200
12	1	1848	4	0	280
12	1	1848	3	1	5040
12	1	1848	2	1	4620
12	1	1848	1	1	4620
12	1	1848	0	1	4620

续表

投红球数	投蓝球数	投注金额	中红球数	中蓝球数	中奖金额
12	2	3696	6	1	1A+1B+167760
12	2	3696	6	0	2B+18900
12	2	3696	5	1	50260
12	2	3696	5	0	4900
12	2	3696	4	1	11480
12	2	3696	4	0	560
12	2	3696	3	1	5040
12	2	3696	2	1	4620
12	2	3696	1	1	4620
12	2	3696	0	1	4620
12	3	5544	6	1	1A+2B+177210
12	3	5544	6	0	3B+28350
12	3	5544	5	1	52710
12	3	5544	5	0	7350
12	3	5544	4	1	11760
12	3	5544	4	0	840
12	3	5544	3	1	5040
12	3	5544	2	1	4620
12	3	5544	1	1	4620
12	3	5544	0	1	4620
12	4	7392	6	1	1A+3B+186660
12	4	7392	6	0	4B+37800
12	4	7392	5	1	55160
12	4	7392	5	0	9800
12	4	7392	4	1	12040
12	4	7392	4	0	1120
12	4	7392	3	1	5040
12	4	7392	2	1	4620
12	4	7392	1	1	4620
12	4	7392	0	1	4620
12	5	9240	6	1	1A+4B+196110

投红球数	投蓝球数	投注金额	中红球数	中蓝球数	中奖金额
12	5	9240	6	0	5B+47250
12	5	9240	5	1	57610
12	5	9240	5	0	12250
12	5	9240	4	1	12320
12	5	9240	4	0	1400
12	5	9240	3	1	5040
12	5	9240	2	1	4620
12	5	9240	1	1	4620
12	5	9240	0	1	4620
12	6	11088	6	1	1A+5B+205560
12	6	11088	6	0	6B+56700
12	6	11088	5	1	60060
12	6	11088	5	0	14700
12	6	11088	4	1	12600
12	6	11088	4	0	1680
12	6	11088	3	1	5040
12	6	11088	2	1	4620
12	6	11088	1	1	4620
12	6	11088	0	1	4620
12	7	12936	6	1	1A+6B+215010
12	7	12936	6	0	7B+66150
12	7	12936	5	1	62510
12	7	12936	5	0	17150
12	7	12936	4	1	12880
12	7	12936	4	0	1960
12	7	12936	3	1	5040
12	7	12936	2	1	4620
12	7	12936	1	1	4620
12	7	12936	0	1	4620
12	8	14784	6	1	1A+7B+224460
12	8	14784	6	0	8B+75600

续表

投红球数	投蓝球数	投注金额	中红球数	中蓝球数	中奖金额
12	8	14784	5	1	64960
12	8	14784	5	0	19600
12	8	14784	4	1	13160
12	8	14784	4	0	2240
12	8	14784	3	1	5040
12	8	14784	2	1	4620
12	8	14784	1	1	4620
12	8	14784	0	1	4620
12	9	16632	6	1	1A+8B+233910
12	9	16632	6	0	9B+85050
12	9	16632	5	1	67410
12	9	16632	5	0	22050
12	9	16632	4	1	13440
12	9	16632	4	0	2520
12	9	16632	3	1	5040
12	9	16632	2	1	4620
12	9	16632	1	1	4620
12	9	16632	0	1	4620
12	10	18480	6	1	1A+9B+243360
12	10	18480	6	0	10B+94500
12	10	18480	5	1	69860
12	10	18480	5	0	24500
12	10	18480	4	1	13720
12	10	18480	4	0	2800
12	10	18480	3	1	5040
12	10	18480	2	1	4620
12	10	18480	1	1	4620
12	10	18480	0	1	4620
12	11	20328	6	1	1A+10B+252810
12	11	20328	6	0	11B+103950
12	11	20328	5	1	72310

投红球数	投蓝球数	投注金额	中红球数	中蓝球数	中奖金额
12	11	20328	5	0	26950
12	11	20328	4	1	14000
12	11	20328	4	0	3080
12	11	20328	3	1	5040
12	11	20328	2	1	4620
12	11	20328	1	1	4620
12	11	20328	0	1	4620
12	12	22176	6	1	1A+11B+262260
12	12	22176	6	0	12B+113400
12	12	22176	5	1	74760
12	12	22176	5	0	29400
12	12	22176	4	1	14280
12	12	22176	4	0	3360
12	12	22176	3	1	5040
12	12	22176	2	1	4620
12	12	22176	1	1	4620
12	12	22176	0	1	4620
12	13	24024	6	1	1A+12B+271710
12	13	24024	6	0	13B+122850
12	13	24024	5	1	77210
12	13	24024	5	0	31850
12	13	24024	4	1	14560
12	13	24024	4	0	3640
12	13	24024	3	1	5040
12	13	24024	2	1	4620
12	13	24024	1	1	4620
12	13	24024	0	1	4620
12	14	25872	6	1	1A+13B+281160
12	14	25872	6	0	14B+132300
12	14	25872	5	1	79660
12	14	25872	5	0	34300

投红球数	投蓝球数	投注金额	中红球数	中蓝球数	中奖金额
12	14	25872	4	1	14840
12	14	25872	4	0	3920
12	14	25872	3	1	5040
12	14	25872	2	1	4620
12	14	25872	1	1	4620
12	14	25872	0	1	4620
12	15	27720	6	1	1A+14B+290610
12	15	27720	6	0	15B+141750
12	15	27720	5	1	82110
12	15	27720	5	0	36750
12	15	27720	4	1	15120
12	15	27720	4	0	4200
12	15	27720	3	1	5040
12	15	27720	2	1	4620
12	15	27720	1	1	4620
12	15	27720	0	1	4620
12	16	29568	6	1	1A+15B+300060
12	16	29568	6	0	16B+151200
12	16	29568	5	1	84560
12	16	29568	5	0	39200
12	16	29568	4	1	15400
12	16	29568	4	0	4480
12	16	29568	3	1	5040
12	16	29568	2	1	4620
12	16	29568	1	1	4620
12	16	29568	0	1	4620
13	1	3432	6	1	1A+199290
13	1	3432	6	0	1B+11550
13	1	3432	5	1	62640
13	1	3432	5	0	3000
13	1	3432	4	1	17280

投红球数	投蓝球数	投注金额	中红球数	中蓝球数	中奖金额
13	1	3432	4	0	360
13	1	3432	3	1	9180
13	1	3432	2	1	8580
13	1	3432	1	1	8580
13	1	3432	0	1	8580
13	2	6864	6	1	1A+1B+210840
13	2	6864	6	0	2B+23100
13	2	6864	5	1	65640
13	2	6864	5	0	6000
13	2	6864	4	1	17640
13	2	6864	4	0	720
13	2	6864	3	1	9180
13	2	6864	2	1	8580
13	2	6864	1	1	8580
13	2	6864	0	1	8580
13	3	10296	6	1	1A+2B+222390
13	3	10296	6	0	3B+34650
13	3	10296	5	1	68640
13	3	10296	5	0	9000
13	3	10296	4	1	18000
13	3	10296	4	0	1080
13	3	10296	3	1	9180
13	3	10296	2	1	8580
13	3	10296	1	1	8580
13	3	10296	0	1	8580
13	4	13728	6	1	1A+3B+233940
13	4	13728	6	0	4B+46200
13	4	13728	5	1	71640
13	4	13728	5	0	12000
13	4	13728	4	1	18360
13	4	13728	4	0	1440

投红球数	投蓝球数	投注金额	中红球数	中蓝球数	中奖金额
13	4	13728	3	1	9180
13	4	13728	2	1	8580
13	4	13728	1	1	8580
13	4	13728	0	1	8580
13	5	17160	6	1	1A+4B+245490
13	5	17160	6	0	5B+57750
13	5	17160	5	1	74640
13	5	17160	5	0	15000
13	5	17160	4	1	18720
13	5	17160	4	0	1800
13	5	17160	3	1	9180
13	5	17160	2	1	8580
13	5	17160	1	1	8580
13	5	17160	0	1	8580
13	6	20592	6	1	1A+5B+257040
13	6	20592	6	0	6B+69300
13	6	20592	5	1	77640
13	6	20592	5	0	18000
13	6	20592	4	1	19080
13	6	20592	4	0	2160
13	6	20592	3	1	9180
13	6	20592	2	1	8580
13	6	20592	1	1	8580
13	6	20592	0	1	8580
13	7	24024	6	1	1A+6B+268590
13	7	24024	6	0	7B+80850
13	7	24024	5	1	80640
13	7	24024	5	0	21000
13	7	24024	4	1	19440
13	7	24024	4	0	2520
13	7	24024	3	1	9180

续表

投红球数	投蓝球数	投注金额	中红球数	中蓝球数	中奖金额
13	7	24024	2	1	8580
13	7	24024	1	1	8580
13	7	24024	0	1	8580
13	8	27456	6	1	1A+7B+280140
13	8	27456	6	0	8B+92400
13	8	27456	5	1	83640
13	8	27456	5	0	24000
13	8	27456	4	1	19800
13	8	27456	4	0	2880
13	8	27456	3	1	9180
13	8	27456	2	1	8580
13	8	27456	1	1	8580
13	8	27456	0	1	8580
13	9	30888	6	1	1A+8B+291690
13	9	30888	6	0	9B+103950
13	9	30888	5	1	86640
13	9	30888	5	0	27000
13	9	30888	4	1	20160
13	9	30888	4	0	3240
13	9	30888	3	1	9180
13	9	30888	2	1	8580
13	9	30888	1	1	8580
13	9	30888	0	1	8580
13	10	34320	6	1	1A+9B+303240
13	10	34320	6	0	10B+115500
13	10	34320	5	1	89640
13	10	34320	5	0	30000
13	10	34320	4	1	20520
13	10	34320	4	0	3600
13	10	34320	3	1	9180
13	10	34320	2	1	8580

续表

投红球数	投蓝球数	投注金额	中红球数	中蓝球数	中奖金额
13	10	34320	1	1	8580
13	10	34320	0	1	8580
13	11	37752	6	1	1A+10B+314790
13	11	37752	6	0	11B+127050
13	11	37752	5	1	92640
13	11	37752	5	0	33000
13	11	37752	4	1	20880
13	11	37752	4	0	3960
13	11	37752	3	1	9180
13	11	37752	2	1	8580
13	11	37752	1	1	8580
13	11	37752	0	1	8580
13	12	41184	6	1	1A+11B+326340
13	12	41184	6	0	12B+138600
13	12	41184	5	1	95640
13	12	41184	5	0	36000
13	12	41184	4	1	21240
13	12	41184	4	0	4320
13	12	41184	3	1	9180
13	12	41184	2	1	8580
13	12	41184	1	1	8580
13	12	41184	0	1	8580
13	13	44616	6	1	1A+12B+337890
13	13	44616	6	0	13B+150150
13	13	44616	5	1	98640
13	13	44616	5	0	39000
13	13	44616	4	1	21600
13	13	44616	4	0	4680
13	13	44616	3	1	9180
13	13	44616	2	1	8580
13	13	44616	1	1	8580

投红球数	投蓝球数	投注金额	中红球数	中蓝球数	中奖金额
13	13	44616	0	1	8580
13	14	48048	6	1	1A+13B+349440
13	14	48048	6	0	14B+161700
13	14	48048	5	1	101640
13	14	48048	5	0	42000
13	14	48048	4	1	21960
13	14	48048	4	0	5040
13	14	48048	3	1	9180
13	14	48048	2	1	8580
13	14	48048	1	1	8580
13	14	48048	0	1	8580
13	15	51480	6	1	1A+14B+360990
13	15	51480	6	0	15B+173250
13	15	51480	5	1	104640
13	15	51480	5	0	45000
13	15	51480	4	1	22320
13	15	51480	4	0	5400
13	15	51480	3	1	9180
13	15	51480	2	1	8580
13	15	51480	1	1	8580
13	15	51480	0	1	8580
13	16	54912	6	1	1A+15B+372540
13	16	54912	6	0	16B+184800
13	16	54912	5	1	107640
13	16	54912	5	0	48000
13	16	54912	4	1	22680
13	16	54912	4	0	5760
13	16	54912	3	1	9180
13	16	54912	2	1	8580
13	16	54912	1	1	8580
13	16	54912	0	1	8580

续表

投红球数	投蓝球数	投注金额	中红球数	中蓝球数	中奖金额
14	1	6006	6	1	1A+246270
14	1	6006	6	0	1B+13800
14	1	6006	5	1	81270
14	1	6006	5	0	3600
14	1	6006	4	1	26190
14	1	6006	4	0	450
14	1	6006	3	1	15840
14	1	6006	2	1	15015
14	1	6006	1	1	15015
14	1	6006	0	1	15015
14	2	12012	6	1	1A+1B+260070
14	2	12012	6	0	2B+27600
14	2	12012	5	1	84870
14	2	12012	5	0	7200
14	2	12012	4	1	26640
14	2	12012	4	0	900
14	2	12012	3	1	15840
14	2	12012	2	1	15015
14	2	12012	1	1	15015
14	2	12012	0	1	15015
14	3	18018	6	1	1A+2B+273870
14	3	18018	6	0	3B+41400
14	3	18018	5	1	88470
14	3	18018	5	0	10800
14	3	18018	4	1	27090
14	3	18018	4	0	1350
14	3	18018	3	1	15840
14	3	18018	2	1	15015
14	3	18018	1	1	15015
14	3	18018	0	1	15015
14	4	24024	6	1	1A+3B+287670

投红球数	投蓝球数	投注金额	中红球数	中蓝球数	中奖金额
14	4	24024	6	0	4B+55200
14	4	24024	5	1	92070
14	4	24024	5	0	14400
14	4	24024	4	1	27540
14	4	24024	4	0	1800
14	4	24024	3	1	15840
14	4	24024	2	1	15015
14	4	24024	1	1	15015
14	4	24024	0	1	15015
14	5	30030	6	1	1A+4B+301470
14	5	30030	6	0	5B+69000
14	5	30030	5	1	95670
14	5	30030	5	0	18000
14	5	30030	4	1	27990
14	5	30030	4	0	2250
14	5	30030	3	1	15840
14	5	30030	2	1	15015
14	5	30030	1	1	15015
14	5	30030	0	1	15015
14	6	36036	6	1	1A+5B+315270
14	6	36036	6	0	6B+82800
14	6	36036	5	1	99270
14	6	36036	5	0	21600
14	6	36036	4	1	28440
14	6	36036	4	0	2700
14	6	36036	3	1	15840
14	6	36036	2	1	15015
14	6	36036	1	1	15015
14	6	36036	0	1	15015
14	7	42042	6	1	1A+6B+329070
14	7	42042	6	0	7B+96600

续表

投红球数	投蓝球数	投注金额	中红球数	中蓝球数	中奖金额
14	7	42042	5	1	102870
14	7	42042	5	0	25200
14	7	42042	4	1	28890
14	7	42042	4	0	3150
14	7	42042	3	1	15840
14	7	42042	2	1	15015
14	7	42042	1	1	15015
14	7	42042	0	1	15015
14	8	48048	6	1	1A+7B+342870
14	8	48048	6	0	8B+110400
14	8	48048	5	1	106470
14	8	48048	5	0	28800
14	8	48048	4	1	29340
14	8	48048	4	0	3600
14	8	48048	3	1	15840
14	8	48048	2	1	15015
14	8	48048	1	1	15015
14	8	48048	0	1	15015
14	9	54054	6	1	1A+8B+356670
14	9	54054	6	0	9B+124200
14	9	54054	5	1	110070
14	9	54054	5	0	32400
14	9	54054	4	1	29790
14	9	54054	4	0	4050
14	9	54054	3	1	15840
14	9	54054	2	1	15015
14	9	54054	1	1	15015
14	9	54054	0	1	15015
14	10	60060	6	1	1A+9B+370470
14	10	60060	6	0	10B+138000
14	10	60060	5	1	113670

续表

投红球数	投蓝球数	投注金额	中红球数	中蓝球数	中奖金额
14	10	60060	5	0	36000
14	10	60060	4	1	30240
14	10	60060	4	0	4500
14	10	60060	3	1	15840
14	10	60060	2	1	15015
14	10	60060	1	1	15015
14	10	60060	0	1	15015
14	11	66066	6	1	1A+10B+384270
14	11	66066	6	0	11B+151800
14	11	66066	5	1	117270
14	11	66066	5	0	39600
14	11	66066	4	1	30690
14	11	66066	4	0	4950
14	11	66066	3	1	15840
14	11	66066	2	1	15015
14	11	66066	1	1	15015
14	11	66066	0	1	15015
14	12	72072	6	1	1A+11B+398070
14	12	72072	6	0	12B+165600
14	12	72072	5	1	120870
14	12	72072	5	0	43200
14	12	72072	4	1	31140
14	12	72072	4	0	5400
14	12	72072	3	1	15840
14	12	72072	2	1	15015
14	12	72072	1	1	15015
14	12	72072	0	1	15015
14	13	78078	6	1	1A+12B+411870
14	13	78078	6	0	13B+179400
14	13	78078	5	1	124470
14	13	78078	5	0	46800

续表

投红球数	投蓝球数	投注金额	中红球数	中蓝球数	中奖金额
14	13	78078	4	1	31590
14	13	78078	4	0	5850
14	13	78078	3	1	15840
14	13	78078	2	1	15015
14	13	78078	1	1	15015
14	13	78078	0	1	15015
14	14	84084	6	1	1A+13B+425670
14	14	84084	6	0	14B+193200
14	14	84084	5	1	128070
14	14	84084	5	0	50400
14	14	84084	4	1	32040
14	14	84084	4	0	6300
14	14	84084	3	1	15840
14	14	84084	2	1	15015
14	14	84084	1	1	15015
14	14	84084	0	1	15015
14	15	90090	6	1	1A+14B+439470
14	15	90090	6	0	15B+207000
14	15	90090	5	1	131670
14	15	90090	5	0	54000
14	15	90090	4	1	32490
14	15	90090	4	0	6750
14	15	90090	3	1	15840
14	15	90090	2	1	15015
14	15	90090	1	1	15015
14	15	90090	0	1	15015
14	16	96096	6	1	1A+15B+453270
14	16	96096	6	0	16B+220800
14	16	96096	5	1	135270
14	16	96096	5	0	57600
14	16	96096	4	1	32940

续表

投红球数	投蓝球数	投注金额	中红球数	中蓝球数	中奖金额
14	16	96096	4	0	7200
14	16	96096	3	1	15840
14	16	96096	2	1	15015
14	16	96096	1	1	15015
14	16	96096	0	1	15015
15	1	10010	6	1	1A+300450
15	1	10010	6	0	1B+16200
15	1	10010	5	1	104850
15	1	10010	5	0	4250
15	1	10010	4	1	39050
15	1	10010	4	0	550
15	1	10010	3	1	26125
15	1	10010	2	1	25025
15	1	10010	1	1	25025
15	1	10010	0	1	25025
15	2	20020	6	1	1A+1B+316650
15	2	20020	6	0	2B+32400
15	2	20020	5	1	109100
15	2	20020	5	0	8500
15	2	20020	4	1	39600
15	2	20020	4	0	1100
15	2	20020	3	1	26125
15	2	20020	2	1	25025
15	2	20020	1	1	25025
15	2	20020	0	1	25025
15	3	30030	6	1	1A+2B+332850
15	3	30030	6	0	3B+48600
15	3	30030	5	1	113350
15	3	30030	5	0	12750
15	3	30030	4	1	40150
15	3	30030	4	0	1650

续表

投红球数	投蓝球数	投注金额	中红球数	中蓝球数	中奖金额
15	3	30030	3	1	26125
15	3	30030	2	1	25025
15	3	30030	1	1	25025
15	3	30030	0	1	25025
15	4	40040	6	1	1A+3B+349050
15	4	40040	6	0	4B+64800
15	4	40040	5	1	117600
15	4	40040	5	0	17000
15	4	40040	4	1	40700
15	4	40040	4	0	2200
15	4	40040	3	1	26125
15	4	40040	2	1	25025
15	4	40040	1	1	25025
15	4	40040	0	1	25025
15	5	50050	6	1	1A+4B+365250
15	5	50050	6	0	5B+81000
15	5	50050	5	1	121850
15	5	50050	5	0	21250
15	5	50050	4	1	41250
15	5	50050	4	0	2750
15	5	50050	3	1	26125
15	5	50050	2	1	25025
15	5	50050	1	1	25025
15	5	50050	0	1	25025
15	6	60060	6	1	1A+5B+381450
15	6	60060	6	0	6B+97200
15	6	60060	5	1	126100
15	6	60060	5	0	25500
15	6	60060	4	1	41800
15	6	60060	4	0	3300
15	6	60060	3	1	26125

投红球数	投蓝球数	投注金额	中红球数	中蓝球数	中奖金额
15	6	60060	2	1	25025
15	6	60060	1	1	25025
15	6	60060	0	1	25025
15	7	70070	6	1	1A+6B+397650
15	7	70070	6	0	7B+113400
15	7	70070	5	1	130350
15	7	70070	5	0	29750
15	7	70070	4	1	42350
15	7	70070	4	0	3850
15	7	70070	3	1	26125
15	7	70070	2	1	25025
15	7	70070	1	1	25025
15	7	70070	0	1	25025
15	8	80080	6	1	1A+7B+413850
15	8	80080	6	0	8B+129600
15	8	80080	5	1	134600
15	8	80080	5	0	34000
15	8	80080	4	1	42900
15	8	80080	4	0	4400
15	8	80080	3	1	26125
15	8	80080	2	1	25025
15	8	80080	1	1	25025
15	8	80080	0	1	25025
15	9	90090	6	1	1A+8B+430050
15	9	90090	6	0	9B+145800
15	9	90090	5	1	138850
15	9	90090	5	0	38250
15	9	90090	4	1	43450
15	9	90090	4	0	4950
15	9	90090	3	1	26125
15	9	90090	2	1	25025

投红球数	投蓝球数	投注金额	中红球数	中蓝球数	中奖金额
15	9	90090	1	1	25025
15	9	90090	0	1	25025
15	10	100100	6	1	1A+9B+446250
15	10	100100	6	0	10B+162000
15	10	100100	5	1	143100
15	10	100100	5	0	42500
15	10	100100	4	1	44000
15	10	100100	4	0	5500
15	10	100100	3	1	26125
15	10	100100	2	1	25025
15	10	100100	1	1	25025
15	10	100100	0	1	25025
15	11	110110	6	1	1A+10B+462450
15	11	110110	6	0	11B+178200
15	11	110110	5	1	147350
15	11	110110	5	0	46750
15	11	110110	4	1	44550
15	11	110110	4	0	6050
15	11	110110	3	1	26125
15	11	110110	2	1	25025
15	11	110110	1	1	25025
15	11	110110	0	1	25025
15	12	120120	6	1	1A+11B+478650
15	12	120120	6	0	12B+194400
15	12	120120	5	1	151600
15	12	120120	5	0	51000
15	12	120120	4	1	45100
15	12	120120	4	0	6600
15	12	120120	3	1	26125
15	12	120120	2	1	25025
15	12	120120	1	1	25025

投红球数	投蓝球数	投注金额	中红球数	中蓝球数	中奖金额
15	12	120120	0	1	25025
15	13	130130	6	1	1A+12B+494850
15	13	130130	6	0	13B+210600
15	13	130130	5	1	155850
15	13	130130	5	0	55250
15	13	130130	4	1	45650
15	13	130130	4	0	7150
15	13	130130	3	1	26125
15	13	130130	2	1	25025
15	13	130130	1	1	25025
15	13	130130	0	1	25025
15	14	140140	6	1	1A+13B+511050
15	14	140140	6	0	14B+226800
15	14	140140	5	1	160100
15	14	140140	5	0	59500
15	14	140140	4	1	46200
15	14	140140	4	0	7700
15	14	140140	3	1	26125
15	14	140140	2	1	25025
15	14	140140	1	1	25025
15	14	140140	0	1	25025
15	15	150150	6	1	1A+14B+527250
15	15	150150	6	0	15B+243000
15	15	150150	5	1	164350
15	15	150150	5	0	63750
15	15	150150	4	1	46750
15	15	150150	4	0	8250
15	15	150150	3	1	26125
15	15	150150	2	1	25025
15	15	150150	1	1	25025
15	15	150150	0	1	25025

投红球数	投蓝球数	投注金额	中红球数	中蓝球数	中奖金额
15	16	160160	6	1	1A+15B+543450
15	16	160160	6	0	16B+259200
15	16	160160	5	1	168600
15	16	160160	5	0	68000
15	16	160160	4	1	47300
15	16	160160	4	0	8800
15	16	160160	3	1	26125
15	16	160160	2	1	25025
15	16	160160	1	1	25025
15	16	160160	0	1	25025
16	1	16016	6	1	1A+363360
16	1	16016	6	0	1B+18750
16	1	16016	5	1	134860
16	1	16016	5	0	4950
16	1	16016	4	1	57310
16	1	16016	4	0	660
16	1	16016	3	1	41470
16	1	16016	2	1	40040
16	1	16016	1	1	40040
16	1	16016	0	1	40040
16	2	32032	6	1	1A+1B+382110
16	2	32032	6	0	2B+37500
16	2	32032	5	1	139810
16	2	32032	5	0	9900
16	2	32032	4	1	57970
16	2	32032	4	0	1320
16	2	32032	3	1	41470
16	2	32032	2	1	40040
16	2	32032	1	1	40040
16	2	32032	0	1	40040
16	3	48048	6	1	1A+2B+400860

投红球数	投蓝球数	投注金额	中红球数	中蓝球数	中奖金额
16	3	48048	6	0	3B+56250
16	3	48048	5	1	144760
16	3	48048	5	0	14850
16	3	48048	4	1	58630
16	3	48048	4	0	1980
16	3	48048	3	1	41470
16	3	48048	2	1	40040
16	3	48048	1	1	40040
16	3	48048	0	1	40040
16	4	64064	6	1	1A+3B+419610
16	4	64064	6	0	4B+75000
16	4	64064	5	1	149710
16	4	64064	5	0	19800
16	4	64064	4	1	59290
16	4	64064	4	0	2640
16	4	64064	3	1	41470
16	4	64064	2	1	40040
16	4	64064	1	1	40040
16	4	64064	0	1	40040
16	5	80080	6	1	1A+4B+438360
16	5	80080	6	0	5B+93750
16	5	80080	5	1	154660
16	5	80080	5	0	24750
16	5	80080	4	1	59950
16	5	80080	4	0	3300
16	5	80080	3	1	41470
16	5	80080	2	1	40040
16	5	80080	1	1	40040
16	5	80080	0	1	40040
16	6	96096	6	1	1A+5B+457110
16	6	96096	6	0	6B+112500

续表

投红球数	投蓝球数	投注金额	中红球数	中蓝球数	中奖金额
16	6	96096	5	1	159610
16	6	96096	5	0	29700
16	6	96096	4	1	60610
16	6	96096	4	0	3960
16	6	96096	3	1	41470
16	6	96096	2	1	40040
16	6	96096	1	1	40040
16	6	96096	0	1	40040
16	7	112112	6	1	1A+6B+475860
16	7	112112	6	0	7B+131250
16	7	112112	5	1	164560
16	7	112112	5	0	34650
16	7	112112	4	1	61270
16	7	112112	4	0	4620
16	7	112112	3	1	41470
16	7	112112	2	1	40040
16	7	112112	1	1	40040
16	7	112112	0	1	40040
16	8	128128	6	1	1A+7B+494610
16	8	128128	6	0	8B+150000
16	8	128128	5	1	169510
16	8	128128	5	0	39600
16	8	128128	4	1	61930
16	8	128128	4	0	5280
16	8	128128	3	1	41470
16	8	128128	2	1	40040
16	8	128128	1	1	40040
16	8	128128	0	1	40040
16	9	144144	6	1	1A+8B+513360
16	9	144144	6	0	9B+168750
16	9	144144	5	1	174460

投红球数	投蓝球数	投注金额	中红球数	中蓝球数	中奖金额
16	9	144144	5	0	44550
16	9	144144	4	1	62590
16	9	144144	4	0	5940
16	9	144144	3	1	41470
16	9	144144	2	1	40040
16	9	144144	1	1	40040
16	9	144144	0	1	40040
16	10	160160	6	1	1A+9B+532110
16	10	160160	6	0	10B+187500
16	10	160160	5	1	179410
16	10	160160	5	0	49500
16	10	160160	4	1	63250
16	10	160160	4	0	6600
16	10	160160	3	1	41470
16	10	160160	2	1	40040
16	10	160160	1	1	40040
16	10	160160	0	1	40040
16	11	176176	6	1	1A+10B+550860
16	11	176176	6	0	11B+206250
16	11	176176	5	1	184360
16	11	176176	5	0	54450
16	11	176176	4	1	63910
16	11	176176	4	0	7260
16	11	176176	3	1	41470
16	11	176176	2	1	40040
16	11	176176	1	1	40040
16	11	176176	0	1	40040
16	12	192192	6	1	1A+11B+569610
16	12	192192	6	0	12B+225000
16	12	192192	5	1	189310
16	12	192192	5	0	59400

续表

投红球数	投蓝球数	投注金额	中红球数	中蓝球数	中奖金额
16	12	192192	4	1	64570
16	12	192192	4	0	7920
16	12	192192	3	1	41470
16	12	192192	2	1	40040
16	12	192192	1	1	40040
16	12	192192	0	1	40040
16	13	208208	6	1	1A+12B+588360
16	13	208208	6	0	13B+243750
16	13	208208	5	1	194260
16	13	208208	5	0	64350
16	13	208208	4	1	65230
16	13	208208	4	0	8580
16	13	208208	3	1	41470
16	13	208208	2	1	40040
16	13	208208	1	1	40040
16	13	208208	0	1	40040
16	14	224224	6	1	1A+13B+607110
16	14	224224	6	0	14B+262500
16	14	224224	5	1	199210
16	14	224224	5	0	69300
16	14	224224	4	1	65890
16	14	224224	4	0	9240
16	14	224224	3	1	41470
16	14	224224	2	1	40040
16	14	224224	1	1	40040
16	14	224224	0	1	40040
16	15	240240	6	1	1A+14B+625860
16	15	240240	6	0	15B+281250
16	15	240240	5	1	204160
16	15	240240	5	0	74250
16	15	240240	4	1	66550

投红球数	投蓝球数	投注金额	中红球数	中蓝球数	中奖金额
16	15	240240	4	0	9900
16	15	240240	3	1	41470
16	15	240240	2	1	40040
16	15	240240	1	1	40040
16	15	240240	0	1	40040
16	16	256256	6	1	1A+15B+644610
16	16	256256	6	0	16B+300000
16	16	256256	5	1	209110
16	16	256256	5	0	79200
16	16	256256	4	1	67210
16	16	256256	4	0	10560
16	16	256256	3	1	41470
16	16	256256	2	1	40040
16	16	256256	1	1	40040
16	16	256256	0	1	40040
17	1	24752	6	1	1A+436920
17	1	24752	6	0	1B+21450
17	1	24752	5	1	173170
17	1	24752	5	0	5700
17	1	24752	4	1	82810
17	1	24752	4	0	780
17	1	24752	3	1	63700
17	1	24752	2	1	61880
17	1	24752	1	1	61880
17	1	24752	0	1	61880
17	2	49504	6	1	1A+1B+458370
17	2	49504	6	0	2B+42900
17	2	49504	5	1	178870
17	2	49504	5	0	11400
17	2	49504	4	1	83590
17	2	49504	4	0	1560

投红球数	投蓝球数	投注金额	中红球数	中蓝球数	中奖金额
17	2	49504	3	1	63700
17	2	49504	2	1	61880
17	2	49504	1	1	61880
17	2	49504	0	1	61880
17	3	74256	6	1	1A+2B+479820
17	3	74256	6	0	3B+64350
17	3	74256	5	1	184570
17	3	74256	5	0	17100
17	3	74256	4	1	84370
17	3	74256	4	0	2340
17	3	74256	3	1	63700
17	3	74256	2	1	61880
17	3	74256	1	1	61880
17	3	74256	0	1	61880
17	4	99008	6	1	1A+3B+501270
17	4	99008	6	0	4B+85800
17	4	99008	5	1	190270
17	4	99008	5	0	22800
17	4	99008	4	1	85150
17	4	99008	4	0	3120
17	4	99008	3	1	63700
17	4	99008	2	1	61880
17	4	99008	1	1	61880
17	4	99008	0	1	61880
17	5	123760	6	1	1A+4B+522720
17	5	123760	6	0	5B+107250
17	5	123760	5	1	195970
17	5	123760	5	0	28500
17	5	123760	4	1	85930
17	5	123760	4	0	3900
17	5	123760	3	1	63700

投红球数	投蓝球数	投注金额	中红球数	中蓝球数	中奖金额
17	5	123760	2	1	61880
17	5	123760	1	1	61880
17	5	123760	0	1	61880
17	6	148512	6	1	1A+5B+544170
17	6	148512	6	0	6B+128700
17	6	148512	5	1	201670
17	6	148512	5	0	34200
17	6	148512	4	1	86710
17	6	148512	4	0	4680
17	6	148512	3	1	63700
17	6	148512	2	1	61880
17	6	148512	1	1	61880
17	6	148512	0	1	61880
17	7	173264	6	1	1A+6B+565620
17	7	173264	6	0	7B+150150
17	7	173264	5	1	207370
17	7	173264	5	0	39900
17	7	173264	4	1	87490
17	7	173264	4	0	5460
17	7	173264	3	1	63700
17	7	173264	2	1	61880
17	7	173264	1	1	61880
17	7	173264	0	1	61880
17	8	198016	6	1	1A+7B+587070
17	8	198016	6	0	8B+171600
17	8	198016	5	1	213070
17	8	198016	5	0	45600
17	8	198016	4	1	88270
17	8	198016	4	0	6240
17	8	198016	3	1	63700
17	8	198016	2	1	61880

投红球数	投蓝球数	投注金额	中红球数	中蓝球数	中奖金额
17	8	198016	1	1	61880
17	8	198016	0	1	61880
17	9	222768	6	1	1A+8B+608520
17	9	222768	6	0	9B+193050
17	9	222768	5	1	218770
17	9	222768	5	0	51300
17	9	222768	4	1	89050
17	9	222768	4	0	7020
17	9	222768	3	1	63700
17	9	222768	2	1	61880
17	9	222768	1	1	61880
17	9	222768	0	1	61880
17	10	247520	6	1	1A+9B+629970
17	10	247520	6	0	10B+214500
17	10	247520	5	1	224470
17	10	247520	5	0	57000
17	10	247520	4	1	89830
17	10	247520	4	0	7800
17	10	247520	3	1	63700
17	10	247520	2	1	61880
17	10	247520	1	1	61880
17	10	247520	0	1	61880
17	11	272272	6	1	1A+10B+651420
17	11	272272	6	0	11B+235950
17	11	272272	5	1	230170
17	11	272272	5	0	62700
17	11	272272	4	1	90610
17	11	272272	4	0	8580
17	11	272272	3	1	63700
17	11	272272	2	1	61880
17	11	272272	1	1	61880

投红球数	投蓝球数	投注金额	中红球数	中蓝球数	中奖金额
17	11	272272	0	1	61880
17	12	297024	6	1	1A+11B+672870
17	12	297024	6	0	12B+257400
17	12	297024	5	1	235870
17	12	297024	5	0	68400
17	12	297024	4	1	91390
17	12	297024	4	0	9360
17	12	297024	3	1	63700
17	12	297024	2	1	61880
17	12	297024	1	1	61880
17	12	297024	0	1	61880
17	13	321776	6	1	1A+12B+694320
17	13	321776	6	0	13B+278850
17	13	321776	5	1	241570
17	13	321776	5	0	74100
17	13	321776	4	1	92170
17	13	321776	4	0	10140
17	13	321776	3	1	63700
17	13	321776	2	1	61880
17	13	321776	1	1	61880
17	13	321776	0	1	61880
17	14	346528	6	1	1A+13B+715770
17	14	346528	6	0	14B+300300
17	14	346528	5	1	247270
17	14	346528	5	0	79800
17	14	346528	4	1	92950
17	14	346528	4	0	10920
17	14	346528	3	1	63700
17	14	346528	2	1	61880
17	14	346528	1	1	61880
17	14	346528	0	1	61880

投红球数	投蓝球数	投注金额	中红球数	中蓝球数	中奖金额
17	15	371280	6	1	1A+14B+737220
17	15	371280	6	0	15B+321750
17	15	371280	5	1	252970
17	15	371280	5	0	85500
17	15	371280	4	1	93730
17	15	371280	4	0	11700
17	15	371280	3	1	63700
17	15	371280	2	1	61880
17	15	371280	1	1	61880
17	15	371280	0	1	61880
17	16	396032	6	1	1A+15B+758670
17	16	396032	6	0	16B+343200
17	16	396032	5	1	258670
17	16	396032	5	0	91200
17	16	396032	4	1	94510
17	16	396032	4	0	12480
17	16	396032	3	1	63700
17	16	396032	2	1	61880
17	16	396032	1	1	61880
17	16	396032	0	1	61880
18	1	37128	6	1	1A+523505
18	1	37128	6	0	1B+24300
18	1	37128	5	1	222105
18	1	37128	5	0	6500
18	1	37128	4	1	117845
18	1	37128	4	0	910
18	1	37128	3	1	95095
18	1	37128	2	1	92820
18	1	37128	1	1	92820
18	1	37128	0	1	92820
18	2	74256	6	1	1A+1B+547805

续表

投红球数	投蓝球数	投注金额	中红球数	中蓝球数	中奖金额
18	2	74256	6	0	2B+48600
18	2	74256	5	1	228605
18	2	74256	5	0	13000
18	2	74256	4	1	118755
18	2	74256	4	0	1820
18	2	74256	3	1	95095
18	2	74256	2	1	92820
18	2	74256	1	1	92820
18	2	74256	0	1	92820
18	3	111384	6	1	1A+2B+572105
18	3	111384	6	0	3B+72900
18	3	111384	5	1	235105
18	3	111384	5	0	19500
18	3	111384	4	1	119665
18	3	111384	4	0	2730
18	3	111384	3	1	95095
18	3	111384	2	1	92820
18	3	111384	1	1	92820
18	3	111384	0	1	92820
18	4	148512	6	1	1A+3B+596405
18	4	148512	6	0	4B+97200
18	4	148512	5	1	241605
18	4	148512	5	0	26000
18	4	148512	4	1	120575
18	4	148512	4	0	3640
18	4	148512	3	1	95095
18	4	148512	2	1	92820
18	4	148512	1	1	92820
18	4	148512	0	1	92820
18	5	185640	6	1	1A+4B+620705
18	5	185640	6	0	5B+121500

投红球数	投蓝球数	投注金额	中红球数	中蓝球数	中奖金额
18	5	185640	5	1	248105
18	5	185640	5	0	32500
18	5	185640	4	1	121485
18	5	185640	4	0	4550
18	5	185640	3	1	95095
18	5	185640	2	1	92820
18	5	185640	1	1	92820
18	5	185640	0	1	92820
18	6	222768	6	1	1A+5B+645005
18	6	222768	6	0	6B+145800
18	6	222768	5	1	254605
18	6	222768	5	0	39000
18	6	222768	4	1	122395
18	6	222768	4	0	5460
18	6	222768	3	1	95095
18	6	222768	2	1	92820
18	6	222768	1	1	92820
18	6	222768	0	1	92820
18	7	259896	6	1	1A+6B+669305
18	7	259896	6	0	7B+170100
18	7	259896	5	1	261105
18	7	259896	5	0	45500
18	7	259896	4	1	123305
18	7	259896	4	0	6370
18	7	259896	3	1	95095
18	7	259896	2	1	92820
18	7	259896	1	1	92820
18	7	259896	0	1	92820
18	8	297024	6	1	1A+7B+693605
18	8	297024	6	0	8B+194400
18	8	297024	5	1	267605

投红球数	投蓝球数	投注金额	中红球数	中蓝球数	中奖金额
18	8	297024	5	0	52000
18	8	297024	4	1	124215
18	8	297024	4	0	7280
18	8	297024	3	1	95095
18	8	297024	2	1	92820
18	8	297024	1	1	92820
18	8	297024	0	1	92820
18	9	334152	6	1	1A+8B+717905
18	9	334152	6	0	9B+218700
18	9	334152	5	1	274105
18	9	334152	5	0	58500
18	9	334152	4	1	125125
18	9	334152	4	0	8190
18	9	334152	3	1	95095
18	9	334152	2	1	92820
18	9	334152	1	1	92820
18	9	334152	0	1	92820
18	10	371280	6	1	1A+9B+742205
18	10	371280	6	0	10B+243000
18	10	371280	5	1	280605
18	10	371280	5	0	65000
18	10	371280	4	1	126035
18	10	371280	4	0	9100
18	10	371280	3	1	95095
18	10	371280	2	1	92820
18	10	371280	1	1	92820
18	10	371280	0	1	92820
18	11	408408	6	1	1A+10B+766505
18	11	408408	6	0	11B+267300
18	11	408408	5	1	287105
18	11	408408	5	0	71500

续表

投红球数	投蓝球数	投注金额	中红球数	中蓝球数	中奖金额
18	11	408408	4	1	126945
18	11	408408	4	0	10010
18	11	408408	3	1	95095
18	11	408408	2	1	92820
18	11	408408	1	1	92820
18	11	408408	0	1	92820
18	12	445536	6	1	1A+11B+790805
18	12	445536	6	0	12B+291600
18	12	445536	5	1	293605
18	12	445536	5	0	78000
18	12	445536	4	1	127855
18	12	445536	4	0	10920
18	12	445536	3	1	95095
18	12	445536	2	1	92820
18	12	445536	1	1	92820
18	12	445536	0	1	92820
18	13	482664	6	1	1A+12B+815105
18	13	482664	6	0	13B+315900
18	13	482664	5	1	300105
18	13	482664	5	0	84500
18	13	482664	4	1	128765
18	13	482664	4	0	11830
18	13	482664	3	1	95095
18	13	482664	2	1	92820
18	13	482664	1	1	92820
18	13	482664	0	1	92820
18	14	519792	6	1	1A+13B+839405
18	14	519792	6	0	14B+340200
18	14	519792	5	1	306605
18	14	519792	5	0	91000
18	14	519792	4	1	129675

投红球数	投蓝球数	投注金额	中红球数	中蓝球数	中奖金额
18	14	519792	4	0	12740
18	14	519792	3	1	95095
18	14	519792	2	1	92820
18	14	519792	1	1	92820
18	14	519792	0	1	92820
18	15	556920	6	1	1A+14B+863705
18	15	556920	6	0	15B+364500
18	15	556920	5	1	313105
18	15	556920	5	0	97500
18	15	556920	4	1	130585
18	15	556920	4	0	13650
18	15	556920	3	1	95095
18	15	556920	2	1	92820
18	15	556920	1	1	92820
18	15	556920	0	1	92820
18	16	594048	6	1	1A+15B+888005
18	16	594048	6	0	16B+388800
18	16	594048	5	1	319605
18	16	594048	5	0	104000
18	16	594048	4	1	131495
18	16	594048	4	0	14560
18	16	594048	3	1	95095
18	16	594048	2	1	92820
18	16	594048	1	1	92820
18	16	594048	0	1	92820
19	1	54264	6	1	1A+626015
19	1	54264	6	0	1B+27300
19	1	54264	5	1	284515
19	1	54264	5	0	7350
19	1	54264	4	1	165235
19	1	54264	4	0	1050

续表

投红球数	投蓝球数	投注金额	中红球数	中蓝球数	中奖金额
19	1	54264	3	1	138460
19	1	54264	2	1	135660
19	1	54264	1	1	135660
19	1	54264	0	1	135660
19	2	108528	6	1	1A+1B+653315
19	2	108528	6	0	2B+54600
19	2	108528	5	1	291865
19	2	108528	5	0	14700
19	2	108528	4	1	166285
19	2	108528	4	0	2100
19	2	108528	3	1	138460
19	2	108528	2	1	135660
19	2	108528	1	1	135660
19	2	108528	0	1	135660
19	3	162792	6	1	1A+2B+680615
19	3	162792	6	0	3B+81900
19	3	162792	5	1	299215
19	3	162792	5	0	22050
19	3	162792	4	1	167335
19	3	162792	4	0	3150
19	3	162792	3	1	138460
19	3	162792	2	1	135660
19	3	162792	1	1	135660
19	3	162792	0	1	135660
19	4	217056	6	1	1A+3B+707915
19	4	217056	6	0	4B+109200
19	4	217056	5	1	306565
19	4	217056	5	0	29400
19	4	217056	4	1	168385
19	4	217056	4	0	4200
19	4	217056	3	1	138460

投红球数	投蓝球数	投注金额	中红球数	中蓝球数	中奖金额
19	4	217056	2	1	135660
19	4	217056	1	1	135660
19	4	217056	0	1	135660
19	5	271320	6	1	1A+4B+735215
19	5	271320	6	0	5B+136500
19	5	271320	5	1	313915
19	5	271320	5	0	36750
19	5	271320	4	1	169435
19	5	271320	4	0	5250
19	5	271320	3	1	138460
19	5	271320	2	1	135660
19	5	271320	1	1	135660
19	5	271320	0	1	135660
19	6	325584	6	1	1A+5B+762515
19	6	325584	6	0	6B+163800
19	6	325584	5	1	321265
19	6	325584	5	0	44100
19	6	325584	4	1	170485
19	6	325584	4	0	6300
19	6	325584	3	1	138460
19	6	325584	2	1	135660
19	6	325584	1	1	135660
19	6	325584	0	1	135660
19	7	379848	6	1	1A+6B+789815
19	7	379848	6	0	7B+191100
19	7	379848	5	1	328615
19	7	379848	5	0	51450
19	7	379848	4	1	171535
19	7	379848	4	0	7350
19	7	379848	3	1	138460
19	7	379848	2	1	135660

投红球数	投蓝球数	投注金额	中红球数	中蓝球数	中奖金额
19	7	379848	1	1	135660
19	7	379848	0	1	135660
19	8	434112	6	1	1A+7B+817115
19	8	434112	6	0	8B+218400
19	8	434112	5	1	335965
19	8	434112	5	0	58800
19	8	434112	4	1	172585
19	8	434112	4	0	8400
19	8	434112	3	1	138460
19	8	434112	2	1	135660
19	8	434112	1	1	135660
19	8	434112	0	1	135660
19	9	488376	6	1	1A+8B+844415
19	9	488376	6	0	9B+245700
19	9	488376	5	1	343315
19	9	488376	5	0	66150
19	9	488376	4	1	173635
19	9	488376	4	0	9450
19	9	488376	3	1	138460
19	9	488376	2	1	135660
19	9	488376	1	1	135660
19	9	488376	0	1	135660
19	10	542640	6	1	1A+9B+871715
19	10	542640	6	0	10B+273000
19	10	542640	5	1	350665
19	10	542640	5	0	73500
19	10	542640	4	1	174685
19	10	542640	4	0	10500
19	10	542640	3	1	138460
19	10	542640	2	1	135660
19	10	542640	1	1	135660

投红球数	投蓝球数	投注金额	中红球数	中蓝球数	中奖金额
19	10	542640	0	1	135660
19	11	596904	6	1	1A+10B+899015
19	11	596904	6	0	11B+300300
19	11	596904	5	1	358015
19	11	596904	5	0	80850
19	11	596904	4	1	175735
19	11	596904	4	0	11550
19	11	596904	3	1	138460
19	11	596904	2	1	135660
19	11	596904	1	1	135660
19	11	596904	0	1	135660
19	12	651168	6	1	1A+11B+926315
19	12	651168	6	0	12B+327600
19	12	651168	5	1	365365
19	12	651168	5	0	88200
19	12	651168	4	1	176785
19	12	651168	4	0	12600
19	12	651168	3	1	138460
19	12	651168	2	1	135660
19	12	651168	1	1	135660
19	12	651168	0	1	135660
19	13	705432	6	1	1A+12B+953615
19	13	705432	6	0	13B+354900
19	13	705432	5	1	372715
19	13	705432	5	0	95550
19	13	705432	4	1	177835
19	13	705432	4	0	13650
19	13	705432	3	1	138460
19	13	705432	2	1	135660
19	13	705432	1	1	135660
19	13	705432	0	1	135660

投红球数	投蓝球数	投注金额	中红球数	中蓝球数	中奖金额
19	14	759696	6	1	1A+13B+980915
19	14	759696	6	0	14B+382200
19	14	759696	5	1	380065
19	14	759696	5	0	102900
19	14	759696	4	1	178885
19	14	759696	4	0	14700
19	14	759696	3	1	138460
19	14	759696	2	1	135660
19	14	759696	1	1	135660
19	14	759696	0	1	135660
19	15	813960	6	1	1A+14B+1008215
19	15	813960	6	0	15B+409500
19	15	813960	5	1	387415
19	15	813960	5	0	110250
19	15	813960	4	1	179935
19	15	813960	4	0	15750
19	15	813960	3	1	138460
19	15	813960	2	1	135660
19	15	813960	1	1	135660
19	15	813960	0	1	135660
19	16	868224	6	1	1A+15B+1035515
19	16	868224	6	0	16B+436800
19	16	868224	5	1	394765
19	16	868224	5	0	117600
19	16	868224	4	1	180985
19	16	868224	4	0	16800
19	16	868224	3	1	138460
19	16	868224	2	1	135660
19	16	868224	1	1	135660
19	16	868224	0	1	135660
20	1	77520	6	1	1A+747950

投红球数	投蓝球数	投注金额	中红球数	中蓝球数	中奖金额
20	1	77520	6	0	1B+30450
20	1	77520	5	1	363850
20	1	77520	5	0	8250
20	1	77520	4	1	228400
20	1	77520	4	0	1200
20	1	77520	3	1	197200
20	1	77520	2	1	193800
20	1	77520	1	1	193800
20	1	77520	0	1	193800
20	2	155040	6	1	1A+1B+778400
20	2	155040	6	0	2B+60900
20	2	155040	5	1	372100
20	2	155040	5	0	16500
20	2	155040	4	1	229600
20	2	155040	4	0	2400
20	2	155040	3	1	197200
20	2	155040	2	1	193800
20	2	155040	1	1	193800
20	2	155040	0	1	193800
20	3	232560	6	1	1A+2B+808850
20	3	232560	6	0	3B+91350
20	3	232560	5	1	380350
20	3	232560	5	0	24750
20	3	232560	4	1	230800
20	3	232560	4	0	3600
20	3	232560	3	1	197200
20	3	232560	2	1	193800
20	3	232560	1	1	193800
20	3	232560	0	1	193800
20	4	310080	6	1	1A+3B+839300
20	4	310080	6	0	4B+121800

续表

投红球数	投蓝球数	投注金额	中红球数	中蓝球数	中奖金额
20	4	310080	5	1	388600
20	4	310080	5	0	33000
20	4	310080	4	1	232000
20	4	310080	4	0	4800
20	4	310080	3	1	197200
20	4	310080	2	1	193800
20	4	310080	1	1	193800
20	4	310080	0	1	193800
20	5	387600	6	1	1A+4B+869750
20	5	387600	6	0	5B+152250
20	5	387600	5	1	396850
20	5	387600	5	0	41250
20	5	387600	4	1	233200
20	5	387600	4	0	6000
20	5	387600	3	1	197200
20	5	387600	2	1	193800
20	5	387600	1	1	193800
20	5	387600	0	1	193800
20	6	465120	6	1	1A+5B+900200
20	6	465120	6	0	6B+182700
20	6	465120	5	1	405100
20	6	465120	5	0	49500
20	6	465120	4	1	234400
20	6	465120	4	0	7200
20	6	465120	3	1	197200
20	6	465120	2	1	193800
20	6	465120	1	1	193800
20	6	465120	0	1	193800
20	7	542640	6	1	1A+6B+930650
20	7	542640	6	0	7B+213150
20	7	542640	5	1	413350

投红球数	投蓝球数	投注金额	中红球数	中蓝球数	中奖金额
20	7	542640	5	0	57750
20	7	542640	4	1	235600
20	7	542640	4	0	8400
20	7	542640	3	1	197200
20	7	542640	2	1	193800
20	7	542640	1	1	193800
20	7	542640	0	1	193800
20	8	620160	6	1	1A+7B+961100
20	8	620160	6	0	8B+243600
20	8	620160	5	1	421600
20	8	620160	5	0	66000
20	8	620160	4	1	236800
20	8	620160	4	0	9600
20	8	620160	3	1	197200
20	8	620160	2	1	193800
20	8	620160	1	1	193800
20	8	620160	0	1	193800
20	9	697680	6	1	1A+8B+991550
20	9	697680	6	0	9B+274050
20	9	697680	5	1	429850
20	9	697680	5	0	74250
20	9	697680	4	1	238000
20	9	697680	4	0	10800
20	9	697680	3	1	197200
20	9	697680	2	1	193800
20	9	697680	1	1	193800
20	9	697680	0	1	193800
20	10	775200	6	1	1A+9B+1022000
20	10	775200	6	0	10B+304500
20	10	775200	5	1	438100
20	10	775200	5	0	82500

续表

投红球数	投蓝球数	投注金额	中红球数	中蓝球数	中奖金额
20	10	775200	4	1	239200
20	10	775200	4	0	12000
20	10	775200	3	1	197200
20	10	775200	2	1	193800
20	10	775200	1	1	193800
20	10	775200	0	1	193800
20	11	852720	6	1	1A+10B+1052450
20	11	852720	6	0	11B+334950
20	11	852720	5	1	446350
20	11	852720	5	0	90750
20	11	852720	4	1	240400
20	11	852720	4	0	13200
20	11	852720	3	1	197200
20	11	852720	2	1	193800
20	11	852720	1	1	193800
20	11	852720	0	1	193800
20	12	930240	6	1	1A+11B+1082900
20	12	930240	6	0	12B+365400
20	12	930240	5	1	454600
20	12	930240	5	0	99000
20	12	930240	4	1	241600
20	12	930240	4	0	14400
20	12	930240	3	1	197200
20	12	930240	2	1	193800
20	12	930240	1	1	193800
20	12	930240	0	1	193800
20	13	1007760	6	1	1A+12B+1113350
20	13	1007760	6	0	13B+395850
20	13	1007760	5	1	462850
20	13	1007760	5	0	107250
20	13	1007760	4	1	242800

投红球数	投蓝球数	投注金额	中红球数	中蓝球数	中奖金额
20	13	1007760	4	0	15600
20	13	1007760	3	1	197200
20	13	1007760	2	1	193800
20	13	1007760	1	1	193800
20	13	1007760	0	1	193800
20	14	1085280	6	1	1A+13B+1143800
20	14	1085280	6	0	14B+426300
20	14	1085280	5	1	471100
20	14	1085280	5	0	115500
20	14	1085280	4	1	244000
20	14	1085280	4	0	16800
20	14	1085280	3	1	197200
20	14	1085280	2	1	193800
20	14	1085280	1	1	193800
20	14	1085280	0	1	193800
20	15	1162800	6	1	1A+14B+1174250
20	15	1162800	6	0	15B+456750
20	15	1162800	5	1	479350
20	15	1162800	5	0	123750
20	15	1162800	4	1	245200
20	15	1162800	4	0	18000
20	15	1162800	3	1	197200
20	15	1162800	2	1	193800
20	15	1162800	1	1	193800
20	15	1162800	0	1	193800
20	16	1240320	6	1	1A+15B+1204700
20	16	1240320	6	0	16B+487200
20	16	1240320	5	1	487600
20	16	1240320	5	0	132000
20	16	1240320	4	1	246400
20	16	1240320	4	0	19200

投红球数	投蓝球数	投注金额	中红球数	中蓝球数	中奖金额
20	16	1240320	3	1	197200
20	16	1240320	2	1	193800
20	16	1240320	1	1	193800
20	16	1240320	0	1	193800

4. 双色球胆拖投注金额计算表

表 6-26 双色球红球胆拖投注金额计算表

投注金额（元）		红球拖码个数													
		2	3	4	5	6	7	8	9	10	11	12	13	14	15	16
红球胆码个数	1					12	42	112	252	504	924	1584	2574	4004	6006	8736
	2				10	30	70	140	252	420	660	990	1430	2002	2730	3640
	3			8	20	40	70	112	168	240	330	440	572	728	990	1120
	4		6	12	20	30	42	56	72	90	110	132	156	182	210	240
	5	4	6	8	10	12	14	16	18	20	22	24	26	28	30	32

投注金额（元）		红球拖码个数													
		17	18	19	20	21	22	23	24	25	26	27	28	29	30	31
红球胆码个数	1	12376	17136	23256	31008	40698	52668	57684	85008	106260	131560	161460	196560	237510	285012	339822
	2	4760	6120	7752	9690	11970	14630	17710	21252	25300	29900	35100	40950	47502	54810	62930
	3	1360	1632	1938	2280	2660	3080	3542	4048	4600	5200	5850	6552	7308	8120	
	4	272	306	342	380	420	462	506	552	600	650	702	756	812		
	5	34	36	38	40	42	44	46	48	50	52	54	56			

注：①本表只计算蓝球为 1 个时红球胆拖投注金额，若蓝球选择 n 个时，则胆拖投注金额为"投注金额"乘以蓝球个数 n。②投注金额除以 2 等于投注数量。

第七章　双色球实战工具

"工欲善其事，必先利其器"，古语很生动地说明了"好工具"的重要性。在双色球玩法实战中，专业实战工具的最大特点就是让大家选号、组号变得更方便、更精准、更高效。

本章介绍的双色球实战工具包括彩票软件和旋转矩阵公式。

彩票软件可以方便有电脑的彩民朋友使用，软件内包括"排序定位"、"断区转换"和"旋转矩阵"等强大的数据统计和过滤功能，方便彩民进行选号、组号和过滤号码。

我们还在本章汇总了8~20个红球"中6保5"的高级双色球旋转矩阵公式，方便不能使用彩票软件的朋友在选号后进行手工矩阵组号时快捷地应用，大家可以根据自己的实际情况和需求选择使用。

第一节　彩票软件应用

一、软件简介

【彩霸王】双色球富豪版软件专业用于双色球玩法，是配合本书中"排序定位法"以及《双色球终极战法》一书内"断区转换法"两大核心选号技术独用的一款智能化彩票软件。

软件内配置先进的排序定位和行列断区图表统计系统，对各种图表中有价值的各项数据参数进行精确、科学、完整的统计，帮助广大用户在实战中精确分析、高效使用。

软件内的【排序定位】和【断区转换】两大高级过滤功能采用独创的排序算法与断层覆盖算法，其科学精密的极限算法由中奖快线网旗下大智彩票工作室独创并首次应用于乐透型彩票软件。

【排序定位】功能通过对投注号码中每个排序号码尾数的定位限定来缩小中奖号码的选择范围，从而帮助用户提高中奖概率，是帮助运用"排序定位法"的用户实现功效最大化的专业运算平台。

【断区转换】具有帮助用户在几十注断区 3D 号码与 110 万注双色球红球号码之间任意转换，从而高概率选择中奖号码范围的高级过滤功能。用户只要针对几十注断区 3D 号码做到正确的分析判断，即可达到在最小范围内、最高概率地锁定双色球红球中奖号码的神奇功效，因而这个功能也被形象地称为"乾坤大挪移"，是真正名副其实的"二等奖选号之王"。更为神奇的是，该过滤程序采用超越常规的"断层覆盖算法"，在压缩率高达 40%～98% 的极限情况下，只要用户正确选择断区 3D 号码，在极少的号码范围内同样可以保证双色球二等奖的存在。

软件不但拥有【排序定位】和【断区转换】这样强大的过滤系统，还内嵌了保证程度最高的、矩阵算法最优化、矩阵结果最少的【双色球旋转矩阵公式】。旋转矩阵是投注乐透型彩票必不可少的实用工具，可以帮助彩民在节省大量投注资金的情况下，同样可以获得相应的奖项。选六型的"中 6 保 5"矩阵公式，可以帮助用户任意操作 8～28 个红球号码进行旋转矩阵，随心所欲，游刃有余！

用户综合使用【排序定位】、【断区转换】与【旋转矩阵】三大过滤功能，完全可以实现【定位旋转矩阵】、【断层旋转矩阵】的战术运用，这也是本款软件的一大专利特色。在 100% 地达到相应旋转矩阵保证程度的前提下，可以极大限度地缩小中奖号码的选择范围，功效巨大。在帮助用户极限缩减投注数量、节省大量投注资金的情况下，却丝毫不会降低中得大奖的概率，帮助用户直奔大奖而去。

作为一款智能化的软件，【智能排序】、【智能冷号】、【智能热号】也是本软件的亮点功能。一键点击后，不但自动统计相关数据，并且智能推荐超过 90% 准确概率的参数范围，方便、快捷、高概率，小小的功能可以发挥出巨大的能量，极大地缩小了中奖号码的选择范围。

软件取精华、去糟粕，操作简易流畅，功能强悍精妙，运算速度极快，绝对是双色球投资者最佳的中奖助手。软件不但可以实时在线升级版本、更新数据，而且为用户提供图表分析、参数查询、组号过滤、投注条件的导入导出、投注结果的保存打印、中奖查询等全方位、贴心周到的一条龙服务，让用户操作起来得心应手。

软件秉承"科学分析指标，高概率选择号码"的博彩原则，根据统计学、概率学原理，详尽地统计指标，利用图表直观地显示各项统计数据及相关参数，通过独特的视角展示各种技术指标的规律，从而帮助彩民高概率地把握指标的趋势动态，精准地选择号码，为中奖保驾护航。

二、软件功能及应用价值

1. 强大科学的【数据统计】功能

软件上方**【排序定位】**和**【行列断区】**，具有强大科学的**【数据统计】**功能，本书中“排序定位法”和《双色球终极战法》书中“断区转换法”两大选号技术所涉及的图表以及相关的数据参数，都可以通过这两项软件功能自动计算并显示，用户可以轻轻松松地一键完成所有图表数据的统计，不但方便快捷，而且精确高效。

【数据统计】功能的图表包括如下内容：

（1）双色球开奖号码各个位置号码的排序定位图表，包括 6 大类 13 个指标的数据分布统计、遗漏和惯性参数统计，如图 7-1 所示。

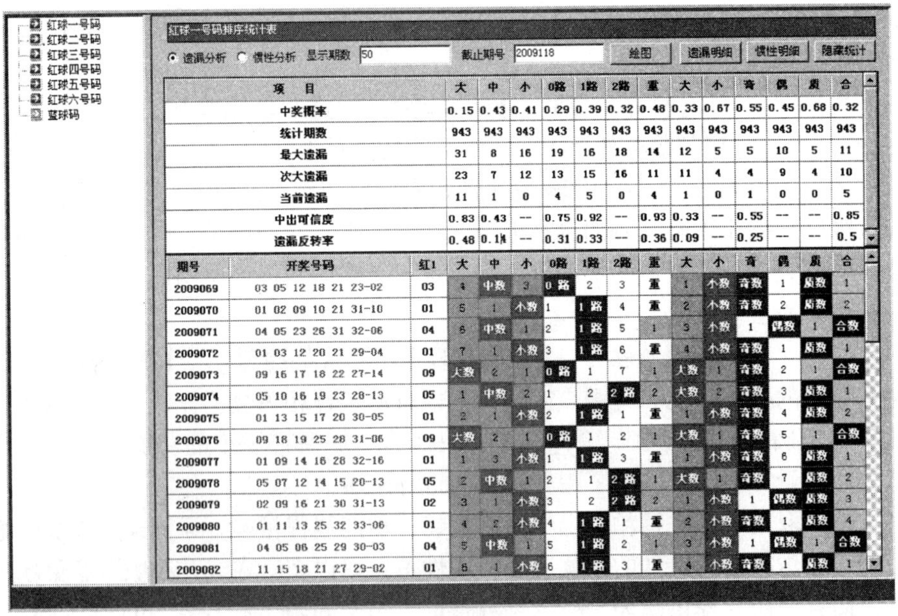

项目	大	中	小	0路	1路	2路	重	大	小	奇	偶	质	合
中奖概率	0.15	0.43	0.41	0.29	0.39	0.32	0.48	0.33	0.67	0.55	0.45	0.68	0.32
统计期数	943	943	943	943	943	943	943	943	943	943	943	943	943
最大遗漏	31	8	16	19	16	18	14	12	5	5	10	5	11
次大遗漏	23	7	12	13	15	16	11	11	4	4	9	4	10
当前遗漏	11	1	0	4	5	0	4	1	0	1	0	0	5
中出可信度	0.83	0.43	--	0.75	0.92	--	0.93	0.33	--	0.55	--	--	0.85
遗漏反转率	0.48	0.14	--	0.31	0.33	--	0.36	0.09	--	0.25	--	--	0.5

期号	开奖号码	红1	大	中	小	0路	1路	2路	重	大	小	奇	偶	质	合
2009069	03 05 12 18 21 23-02	03	4	中数	3	0 路	2	3	重	1	小数	奇数	1	质数	1
2009070	01 02 09 10 21 31-10	01	5	1	小数	1	1 路	4	重	2	小数	奇数	2	质数	2
2009071	04 05 23 26 31 32-06	04	6	中数	1	2	1 路	5	1	3	小数	1	偶数	1	合数
2009072	01 03 12 20 21 29-04	01	7	1	小数	3	1 路	6	重	4	小数	奇数	1	质数	1
2009073	09 16 17 18 22 27-14	09	大数	2	1	0 路	1	7	1	大数	1	奇数	2	1	合数
2009074	05 10 16 19 23 28-13	05	1	中数	2	1	2	2 路	2	大数	2	奇数	3	质数	1
2009075	01 13 15 17 20 30-05	01	2	1	小数	2	1 路	1	重	1	小数	奇数	4	质数	2
2009076	09 18 19 25 28 31-06	09	大数	2	1	0 路	1	2	1	大数	1	奇数	5	1	合数
2009077	01 09 14 16 28 32-16	01	1	3	小数	1	1 路	3	重	1	小数	奇数	6	质数	1
2009078	05 07 12 14 15 20-13	05	2	中数	1	2	1	2 路	1	大数	1	奇数	7	质数	2
2009079	02 09 16 21 30 31-13	02	3	1	小数	3	2	2 路	2	1	小数	1	偶数	质数	3
2009080	01 11 13 25 32 33-06	01	4	2	小数	4	1 路	1	重	2	小数	奇数	1	质数	4
2009081	04 05 06 25 29 30-03	04	5	中数	1	5	1 路	2	1	3	小数	1	偶数	1	合数
2009082	11 15 18 21 27 29-02	01	6	1	小数	6	1 路	3	重	4	小数	奇数	1	质数	1

图 7-1

（2）双色球红球号码的断区转换图表和蓝球分析图表包括 6 大类 13 个指标的数据分布统计、遗漏和惯性参数统计，以及针对相关统计的分析报告，如

图 7-2 所示。

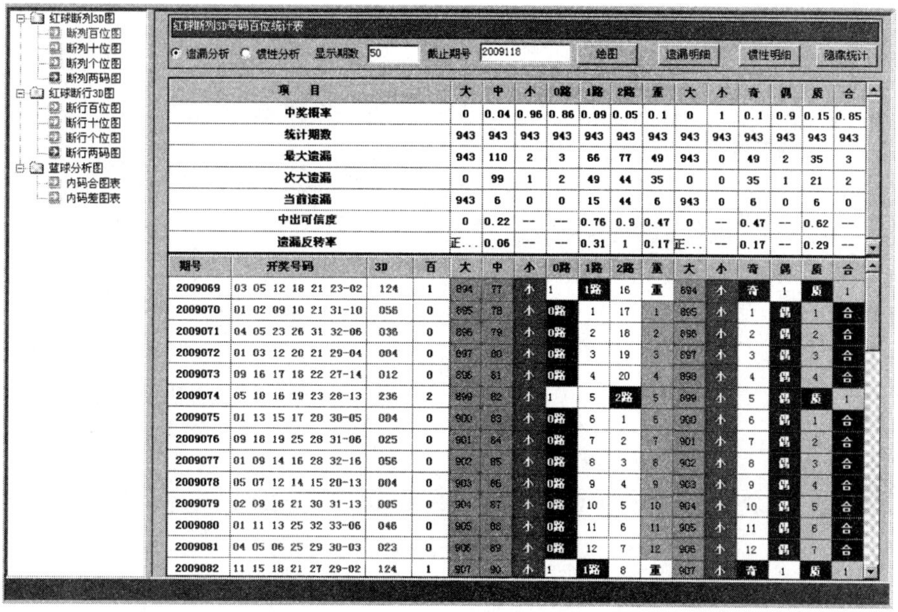

图 7-2

通过以上这些功能图表，用户需要做的就是运用"彩票均衡论"，利用强大科学的统计数据以及精确的参数报告进行当期条件指标的分析判断，高概率地取舍，从而高效地选择中奖号码的范围。

每种图表不但数据准确、可以实时更新，而且各项参数实战意义巨大。只有通过这些设计独特的统计分析图表，才能给彩民展示出每个指标、条件的规律特征和趋势动态，帮助彩民在最小的范围内选择中奖号码，绝对是彩民中奖的最佳助手。

2. 顶级核心的【超级过滤】功能

软件的【超级过滤】功能就像人的大脑一样，无疑是软件的中枢系统，能汇总各种分析数据参数，运算处理所有条件，精准、快捷地出具投注结果。

超级过滤功能界面如图 7-3 所示。

【超级过滤】界面包括很多功能设置，这里重点介绍排序定位、断区转换、蓝球设置、智能排序、智能热号、智能冷号、旋转矩阵以及投注操作。

（1）排序定位。用户通过"排序定位"图表统计分析后，所选择的当期指标参数可以在该功能界面点击对应排序号码位置的"设置"按钮，然后点

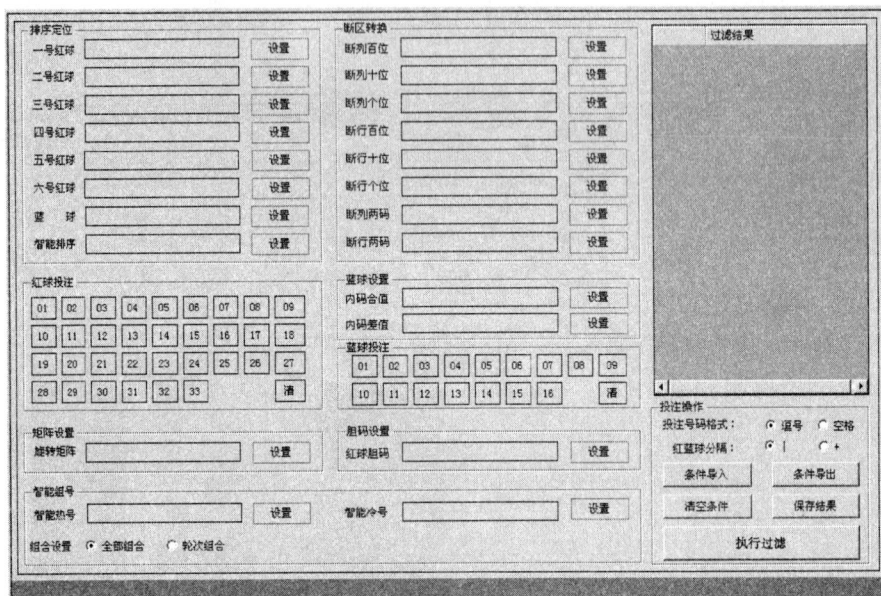

图 7-3

击所选择的参数数字后再点击"确定"即可。

假设当期双色球红球第一位置排序尾选择参数为 0、1、2，如图 7-4 所示，点击"设置"后进入图 7-5 第一位排序尾设置界面，点选数字 0、1、2后改变为深颜色，最后点击"确定"，即可完成设置。

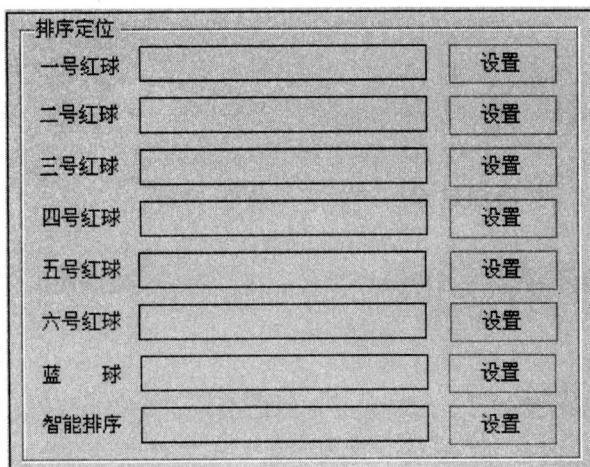

图 7-4

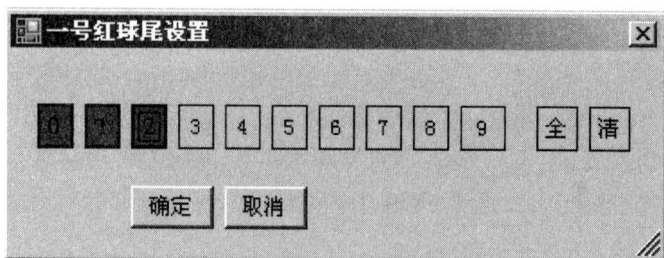

图 7-5

（2）断区转换。用户通过"行列断区"图表统计分析后，所选择的当期指标参数可以在该功能界面点击对应断区号码位置的"设置"按钮，然后点击所选择的参数数字后再点击"确定"即可。

假设当期双色球红球号码断列百位号码取值参数为 1，如图 7-6 所示，点击"设置"后进入图 7-7 前区断列百位设置界面，点选数字 1 后改变为深颜色，最后点击"确定"，即可完成设置。

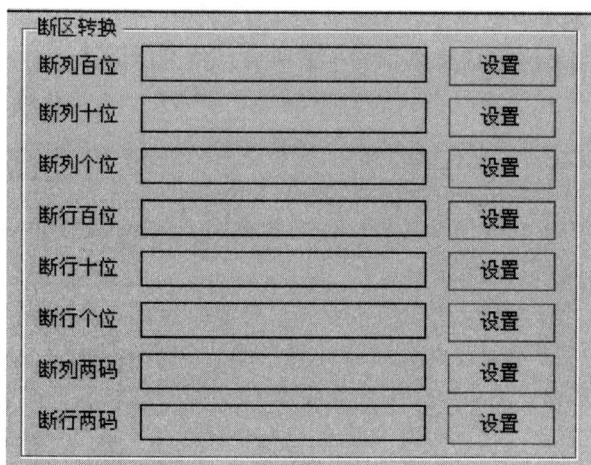

图 7-6

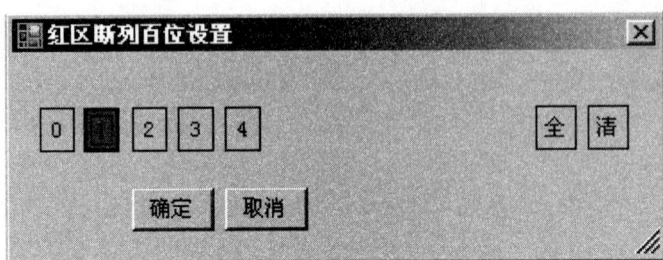

图 7-7

附：断区转换功能简介

断区转换是软件的核心功能之一，具有巨大的实战价值。

断区转换功能是根据作者另一本书——《双色球终极战法》中独特的选号技术——"断区转换法"设计研发的。断区转换功能在实战中占有极其重要的地位。如果我们在当期对行列断区图表的统计数据以及参数能够进行精准的分析判断，精确地选择当期的断列 3D 号码（断列的百、十、个位）和断行 3D 号码（断行的百、十、个位），那么在实战中，通过这个参数过滤后获得的几注到几百注不等的投注号码中，就一定会包括当期双色球的 6 个红球中奖号码。

经过统计，断列 3D 号码中百位号码的取值范围在 0~4，但是实战中绝大多数情况下出现概率极高的区间为 0~2，占 96%，尤其 0 的出现概率在理论上为 82.56%，实战中一般情况下取值为 0，几乎不用选择；断列十位号码的取值范围在 0~5，但是实战中绝大多数情况下出现概率极高的区间为 0~4，占 91%；断列个位号码的取值范围在 0~6，但是实战中绝大多数情况下出现概率极高的区间为 3~6，占 86%。

我们再统计，断行 3D 号码的百位号码的取值范围在 0~4，但是实战中绝大多数情况下出现概率极高的区间为 0~2，占 95%，尤其 0 的出现概率在理论上为 80.75%，实战中一般情况下取值为 0，几乎不用选择；断行十位号码的取值范围为 0~5，但是实战中绝大多数情况下出现概率极高的区间为 0~4，占 88%；断行个位号码的取值范围为 0~6，但是实战中绝大多数情况下出现概率极高的区间为 3~6，占 88%。

断列 3D 号码百位、十位、个位和断行 3D 号码百位、十位、个位号码一共 6 个位置，如果选取每个位置上的高概率出现区间依次为：

断列百位：0~0；

断列十位：0~4；

断列个位：3~6；

断行百位：0~0；

断行十位：0~4；

断行个位：3~6。

那么通过断区转换后断列3D号码百位、十位、个位位置，断行3D号码百位、十位、个位位置共计6个位置同时正确中出的概率为 $1/1×5×4×1×5×4=1/400$。我们通过断区转换功能高概率获得的投注号码几注到几百注可以达到1/400的中奖概率，相对于双色球红球中奖号码的理论中奖概率1/1100000来说，提高了2750倍左右，大幅度降低了选号难度。

彩民都知道，福彩3D、体彩排列3等选3型小盘玩法彩票的直选中奖率为1/1000，就因为它们中奖率高而深受众多彩民的喜欢。而现在通过"断区转换"的技术和功能，把双色球6个红球号码的中奖概率也提高到1/400，显而易见，比选3玩法的中奖概率还提高了许多，难度也降低了很多，而它们的奖金更是不能在同一个档次上进行比较。

强大、科学的断区转换功能，真正地降低了双色球红球号码的选号难度，提高了中奖概率，与本书"排序定位法"共同被认为是最核心、最前沿的技术。

软件内置最核心的算法是基于【断区转换】功能自主研发设计的【断层覆盖算法】，在压缩率高达40%~98%的极限情况下，只要用户正确选择断区3D号码（包括断列3D号码、断行3D号码），在极少的号码范围内同样可以保证中得双色球的6个红球中奖号码，也即中得双色球二等奖。

例如，假设我们通过对行列断区图表的数据统计及参数分析后，得出当期断列3D号码为134，断行3D号码为034，那么通过【彩霸王】双色球富豪版软件的"断区转换"功能，输入参数断列号码134、断行号码034，过滤后获得的投注号码为108注（不考虑蓝球）。这时我们再看所有33个双色球红球号码通过6列6行的排列后得到的行列分布表内用手工排除掉第1、3、4列所包括的号码，再排除掉第3、第4行所包括的号码，共计排除掉18个号码，剩余的15个号码的全部选6型组合为5005注号码。我们可以清楚地看到，同样是断列号码134和断行号码034的参数设置，可是前后获得的投注结果却相差悬殊，前者通过软件"断区转换"获得的过滤结果仅仅是后者通过手工过滤后组合结果的2.16%。通过这一个例子就可以清晰地体现出软件中断区转换功能的强大与神奇。这里需要说明的是，只要我们之前所选择的断列 3D 号码和断行 3D 号码准确无误，那么当期双色球的 6 个红球中奖号码会 100%地出现在利用软件过滤后的 108 注结果内，中得当期的双色球二等奖；如果这时蓝球中奖号码的选择也同样正确，那么就会成功地中得一注当期双色球最大的奖项，奖金会高达几百万元乃至千万元不等！

　　在实战中同样达到中奖目的并节省 98%投入资金的情况下，没有人会舍弃【彩霸王】双色球富豪版软件中强大的断区转换功能的运用而去进行手工断区过滤组号。在信息高度发达、互联网普及、彩民步入技术性博彩的今天，软件的快捷、方便、强大是手工组号无法比拟及替代的，会给千万彩民带来丰厚的收益！

　　（3）蓝球设置。用户通过蓝球分析图表统计分析后，所选择的当期指标参数可以在该功能界面点击对应位置的"设置"按钮，然后点击所选择的参数数字后再点击"确定"即可。

　　假设当期双色球蓝球内码合取值参数为 1、3、4，如图 7-8 所示，点击"设置"后进入图 7-9 蓝球内码合值设置界面，点选数字 1、3、4 后改变为深颜色，最后点击"确定"，即可完成设置。

图 7-8

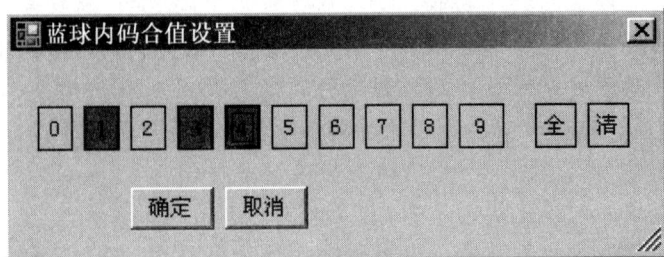

图 7-9

（4）智能排序。用户首先点击图7-10的"设置"按钮，进入到图7-11"智能排序值数据报告"的界面，通过对智能统计的"排序范围"的数据报告进行分析后，进行各个位置排序值的最后设置。

假设当期排序值选择参数为：第一位置使用概率为80%的排序值，第二位置选择使用概率为90%的排序值，第三、第四、第五、第六位置均选择使用概率为80%的排序值，如图7-11"智能排序值数据报告"的设置界面，依次点选使用的排序值后改变为深颜色，最后点击"确定"，即可完成设置。

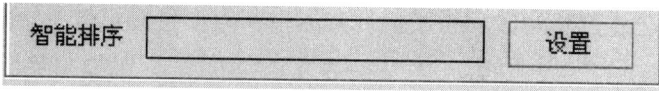

图 7-10

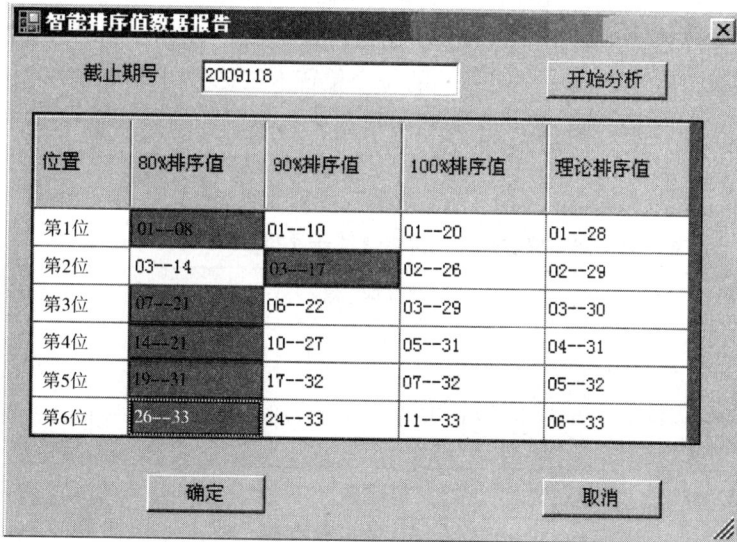

图 7-11

通过本书之前的讲解我们知道，排序值分为理论排序值和实际排序值两种。

双色球红球号码理论排序值就是指理论上每个双色球红球号码的最大出现范围，如第一位置红球号码的理论出现范围是01～28。双色球六个位置红球号码理论排序值如下：

第一位置红球理论排序值：01～28；

第二位置红球理论排序值：02~29；

第三位置红球理论排序值：03~30；

第四位置红球理论排序值：04~31；

第五位置红球理论排序值：05~32；

第六位置红球理论排序值：06~33。

实际排序值是指双色球某一个位置红球在实际统计期内出现的最大范围，【彩霸王】双色球富豪版软件中使用的"排序值"概念就是指实际排序值。例如，一个统计阶段内双色球第一位置红球号码的出现范围是01~19，那么01~19就是第一位置红球的实际排序值。实战中，假设我们知道了统计期内第一位置红球号码的实际排序值是01~19，那么在实战选择第一位置红球时就把在理论排序值（01~28）内选号变成了在实际排序值（01~19）内进行选号，极大降低了选号难度。

在双色球游戏中，所有红球号码一共包含1107568个组合，100%地覆盖了所有的排序值。但是，从2003001期双色球开奖截至第2008032期的700多期数据中可以看到，历史开奖号码的每个位置上红球号码开出的实际排序值远远小于理论排序值。通过表7-1中的数据可以看到，随着实战中每个排序值的范围不同，每个位置上红球号码的中奖概率也随之变化。

表7-1 双色球红球号码排序值统计（2003001~2008032 期）

排序位置	80%排序值	90%排序值	100%排序值	理论排序值
第一位置红球	01~07	01~11	01~19	01~28
第二位置红球	03~14	03~17	02~24	02~29
第三位置红球	07~21	07~23	03~29	03~30
第四位置红球	13~27	11~28	05~31	04~31
第五位置红球	19~31	17~32	07~32	05~32
第六位置红球	26~33	24~33	11~33	06~33
所需注数（注）	370797	718485	1072212	1107568

注：① 100%排序值指在实际开奖中各位置号码出现概率为100%的实际排序值。② 90%排序值指在实际开奖中各位置号码出现概率为90%的实际排序值。③ 80%排序值指在实际开奖中各位置号码出现概率为80%的实际排序值。④以上统计数据为2003001~2008032 期共703期开奖数据。

例如，第一位置红球号码的理论排序值是01~28，但从2003001~2008032期所有的开奖数据中第一位置红球号码从来没有超过19，因此若在01~19选择第一位置红球号码，准确率可以达到100%；这里100%的排序值也就是通过统计后获得的2003001~2008032期开奖数据中第一位置红球号码的实际排序值。同理，若在01~11选择第一位置红球号码，准确率能达到90%；如果在01~07进行选号，准确率也能达到80%。

通过观察表7-1双色球红球号码排序值统计表的统计数据，再去对照双色球历史开奖号码数据，我们可以获得一个用于选号的实战规律：根据排序值范围进行选号，不但可以明显地降低双色球每个位置红球号码的选择难度、缩小每个位置上红球号码的选择范围，还依然能保证很高的准确率。这个极其实用的实战规律，可以让彩民选择当期红球中奖号码范围的准确率保持在一个较高的水平，选号的方向性和针对性也大大增强。实践证明，利用实际排序值进行双色球红球选号具有巨大的实战意义。

假设在实战中，我们通过排序定位技术能确定02、08、13、16共四个号码是第一位置红球备选号码，它们中极有可能包括当期的第一位置红球开奖号码。通过表7-1可知，如果我们想达到100%的准确率，那只有选择所有的备选号码。如果想达到90%的准确率，依据第一位置红球号码出现的排序区间为01~11，那么在02、08、13、16四个号码中只有前两个红球备选号码符合条件，从而我们就可以排除掉号码13和16。同理，如果确保选号的正确率为80%，其选号区间为01~07，我们的备选号码就剩下了一个红球号码02。一般实战中，80%的准确率是最后的底线，虽然概率相对降低，但是我们看到第一位置上的红球备选号码也只剩下了一个号码。也就是说，即使剩下一个号码还保持着80%的中奖概率，完全可以进行实战。

这个例子生动地说明了在实战中应用实际排序值选择双色球红球号码，可以有效地筛选和过滤号码，为双色球的红球选号提供一个清晰明朗的方向，能更精准地指导我们进行红球选号实战。

【彩霸王】双色球富豪版软件内的智能排序功能，可以自动计算并提供双色球开奖至今所有开奖数据的实际排序值统计，让我们在实战中可以一目了然地观察到双色球各个位置红球不同中奖概率的排序值，这有助于我们准确地分析和选择每个位置的排序值，从而极大地缩小红球号码的选择范围、提高中奖概率。

我们了解了排序值的实战价值，那么实战中【彩霸王】双色球富豪版软件该如何应用呢？

第一步：智能统计。打开软件进入"智能排序"界面，点击"开始分析"，软件会自动统计并展示所有双色球开奖数据的排序值数据报告。

第二步：个人分析。

第一，直接使用，功效俱佳。实战中，每个双色球红球位置我们一般可以直接全部"点选"使用90%排序值，高概率过滤掉大约40万注双色球红球号码组合，也就是直接去掉了超过1/3的双色球红球号码组合，缩小投注数量的功效极其显著。因为概率极高，效果奇佳，很多双色球彩民几乎每期都要采用智能排序功能制作双色球红球号码的大底，在此基础上再添加其他条件过滤选号。

激进一点的彩民在使用【**彩霸王**】双色球富豪版软件的智能排序功能时，所有红球位置直接设置为80%排序值，双色球红球组合1107568注直接过滤掉736771注，一个功能直接强悍地把双色球红球号码组合过滤了2/3，功效之强大可想而知。我们还要清楚地知道，这不是盲目激进，因为这样设置后成功的概率最低80%，是大概率事件。

第二，"对照"开奖数据"分析"智能排序值数据，安全高效两不误。为了安全起见，我们所有位置可以初步选择使用90%排序值，然后观察上期每个双色球红球开奖号码是否脱离智能排序值数据报告显示的80%排序值。

根据历史经验总结，某个位置上的红球号码一般很少连续脱离80%排序值范围，因此上期某个位置红球号码一旦脱离对应的80%排序值范围，那么下期极有可能会迅速回归，而且概率会超过90%。这时，我们就可以把这个位置的红球选择使用80%排序值，在安全的前提下可以进一步精确双色球红球号码的选号范围，这也是保守型的彩民在使用这个功能时一种高性价比的选择。

掌握并应用好上述经验，就能更好地使用智能排序功能，从而准确地选择某个位置的排序值范围，最终达到极度缩小双色球红球号码投注数量、提高中奖概率的目的。

（5）智能热号。用户首先点击图7-12的智能热号"设置"按钮，进入到图7-13的智能热号设置界面，设置分析期数和截止期号后（图7-13中期数分析设置为5，截止期号为2009118期），点击"开始分析"按钮进行分析，然后通过对"智能热号数据分析报告"进行分析后，选择使用推荐结果或自定义，最后进行设置。

图 7-12

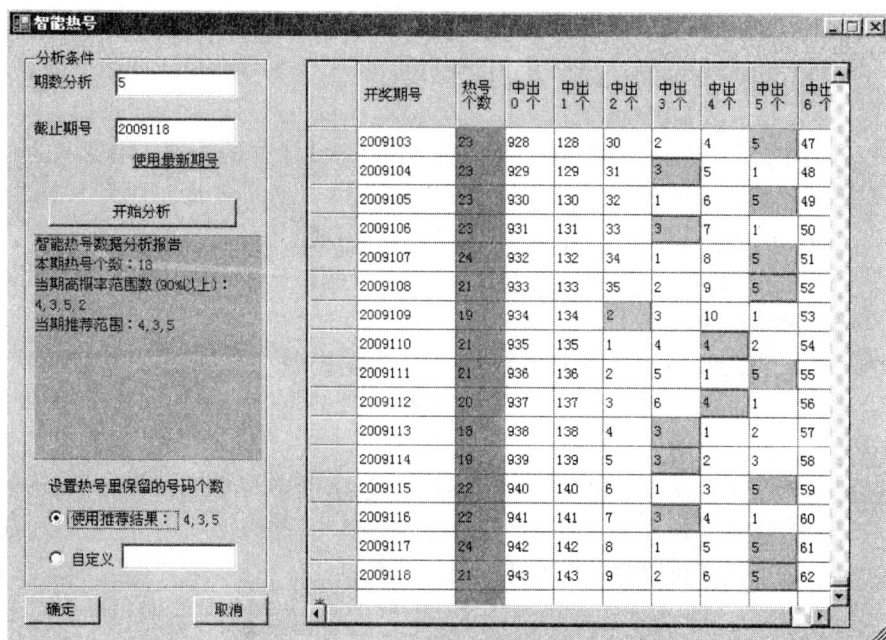

智能热号

分析条件
期数分析 5
截止期号 2009118
使用最新期号

开始分析

智能热号数据分析报告
本期热号个数：18
当期高概率范围数（90%以上）：
4、3、5、2
当期推荐范围：4、3、5

设置热号里保留的号码个数
● 使用推荐结果：4、3、5
○ 自定义

确定　　　取消

开奖期号	热号个数	中出0个	中出1个	中出2个	中出3个	中出4个	中出5个	中出6个
2009103	23	928	128	30	2	4	5	47
2009104	23	929	129	31	3	5	1	48
2009105	23	930	130	32	1	6	5	49
2009106	23	931	131	33	3	7	1	50
2009107	24	932	132	34	1	8	5	51
2009108	21	933	133	35	2	9	5	52
2009109	19	934	134	2	3	10	1	53
2009110	21	935	135	1	4	4	2	54
2009111	21	936	136	2	5	4	1	55
2009112	20	937	137	3	6	4	1	56
2009113	18	938	138	4	3	1	2	57
2009114	18	939	139	5	3	3	3	58
2009115	22	940	140	6	1	3	5	59
2009116	22	941	141	7	3	4	1	60
2009117	24	942	142	8	1	5	5	61
2009118	21	943	143	9	2	6	5	62

图 7-13

　　什么是热号，在实战中有什么价值？为了方便读者或用户了解智能热号，下面进一步说明热号及热号的实战价值。

　　热号是指在前 N 期双色球红球中奖号码中出现次数最多的号码。N 期是个正整数，可以是 3 期、5 期、6 期等，没有固定的量化值，但是实战中我们总结出 4~7 期的热号范围值最有价值。

　　那么热号在实战运用中有什么价值呢？热号的实战价值在于通过分析前 N 期中热号的出现总个数以及在最新开奖中出现的个数，从而排除掉不可能出现的号码组合，极大地缩小中奖号码的选择范围。

　　如图 7-13 所示，我们设置热号分析期数（N）为 5 期，截止期号为第 2009118 期，也就是统计截至第 2009118 期前 5 期双色球红球中奖号码中热号的出现总个数。经过统计后可以通过图 7-13 看到本期热号的出现总个数为 18 个，接下来我们需要做的就是判断这 18 个热号在最新一期的开奖中会出现几个的问题。

　　热号在最新一期会出现几个？实战中分为以下七种情况：

　　第一种情况为出现 0 个热号。如果分析判断这 18 个热号在最新开奖中会出现 0 个，那么这 18 个号码所涉及的所有组合在当期实战中可以完全排除，极大缩小选号范围。

第二种情况为出现 1 个热号。如果判断这 18 个热号在最新开奖中会出现 1 个，那么包括这 18 个热号中 0 个、2 个或 2 个以上热号的所有投注组合也同样可以完全排除掉，只保留包括 18 个热号中任意 1 个号码的投注组合。

第三种情况为出现 2 个热号。如果判断这 18 个热号在最新开奖中会出现 2 个，那么包括这 18 个热号中 0 个、1 个、2 个以上热号的所有投注组合也同样可以完全排除掉，只保留包括 18 个热号中任意 2 个号码的投注组合。

第四种情况为出现 3 个热号。如果判断这 18 个热号在最新开奖中会出现 3 个，那么包括这 18 个热号中 0 个、1 个、2 个以及 3 个以上热号的所有投注组合也同样可以完全排除掉，只保留包括 18 个热号中任意 3 个号码的投注组合。

第五种情况为出现 4 个热号。如果判断这 18 个热号在最新开奖中会出现 4 个，那么包括这 18 个热号中 0 个、1 个、2 个、3 个以及 4 个以上热号的所有投注组合也同样可以完全排除掉，只保留包括 18 个热号中任意 4 个号码的投注组合。

第六种情况为出现 5 个热号。如果判断这 18 个热号在最新开奖中会出现 5 个，那么包括这 18 个热号中 0 个、1 个、2 个、3 个、4 个热号的所有投注组合也同样可以完全排除掉，只保留包括 18 个热号中任意 5 个号码的投注组合。

第七种情况为出现 6 个热号。如果判断这 18 个热号在最新开奖中会出现 6 个，那么包括这 18 个热号中 0 个、1 个、2 个、3 个、4 个、5 个热号的所有投注组合也同样可以完全排除掉，只保留包括 18 个热号中任意 6 个号码的投注组合。也就是说，当期双色球的 6 个红球中奖号码一定会出现在这 18 个热号的投注组合内。

实战中可以通过两种方式进行分析判断当期热号的出现个数，从而缩小双色球红球中奖号码的选择范围，一是智能推荐；二是人工分析。

智能推荐如图 7-13 所示，输入期数分析、截止期号，点击"开始分析"按钮后，下方可以自动显示"智能热号数据分析报告"。该报告对本期热号个数、当期高概率范围数（90% 以上）、当期推荐范围共计 3 项重要数据进行了详细的分析和结果推荐。使用软件智能热号推荐功能的优势在于一键完成，轻轻松松地排除掉几万注或几十万注不等的双色球红球中奖号码，而且无任何人为因素，准确率可以高达 90% 以上。

人工分析如图 7-13 所示，根据图内右侧热号出现个数的统计表，按每种热号中出个数的遗漏或惯性趋势来分析判断哪种情况最可能出现或最不可能出现，再结合智能推荐结果选择出现概率最高的热号中出个数，最后在自定义栏输入后进行设置即可。人工分析后判断取舍的优势在于参数的范围选择精确，从而排除垃圾号码的威力强大；缺点是人工分析准确概率相对降低。

以图 7-13 为例，假设我们当期通过分析判断后使用自定义结果 3，通过软件过滤后排除掉的垃圾号码有 728720 注。双色球红球号码组合共计 1100000 注，使用自定义功能排除掉 728720 注垃圾号码，可见其杀号威力巨大。

（6）智能冷号。用户首先点击图 7-14 的智能冷号"设置"按钮，进入到图 7-15 智能冷号设置界面后，设置分析期数和截止期号（图 7-15 中期数分析设置为 7，截止期号为 2009118 期），点击"开始分析"按钮进行分析，然后通过对"智能冷号数据分析报告"进行分析后，选择使用推荐结果或自定义，最后进行设置。

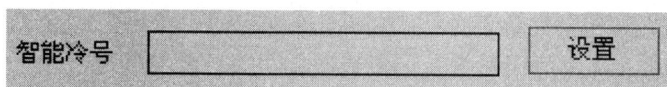

图 7-14

图 7-15

什么是冷号，在实战中有什么价值？为了方便读者或用户了解智能冷号，下面进一步说明冷号及冷号的实战价值。

冷号是指在前 N 期双色球红球开奖号码中出现次数最少的号码。N 期是个正整数，可以是 7 期、9 期、11 期等，没有固定的量化值，但是实战中我们总结出 7~11 期的冷号范围值最有价值。

那么冷号在实战运用中有什么价值呢？冷号的实战价值在于通过分析前 N 期中冷号的出现总个数以及在最新开奖中出现的个数，从而排除掉不可能出现的号码组合，极大地缩小中奖号码的选择范围。

如图 7-15 所示，我们设置冷号分析期数（N）为 7 期，截止期号 2009118 期，也就是统计截至第 2009118 期前 7 期双色球红球中奖号码中冷号的出现总个数。经过统计后可以通过图 7-15 看到本期冷号的出现总个数为 7 个，接下来我们需要做的就是判断这 7 个冷号在最新一期的开奖中会出现几个的问题。

冷号在最新一期会出现几个？实战中分为以下七种情况：

第一种情况为出现 0 个冷号。如果分析判断这 7 个冷号在最新开奖中会出现 0 个，那么这 7 个号码所涉及的所有组合在当期实战中可以完全排除，极大缩小选号范围。

第二种情况为出现 1 个冷号。如果判断这 7 个冷号在最新开奖中会出现 1 个，那么包括这 7 个冷号中 0 个、2 个或 2 个以上冷号的所有投注组合也同样可以完全排除掉，只保留包括 7 个冷号中任意 1 个号码的投注组合。

第三种情况为出现 2 个冷号。如果判断这 7 个冷号在最新开奖中会出现 2 个，那么包括这 7 个冷号中 0 个、1 个、2 个以上冷号的所有投注组合也同样可以完全排除掉，只保留包括 7 个冷号中任意 2 个号码的投注组合。

第四种情况为出现 3 个冷号。如果判断这 7 个冷号在最新开奖中会出现 3 个，那么包括这 7 个冷号中 0 个、1 个、2 个以及 3 个以上冷号的所有投注组合也同样可以完全排除掉，只保留包括 7 个冷号中任意 3 个号码的投注组合。

第五种情况为出现 4 个冷号。如果判断这 7 个冷号在最新开奖中会出现 4 个，那么包括这 7 个冷号中 0 个、1 个、2 个、3 个以及 4 个以上冷号的所有投注组合也同样可以完全排除掉，只保留包括 7 个冷号中任意 4 个号码的投注组合。

第六种情况为出现 5 个冷号。如果判断这 7 个冷号在最新开奖中会出现 5 个，那么包括这 7 个冷号中 0 个、1 个、2 个、3 个、4 个冷号的所有投注组合也同样可以完全排除掉，只保留包括 7 个冷号中任意 5 个号码的投注组合。

第七种情况为出现 6 个冷号。如果判断这 7 个冷号在最新开奖中会出现 6 个，那么包括这 7 个冷号中 0 个、1 个、2 个、3 个、4 个、5 个冷号的所有投注组合也同样可以完全排除掉，只保留包括 7 个冷号中任意 6 个号码的投注组合。也就是说，当期双色球的 6 个红球中奖号码一定会出现在这 7 个冷号的投注组合内，但是实战中这种情况极少出现。

实战中可以通过两种方式进行分析判断当期冷号的出现个数，从而缩小双色球红球中奖号码的选择范围，一是智能推荐；二是人工分析。

智能推荐如图 7-15 所示，输入期数分析、截止期号，点击"开始分析"按钮后，下方可以自动显示"智能冷号数据分析报告"。该报告对本期冷号个数、当期高概率范围数（90%以上）、当期推荐范围共计三项重要数据进行了详细的分析和结果推荐。使用软件智能冷号推荐功能的优势在于一键完成，轻轻松松地排除掉几万注、几十万注不等的双色球红球投注号码，而且无任何人为因素，准确率可以高达 90%以上。

以图 7-15 为例，使用智能推荐结果 0、1、2，过滤后排除掉的垃圾号码有 95360 注。双色球红球号码组合共计 1100000 注，使用智能冷号功能在 90%以上的高概率下就可以轻松地排除掉 95360 注垃圾号码，实战意义巨大。

人工分析如图 7-15 所示，根据图内右侧冷号出现个数的统计表，按每种冷号中出个数的遗漏或惯性趋势来分析判断哪种情况最可能出现或最不可能出现，再结合智能推荐结果选择出现概率最高的冷号中出个数，最后在自定义栏输入进行设置即可。人工分析后判断取舍的优势在于参数的范围选择精确，从而排除垃圾号码的威力强大；缺点是人工分析准确概率相对降低。在实战中，因为该功能杀号威力强大，建议使用。

同样以图 7-15 为例，假设我们当期通过分析判断后使用自定义结果 1，通过软件过滤后排除掉的垃圾号码有 639540 注。双色球红球号码组合共计 1100000 注，使用自定义功能排除掉 639540 注垃圾号码，可见其杀号威力是多么的巨大。

（7）旋转矩阵。软件内置双色球红球号码"中 6 保 5"的旋转矩阵公式，结合排序定位功能同时进行过滤使用，称为定位旋转矩阵；结合断区转换功能同时进行过滤使用，称为断层旋转矩阵，均为更高级别的旋转矩阵。

图 7-16 为超级过滤功能之旋转矩阵功能设置界面。我们把双色球红球备选号码进行旋转矩阵之前，必须在红球投注区选择相应的备选号码，然后才能点击"设置"按钮进入旋转矩阵设置界面，如图 7-17 所示。点选"不执行旋转"代表该区备选号码不进行旋转矩阵，点选"执行旋转"代表该区备选号码进行旋转矩阵并参与过滤，点选后可以选择"确定"或"取消"设置。

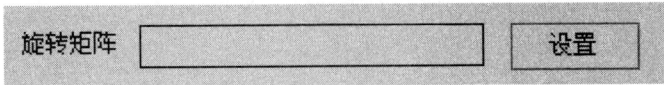

图 7-16

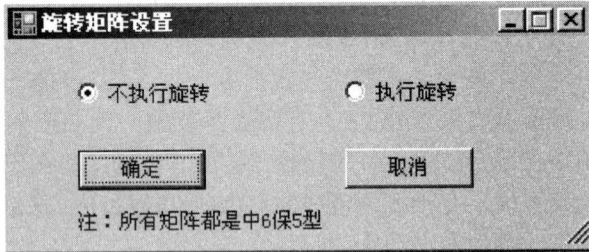

图 7-17

（8）投注操作。图 7-18 为投注操作功能界面。

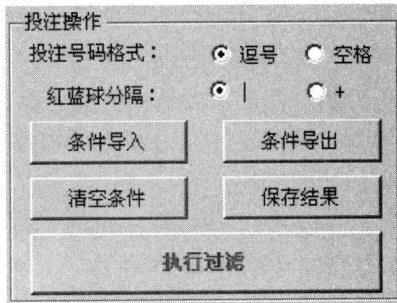

图 7-18

投注操作包括投注号码格式、红蓝球分隔、条件导入、条件导出、清空条件、保存结果共计 6 个选项，是软件内超级过滤功能之中的辅助功能。

投注号码格式与红蓝球分隔的功能是为了方便通过网络投注的用户专门设计的功能，可以极大满足网络投注时用户对投注格式的需求。

例如，选择"逗号"、红蓝球分隔为"＋"后的投注号码形式为 01，02，03，04，05，06＋01；选择"空格"、红蓝球分隔为"＋"后的投注号码形式为 01 02 03 04 05 06＋01。

再如，选择"逗号"、红蓝球分隔为"｜"后的投注号码形式为 01，02，03，04，05，06｜01；选择"空格"、红蓝球分隔为"｜"后的投注号码形式

为 01 02 03 04 05 06 | 01。

条件导出、条件导入的功能可以方便用户进行条件的保存和使用以及用户间条件的交流。

清空条件是指把当前超级过滤功能界面所选择使用的条件进行快速清除。

保存结果是指把过滤后的投注结果进行保存，方便开奖后及时进行兑奖或复盘训练，快捷准确。

3. 简单方便的【系统管理】功能

【系统管理】包括自动更新数据、手动更新数据、软件在线升级三个功能：自动更新数据即在电脑连接互联网的前提下，软件可以通过此功能自动去远程服务器更新开奖数据；手动更新数据功能即用户通过手工添加的方式更新开奖数据，支持添加、修改、删除开奖数据，此功能非常适合不能上网的用户使用；通过软件在线升级功能，可以把当前软件升级到最新版本，快捷方便。

4. 快捷实用的【中奖查询】功能

软件内置了独特的【中奖查询】功能，不但让每个用户可以快捷、准确、方便地进行兑奖查询，更重要的是利用这个功能可以帮助每个用户进行模拟实战的复盘训练。【中奖查询】功能演示如图7-19所示。

图7-19

每个用户只有通过不断地学习，不断的进行模拟实战以及复盘训练，才能提高自己使用软件和驾驭软件的能力，从而提升自身的中奖能力。

所有彩民都要清楚地明白一点：世界上没有"1+1＝2"的中奖公式，否则博彩行业也不会存在。只有掌握好的技术，使用好的工具，进行不断地学习训练，才能到达中奖的彼岸。

运气不可或缺，但是要记住：只有99％的学习、学习、再学习加上1％的运气才等于中奖。

5. 优质贴心的【商务服务】功能

【彩霸王】双色球富豪版彩票软件不但技术理念独特，设计科学合理，核心功能强大，而且具有完善优质的商务服务。

中奖快线网（http：//www.51caishen.com）是广大读者、【彩霸王】双色球富豪版软件用户获得优质商务服务的唯一官方网站，是专业的彩票技术交流平台。

欲下载试用软件、获得最完整软件实战技术的朋友都可以登录"中奖快线网"，还能获得更多、更详细的彩票实战技术和相关资讯服务。

三、彩霸王软件实战操作指南

本书第二版发行后，广大读者对【彩霸王】双色球富豪版软件内"智能排序功能"以及断区转换功能的"断层覆盖算法"智能极度压缩投注号码数量高达40％～98％的神奇功效产生了极大兴趣，纷纷登录网站下载使用。应广大读者的要求，下面对【彩霸王】双色球富豪版软件的实战操作流程及要点做详细的讲解，便于彩民更好地了解以及实战应用。

使用【彩霸王】双色球富豪版软件，实战中按照以下操作指南设置条件后即可过滤，获得当期投注号码。

1. 设置红球过滤条件

【彩霸王】双色球富豪版软件中选择红球的核心功能是排序定位和断区转换，是否能花最少的钱在最小的投注范围内锁定红球中奖号码依据我们对排序定位图表和行列断区图表分析研判的准确性而定。

实战中，排序定位或者断区转换任意一个功能的条件如果能使用到极致，也就是说选择得非常精准，都可以在极小的范围内锁定红球中奖号码组合。因此，从这个层面来说，这两个功能没有主次之分，我们完全可以根据个人的喜好以及当期条件的准确率来选择使用。

实战中建议用户按照如下流程进行红球过滤条件的选择和设置。

（1）排序定位设置。每期必用的红球过滤条件。我们每期通过观察分析排序定位的各个图表，选择设置使用的条件。一般建议排序定位每个位置选择3~4个数字为佳，如果遇到个别位置指标特别好的，可以精选。

需要注意的是：如果遇到同时使用断区转换功能，并且断区条件可以精确选择的话，那么排序定位的每个位置选择范围可以适当扩大到5个数字左右，这时排序定位起辅助的功效，必须以稳定和高概率为主。

如果本期断区各个位置上没有好条件可以使用，那么排序定位的每个位置最好精确到1~3个数字，只有这样才能降低投注量，但是同时中奖概率降低的风险也伴随而来。

（2）智能排序设置。每期必用的红球过滤条件，而且准确率极高。智能排序一般每个位置都选择90%排序值。如果上期某个位置脱离80%的范围，那么当期该位置可以选择80%排序值。

（3）红球投注。可选择使用的过滤条件。一般彩民会习惯观察投注站或者网络上的双色球走势图选择当期红球中奖号码的大致出现范围，或者与朋友交流时获得一个稳定的红球组合大底，在概率较高的前提下可以在红球投注区设置使用参与过滤，从而缩小中奖号码范围。

实战时，我们建议选择的红球号码数量多一些，如果没有太大的把握尽量不要杀掉太多的号码。

（4）断区转换设置。每期必用的红球过滤条件。我们每期通过观察分析行列断区的各个图表，选择设置使用的条件。如果遇到个别位置的指标特别好的，可以精选。一般建议每个断区位置上最多选择2个数字，断列百位和断行百位上每期固定选择数字0即可，概率高达80%以上。

需要注意的是：如果遇到同时使用排序定位功能，并且排序条件可以精确选择的话，那么每个断区位置选择范围可以适当扩大到2~3个数字，这时断区只起到辅助的功效，必须以稳定、高概率为主。

如果本期排序各个位置上没有好条件可以使用，那么每个断区位置最好精确到1~2个数字，只有这样才能降低投注量，但是同时中奖概率降低的风险也伴随而来。

如果断区每个位置上选择数字过多，就要选择使用断区两码，否则投注数量会居高不下，导致投入资金过多。

（5）旋转矩阵设置。可以选用的过滤条件。旋转矩阵功能是把"双刃剑"，在花最少的钱并可以保证获得一定奖项的同时，中6个红球的概率只有7%左右。也就是说，使用旋转矩阵的巨大代价是大概率牺牲大奖，所以是否使用这个功能取决于用户的期望值。

（6）智能组号。每期必用的过滤条件。实战中，智能热号一般选择 5 期、智能冷号一般选择 9 期进行智能分析，然后使用推荐结果参与过滤。因为自动推荐选择的范围比较大，因此概率极高，但是过滤号码的效果没有使用自定义设置的明显。实战中可以结合实际情况选择使用。

（7）红球胆码。可选择使用的过滤条件。红球胆码就是最看好在当期出现的红球号码，可以是一个，也可以是多个。一般实战中选择 1~2 个胆码参与过滤，过滤效果极其显著，但如果失误也会导致满盘皆输，所以要小心谨慎地挑选 1~2 个出现概率比较高的红球号码使用。

2. 设置蓝球过滤条件

（1）蓝球设置。每期必用的过滤条件。内码合值和内码差值是选择蓝球的核心功能，如果能相辅相成地应用得当，即可在 1~2 个蓝球内锁定当期蓝球中奖号码。

实战选择时需要注意的是：如果遇到内码合值条件可以精确选择的情况，那么这时内码差值条件应该起到辅助的功效，选择范围可以适当扩大，保证稳定、高概率地选择蓝球。同样，如果遇到内码差值条件可以精确选择的情况，那么内码合值条件要同时起到辅助的功效，选择范围可以适当扩大，保证稳定、高概率地选择蓝球。

实战中尽量不要同时精确选择内码合值和内码差值的条件，虽然这样可以极度精确蓝球号码的范围，但同时中奖概率降低的风险也随之提升了无数倍。

（2）蓝球投注。可选择使用的过滤条件。一般彩民会习惯观察投注站或者网络上的双色球走势图选择当期蓝球中奖号码的出现范围，在概率较高的前提下可以在蓝球投注设置使用参与过滤，从而缩小中奖号码范围。

实战时，我们建议选择的蓝球号码数量多一些，如果没有太大的把握尽量不要排除太多的蓝球号码。

3. 设置辅助过滤条件

（1）组合设置。可选择使用的过滤条件。只有实战中选择了多个蓝球才会考虑是否使用这个功能。

假设实战中选择的红球和蓝球号码范围均包括当期的中奖号码，那么只有选择"全部组合"才能 100% 地包括当期中奖号码；如果选择"轮次组合"，只能保证中得一个二等奖，是否一定能中大奖则不能确定，除非红球组合和蓝球很巧合地轮次组合在一起。

使用轮次组合的优势在于：可以多选蓝球，总投注数量不变，在保证命中二等奖的前提下，有中取大奖的可能。

（2）投注操作。可以选择使用。投注格式和红蓝分隔符号是为了便于彩民通过购彩网站上传投注号码所设计的，实战中选择符合购彩网站所要求的投注格式设置即可。

4. 条件选择设置的一些经验

我们在实战中选择分析图表选择过滤条件时，必须要时刻提醒自己遵守以下三个规定：第一，看好应用的条件必须绝对精确，而且一旦认定绝不修改；第二，不是十分确定的条件尽量把选择范围绝对放大，这样在高概率的前提下同样可以起到缩小投注量的效果；第三，不看好的条件绝对不用。

【彩霸王】双色球富豪版软件"超级过滤"内每个条件都可以单独使用或联合使用，不限制条件与数量。但是需要说明的是，使用的条件越多，每个条件的范围越小，那么过滤后获得的投注号码数量越少；如果条件设置得太苛刻了，导致条件之间相互矛盾的话，就会没有过滤结果，这时我们就要重新审视条件，看看哪个或者哪几个条件有问题，要重新分析和修正。

使用条件的目的是过滤号码，筛选出当期中奖号码的范围，通俗地讲就是"杀号"。条件用得越多，错误的概率也随之提升，所以说，条件也是一把"双刃剑"，用好了在极少的范围内即可捕获大奖，用不好就会与大奖越离越远。

在实战中选择条件时要一点点加条件，要稳定地加，不能为了精确到几组投注号码每次选号时就要用到所有条件，那样只会提高出错的概率。

第二节　实战矩阵公式汇总

读者使用相应的旋转矩阵公式进行组号时，可以手工用铅笔把备选号码按照上一节提供的表内系统序号对应的位置顺序填写上，然后根据本节表内旋转矩阵公式系统序号代入其对应的备选号码填写右边的前区投注号码，每次开奖后不用时可以用橡皮擦涂掉，非常方便。

一、8个号码的实用矩阵公式

1. 双色球8—6—5—4型旋转矩阵公式

表7-2　双色球8—6—5—4型旋转矩阵公式

系统序号	1	2	3	4	5	6	7	8
备选号码								
出现次数	4	3	3	3	3	3	3	2

注号	旋转矩阵系统序号						备选号码
1	1	2	3	6	7	8	
2	1	2	4	5	6	7	
3	1	3	4	5	6	7	
4	1	2	3	4	5	8	

2. 双色球8—5—5—12型旋转矩阵公式

表7-3　双色球8—5—5—12型旋转矩阵公式

系统序号	1	2	3	4	5	6	7	8
备选号码								
出现次数	9	9	9	9	9	9	9	9

注号	旋转矩阵系统序号						备选号码			
1	1	2	3	4	5	6				
2	1	2	3	4	7	8				
3	1	2	5	6	7	8				
4	3	4	5	6	7	8				
5	1	2	3	4	5	7				
6	1	2	3	4	5	8				
7	1	2	3	4	6	7				
8	1	2	3	4	6	8				

续表

注号	旋转矩阵系统序号						备选号码					
9	1	3	5	6	7	8						
10	1	4	5	6	7	8						
11	2	3	5	6	7	8						
12	2	4	5	6	7	8						

3. 双色球8—4—4—7型旋转矩阵公式

表7-4　双色球8—4—4—7型旋转矩阵公式

系统序号	1	2	3	4	5	6	7	8
备选号码								
出现次数	6	6	5	5	5	5	5	5

注号	旋转矩阵系统序号						备选号码					
1	1	2	3	4	5	6						
2	1	2	3	4	5	7						
3	1	2	3	4	5	8						
4	1	2	3	6	7	8						
5	3	4	5	6	7	8						
6	1	2	4	6	7	8						
7	1	2	5	6	7	8						

4. 双色球8个号码各型旋转矩阵的最低中奖保证表

表7-5　双色球8个号码各型旋转矩阵的最低中奖保证表

开奖情况	出6保5（4注）	出5保5（12注）	出4保4（7注）
出6	中1注对5个号	中6注对5个号	中3注对5个号
出5	中2注对4个号	中1注对5个号	中5注对4个号
出4	中3注对3个号	中2注对4个号	中1注对4个号

二、9个号码的实用矩阵公式

表7-6 双色球9—6—5—7型旋转矩阵公式

系统序号	1	2	3	4	5	6	7	8	9
备选号码									
出现次数	5	5	5	5	5	5	5	4	3

注号	旋转矩阵系统序号						备选号码					
1	1	2	3	4	8	9						
2	1	5	6	7	8	9						
3	1	2	3	4	5	6						
4	1	2	3	4	5	7						
5	1	2	3	4	6	7						
6	3	5	6	7	8	9						
7	2	4	5	6	7	8						

三、10个号码的实用矩阵公式

1. 双色球10—6—5—14型旋转矩阵公式

表7-7 双色球10—6—5—14型旋转矩阵公式

系统序号	1	2	3	4	5	6	7	8	9	10
备选号码										
出现次数	9	9	9	9	8	8	8	8	8	8

注号	旋转矩阵系统序号						备选号码					
1	1	2	5	6	7	9						
2	2	4	6	7	9	10						
3	3	6	7	8	9	10						

注号	旋转矩阵系统序号						备选号码				
4	1	2	3	6	8	9					
5	4	5	6	8	9	10					
6	1	3	4	7	9	10					
7	1	3	4	5	8	9					
8	2	3	4	5	9	10					
9	1	3	4	5	6	7					
10	1	2	4	6	7	8					
11	1	2	3	5	6	10					
12	1	2	5	7	8	10					
13	2	3	4	5	7	8					
14	1	2	3	4	8	10					

2. 双色球 10—5—5—50 型旋转矩阵公式

表 7-8　双色球 10—5—5—50 型旋转矩阵公式

系统序号	1	2	3	4	5	6	7	8	9	10
备选号码										
出现次数	29	30	29	29	29	29	30	30	29	36

注号	旋转矩阵系统序号						备选号码				
1	2	3	6	8	9	10					
2	3	4	7	8	9	10					
3	1	2	4	8	9	10					
4	2	3	5	6	7	9					
5	1	2	5	7	8	10					
6	1	2	3	6	7	8					
7	1	4	6	7	9	10					
8	1	4	5	6	8	10					
9	1	4	5	7	8	9					
10	1	3	4	5	7	10					

续表

注号	旋转矩阵系统序号						备选号码					
11	1	3	5	8	9	10						
12	3	4	5	6	9	10						
13	1	2	4	5	6	7						
14	2	3	4	6	7	10						
15	1	2	3	4	7	9						
16	1	2	5	6	8	9						
17	2	3	4	5	6	8						
18	3	5	6	7	8	10						
19	2	4	6	7	8	9						
20	1	2	3	5	6	10						
21	2	4	5	7	9	10						
22	1	3	4	6	8	9						
23	1	5	6	7	9	10						
24	2	3	4	5	8	9						
25	1	2	6	7	9	10						
26	1	6	7	8	9	10						
27	1	2	3	4	5	8						
28	2	3	4	5	8	10						
29	2	3	4	5	7	8						
30	1	3	6	7	9	10						
31	1	2	3	5	7	9						
32	4	5	6	7	8	10						
33	1	2	3	4	9	10						
34	1	3	4	6	8	10						
35	1	3	5	6	7	8						
36	1	3	4	6	7	8						
37	1	2	4	7	8	10						
38	1	2	4	6	8	10						
39	3	4	5	6	7	9						
40	3	5	6	7	8	9						

注号	旋转矩阵系统序号						备选号码					
41	2	5	6	7	8	10						
42	1	2	3	7	8	10						
43	1	2	3	4	6	9						
44	2	3	5	7	9	10						
45	2	5	7	8	9	10						
46	1	2	3	7	8	9						
47	2	4	5	6	9	10						
48	1	2	4	5	9	10						
49	4	5	6	8	9	10						
50	1	3	4	5	6	9						

3. 双色球10—4—4—20型旋转矩阵公式

表7-9　双色球10—4—4—20型旋转矩阵公式

系统序号	1	2	3	4	5	6	7	8	9	10
备选号码										
出现次数	12	12	12	12	12	12	12	12	12	12

注号	旋转矩阵系统序号						备选号码					
1	2	3	5	6	7	8						
2	1	3	7	8	9	10						
3	1	2	4	6	8	9						
4	1	2	3	4	5	10						
5	4	5	6	7	9	10						
6	2	3	4	6	7	10						
7	1	3	4	5	7	9						
8	2	3	4	8	9	10						
9	1	2	5	7	8	10						
10	3	5	6	8	9	10						
11	1	2	3	6	7	9						

续表

注号	旋转矩阵系统序号						备选号码					
12	2	4	5	7	8	9						
13	1	3	4	5	6	8						
14	1	2	5	6	9	10						
15	1	4	6	7	8	10						
16	2	3	4	5	6	9						
17	1	5	6	7	8	9						
18	1	2	3	6	8	10						
19	3	4	5	7	8	10						
20	1	2	4	7	9	10						

4. 双色球10个号码各型旋转矩阵的最低中奖保证表

表7-10　双色球10个号码各型旋转矩阵的最低中奖保证表

开奖情况	出6保5（14注）	出5保5（50注）	出4保4（20注）
出6	中1注对5个号	中6注对5个号	中15注对4个号
出5	中3注对4个号	中1注对5个号	中5注对4个号
出4	中6注对3个号	中3注对4个号	中1注对4个号

四、11个号码的实用矩阵公式

表7-11　双色球11—6—5—22型旋转矩阵公式

系统序号	1	2	3	4	5	6	7	8	9	10	11
备选号码											
出现次数	12	12	12	12	12	12	12	12	12	12	12

注号	旋转矩阵系统序号						备选号码
1	1	2	3	4	8	9	
2	1	2	3	6	7	10	
3	1	2	4	5	6	10	

注号	旋转矩阵系统序号						备选号码					
4	1	2	4	6	8	11						
5	1	2	5	7	9	11						
6	1	2	5	8	9	10						
7	1	3	4	5	7	8						
8	1	3	4	6	7	11						
9	1	3	5	6	9	11						
10	1	3	5	8	10	11						
11	1	4	7	9	10	11						
12	1	6	7	8	9	10						
13	2	3	4	5	10	11						
14	2	3	5	6	7	8						
15	2	3	6	9	10	11						
16	2	3	7	8	9	11						
17	2	4	5	6	7	9						
18	2	4	7	8	10	11						
19	3	4	5	7	9	10						
20	3	4	6	8	9	10						
21	4	5	6	8	9	11						
22	5	6	7	8	10	11						

五、12个号码的实用矩阵公式

1. 双色球12—6—5—38型旋转矩阵公式

表7-12　双色球12—6—5—38型旋转矩阵公式

系统序号	1	2	3	4	5	6	7	8	9	10	11	12
备选号码												
出现次数	19	19	19	19	19	19	19	19	19	19	19	19

注号	旋转矩阵系统序号						备选号码					
1	1	2	3	4	5	7						
2	1	2	3	4	5	12						
3	1	2	3	4	6	10						
4	1	2	3	6	8	12						
5	1	2	3	7	9	10						
6	1	2	4	8	9	11						
7	1	2	5	6	9	11						
8	1	2	5	10	11	12						
9	1	2	6	7	8	10						
10	1	3	4	8	9	11						
11	1	3	5	6	7	11						
12	1	3	5	8	10	11						
13	1	3	6	9	10	12						
14	1	4	5	6	8	10						
15	1	4	5	6	9	10						
16	1	4	6	7	11	12						
17	1	4	7	8	9	12						
18	1	4	7	10	11	12						
19	1	5	7	8	9	12						
20	2	3	4	6	10	11						
21	2	3	5	6	8	9						
22	2	3	5	6	10	11						
23	2	3	5	8	9	10						
24	2	3	7	8	11	12						
25	2	3	7	9	11	12						
26	2	4	5	7	8	11						
27	2	4	6	7	9	12						
28	2	4	8	9	10	12						
29	2	5	6	7	10	12						
30	3	4	5	9	11	12						
31	3	4	6	7	8	9						
32	3	4	7	8	10	12						

注号	旋转矩阵系统序号						备选号码					
33	3	5	6	7	10	12						
34	4	5	6	8	11	12						
35	4	5	7	9	10	11						
36	5	7	8	9	11	12						
37	6	7	8	9	10	11						
38	6	8	9	10	11	12						

2. 双色球 12—5—5—132 型旋转矩阵公式

表 7-13　双色球 12—5—5—132 型旋转矩阵公式

系统序号	1	2	3	4	5	6	7	8	9	10	11	12
备选号码												
出现次数	66	66	66	66	66	66	66	66	66	66	66	66

注号	旋转矩阵系统序号						备选号码					
1	1	2	5	7	8	10						
2	1	3	6	9	10	12						
3	1	2	5	7	9	11						
4	1	3	4	7	11	12						
5	1	2	8	9	10	11						
6	2	4	6	9	10	12						
7	2	3	5	6	10	12						
8	5	7	8	9	10	11						
9	2	5	7	8	9	12						
10	3	4	7	9	10	12						
11	1	2	5	9	10	12						
12	1	4	6	7	10	12						
13	3	5	6	8	9	12						
14	3	4	5	8	11	12						
15	4	6	7	8	9	12						

注号	旋转矩阵系统序号						备选号码					
16	1	7	8	9	10	12						
17	1	2	7	8	11	12						
18	1	5	8	9	11	12						
19	1	3	5	6	11	12						
20	2	4	6	7	11	12						
21	1	4	5	6	9	12						
22	1	5	7	10	11	12						
23	2	4	5	6	8	12						
24	2	5	8	10	11	12						
25	1	4	6	8	11	12						
26	2	3	6	7	9	12						
27	2	3	6	8	11	12						
28	2	7	9	10	11	12						
29	3	4	6	9	11	12						
30	2	3	4	10	11	12						
31	4	6	7	9	10	11						
32	1	3	6	7	8	12						
33	1	3	4	5	10	12						
34	4	5	6	10	11	12						
35	1	5	6	7	8	9						
36	2	4	6	8	10	11						
37	1	2	6	7	9	10						
38	2	5	6	8	9	10						
39	2	3	6	9	10	11						
40	1	2	5	6	8	11						
41	1	3	4	5	6	8						
42	1	3	4	8	9	12						
43	2	3	4	5	9	12						
44	4	5	6	8	9	11						
45	2	6	7	8	9	11						
46	2	5	6	7	10	11						

注号	旋转矩阵系统序号						备选号码					
47	3	5	6	8	10	11						
48	1	6	7	8	10	11						
49	1	3	4	6	7	9						
50	1	2	4	6	9	11						
51	1	5	6	9	10	11						
52	2	3	4	7	8	12						
53	1	4	5	6	7	11						
54	2	3	4	6	8	9						
55	1	4	6	8	9	10						
56	3	4	8	9	10	11						
57	2	3	4	6	7	10						
58	1	2	3	7	8	9						
59	4	5	6	7	8	10						
60	3	4	6	8	10	12						
61	1	2	4	5	6	10						
62	1	2	5	6	7	12						
63	2	4	5	6	7	9						
64	2	3	5	7	9	10						
65	1	2	6	8	9	12						
66	1	3	6	8	9	11						
67	3	5	6	7	9	11						
68	1	2	4	6	7	8						
69	1	5	6	8	10	12						
70	3	6	7	10	11	12						
71	2	6	7	8	10	12						
72	1	3	5	8	9	10						
73	3	4	5	6	9	10						
74	5	6	7	9	10	12						
75	1	3	5	7	8	11						
76	1	4	9	10	11	12						
77	1	2	3	6	7	11						

注号	旋转矩阵系统序号						备选号码				
78	3	6	7	8	9	10					
79	2	3	5	8	9	11					
80	4	7	8	10	11	12					
81	1	2	3	4	5	7					
82	1	2	3	5	10	11					
83	2	3	4	5	6	11					
84	5	6	7	8	11	12					
85	2	5	6	9	11	12					
86	2	3	7	8	10	11					
87	1	6	7	9	11	12					
88	2	4	8	9	11	12					
89	1	3	7	9	10	11					
90	4	5	7	9	11	12					
91	1	2	3	5	8	12					
92	1	2	3	6	8	10					
93	3	4	5	7	10	11					
94	1	2	6	10	11	12					
95	1	3	5	7	9	12					
96	3	4	6	7	8	11					
97	1	3	5	6	7	10					
98	1	2	3	5	6	9					
99	2	3	5	6	7	8					
100	3	4	5	6	7	12					
101	3	4	5	7	8	9					
102	1	2	4	5	11·	12					
103	2	3	4	5	8	10					
104	1	3	4	7	8	10					
105	1	2	3	4	6	12					
106	1	2	3	4	9	10					
107	1	2	3	7	10	12					
108	3	5	9	10	11	12					

续表

注号	旋转矩阵系统序号						备选号码					
109	3	5	7	8	10	12						
110	6	8	9	10	11	12						
111	4	5	8	9	10	12						
112	1	2	4	5	8	9						
113	2	3	8	9	10	12						
114	1	2	3	4	8	11						
115	1	4	5	7	9	10						
116	1	2	4	8	10	12						
117	2	4	7	8	9	10						
118	2	4	5	7	8	11						
119	2	4	5	7	10	12						
120	2	3	5	7	11	12						
121	1	4	7	8	9	11						
122	1	3	8	10	11	12						
123	1	2	4	7	9	12						
124	1	2	4	7	10	11						
125	1	4	5	7	8	12						
126	1	4	5	8	10	11						
127	1	2	3	9	11	12						
128	1	3	4	5	9	11						
129	3	7	8	9	11	12						
130	2	4	5	9	10	11						
131	1	3	4	6	10	11						
132	2	3	4	7	9	11						

3. 双色球 12—4—4—41 型旋转矩阵公式

表 7-14　双色球 12—4—4—41 型旋转矩阵公式

系统序号	1	2	3	4	5	6	7	8	9	10	11	12
备选号码												
出现次数	21	21	21	21	21	21	20	20	20	20	20	20

注号	旋转矩阵系统序号						备选号码					
1	1	7	8	9	10	11						
2	1	2	3	4	7	8						
3	2	3	4	9	10	11						
4	1	2	3	5	7	10						
5	2	3	5	8	9	11						
6	1	2	4	5	7	9						
7	2	4	5	8	10	11						
8	3	4	5	8	9	10						
9	1	3	4	5	7	11						
10	1	2	3	6	8	10						
11	2	3	6	7	9	11						
12	1	2	4	6	8	9						
13	2	4	6	7	10	11						
14	3	4	6	7	9	10						
15	1	3	4	6	8	11						
16	1	2	5	6	9	10						
17	2	5	6	7	8	11						
18	3	5	6	7	8	9						
19	1	3	5	6	10	11						
20	4	5	6	7	8	10						
21	1	4	5	6	9	11						
22	2	7	8	9	10	12						
23	3	7	8	10	11	12						
24	1	2	3	9	11	12						
25	4	7	8	9	11	12						
26	1	2	4	10	11	12						
27	1	3	4	9	10	12						
28	5	7	9	10	11	12						
29	1	2	5	8	11	12						
30	1	3	5	8	9	12						

续表

注号	旋转矩阵系统序号						备选号码						
31	1	4	5	8	10	12							
32	2	3	4	5	7	12							
33	6	8	9	10	11	12							
34	1	2	6	7	11	12							
35	1	3	6	7	9	12							
36	1	4	6	7	10	12							
37	2	3	4	6	8	12							
38	1	5	6	7	8	12							
39	2	3	5	6	10	12							
40	2	4	5	6	9	12							
41	3	4	5	6	11	12							

4. 双色球12个号码各型旋转矩阵的最低中奖保证表

表7-15 双色球12个号码各型旋转矩阵的最低中奖保证表

开奖情况	出6保5（38注）	出5保5（132注）	出4保4（41注）
出6	中1注对5个号	中6注对5个号	中15注对4个号
出5	中4注对4个号	中1注对5个号	中5注对4个号
出4	中12注对3个号	中4注对4个号	中1注对4个号

六、13~20个号码的实用矩阵公式

1. 13个号码的中6保5型旋转矩阵公式（61注）

表7-16 双色球13—6—5—61型旋转矩阵公式

系统序号	1	2	3	4	5	6	7	8	9	10	11	12	13
备选号码													
出现次数	29	29	29	28	28	28	28	28	28	28	28	28	27

注号	旋转矩阵系统序号						备选号码					
1	1	2	4	5	9	12						
2	1	2	4	8	10	12						
3	1	2	3	6	11	12						
4	1	2	7	9	12	13						
5	1	4	5	8	11	12						
6	1	4	6	7	8	12						
7	1	3	4	8	9	12						
8	1	4	9	10	11	12						
9	1	5	6	10	12	13						
10	1	3	5	7	10	12						
11	1	3	6	8	9	12						
12	1	7	8	11	12	13						
13	1	2	3	4	5	13						
14	1	2	4	6	7	11						
15	1	2	4	8	9	11						
16	1	2	4	10	11	13						
17	1	2	3	4	10	13						
18	1	2	5	6	8	13						
19	1	2	3	5	7	8						
20	1	2	5	7	10	11						
21	1	2	3	6	9	10						
22	1	4	5	8	9	10						
23	1	3	4	6	7	13						
24	1	3	4	10	11	13						
25	1	5	6	7	9	10						
26	1	5	6	9	11	13						
27	1	3	5	7	9	11						
28	1	3	6	8	10	11						
29	1	7	8	9	10	13						
30	2	4	6	9	12	13						

注号	旋转矩阵系统序号						备选号码					
31	2	3	4	7	11	12						
32	2	5	6	7	9	12						
33	2	3	5	11	12	13						
34	2	6	7	8	10	12						
35	2	3	8	10	12	13						
36	3	4	5	6	10	12						
37	4	5	7	10	12	13						
38	4	6	8	11	12	13						
39	3	4	7	8	9	12						
40	5	6	7	8	9	12						
41	5	6	7	8	11	12						
42	3	5	8	9	12	13						
43	6	7	9	10	11	12						
44	3	6	7	9	12	13						
45	3	9	10	11	12	13						
46	2	3	4	5	6	8						
47	2	4	5	6	10	11						
48	2	4	5	7	8	13						
49	2	3	4	7	9	10						
50	2	5	8	9	10	11						
51	2	3	5	9	10	13						
52	2	6	7	8	9	11						
53	2	6	7	10	11	13						
54	2	3	6	7	11	13						
55	2	3	8	9	11	13						
56	3	4	5	6	9	11						
57	4	5	7	9	11	13						
58	4	6	8	9	10	13						
59	3	4	7	8	10	11						
60	3	5	6	7	8	10						
61	3	5	8	10	11	13						

2. 14个号码的中6保5型旋转矩阵公式（98注）

表7-17 双色球14—6—5—98型旋转矩阵公式

系统序号	1	2	3	4	5	6	7	8	9	10	11	12	13	14
备选号码														
出现次数	44	44	43	43	42	42	42	42	42	42	41	41	40	40

注号	旋转矩阵系统序号						备选号码					
1	5	8	10	11	13	14						
2	5	7	9	11	13	14						
3	1	2	6	11	13	14						
4	1	2	4	11	13	14						
5	3	4	11	12	13	14						
6	3	6	7	10	13	14						
7	1	8	10	12	13	14						
8	2	9	10	12	13	14						
9	4	5	6	12	13	14						
10	1	2	3	5	13	14						
11	2	3	4	5	13	14						
12	3	6	8	9	13	14						
13	1	7	9	12	13	14						
14	2	7	8	12	13	14						
15	4	5	7	10	11	14						
16	4	6	9	10	11	14						
17	1	2	7	10	11	14						
18	3	9	10	11	12	14						
19	1	3	5	6	11	14						
20	2	5	6	11	12	14						
21	1	5	8	9	11	14						
22	4	6	7	8	11	14						
23	3	7	8	11	12	14						
24	1	2	3	4	11	14						
25	2	4	8	9	11	14						

续表

注号	旋转矩阵系统序号						备选号码					
26	1	5	7	10	12	14						
27	2	3	5	9	10	14						
28	1	6	9	10	12	14						
29	2	6	8	10	12	14						
30	4	7	8	9	10	14						
31	2	4	7	10	12	14						
32	1	3	4	8	10	14						
33	1	3	4	5	6	14						
34	2	3	5	7	8	14						
35	4	5	8	9	12	14						
36	1	6	7	8	12	14						
37	2	6	7	9	12	14						
38	1	2	3	4	6	14						
39	1	3	4	7	9	14						
40	1	2	8	9	12	14						
41	6	7	10	11	12	13						
42	1	3	9	10	11	13						
43	2	3	8	10	11	13						
44	3	4	9	10	11	13						
45	3	4	5	6	11	13						
46	1	2	5	11	12	13						
47	2	4	5	11	12	13						
48	6	8	9	11	12	13						
49	1	3	7	8	11	13						
50	3	4	7	8	11	13						
51	2	3	7	9	11	13						
52	2	5	6	7	10	13						
53	1	5	6	9	10	13						
54	1	4	5	9	10	13						
55	3	5	8	10	12	13						
56	1	4	6	7	10	13						

续表

注号	旋转矩阵系统序号						备选号码				
57	2	4	6	8	10	13					
58	2	7	8	9	10	13					
59	1	5	6	7	8	13					
60	2	5	6	8	9	13					
61	1	4	5	7	8	13					
62	3	5	7	9	12	13					
63	2	4	6	7	9	13					
64	1	4	6	8	9	13					
65	1	2	3	6	12	13					
66	1	2	3	4	12	13					
67	1	3	5	7	10	11					
68	2	5	9	10	11	12					
69	1	3	6	8	10	11					
70	2	3	6	9	10	11					
71	2	3	4	7	10	11					
72	1	4	8	10	11	12					
73	1	4	5	6	11	12					
74	2	5	7	8	11	12					
75	3	4	5	8	9	11					
76	1	3	6	7	9	11					
77	2	3	6	7	8	11					
78	1	2	4	6	11	12					
79	1	4	7	9	11	12					
80	1	2	3	8	9	11					
81	5	6	7	8	9	10					
82	1	2	5	6	8	10					
83	2	4	5	6	8	10					
84	3	5	6	8	10	12					
85	3	4	5	7	10	12					
86	1	2	4	5	9	10					
87	3	4	6	9	10	12					

续表

注号	旋转矩阵系统序号						备选号码							
88	1	3	7	8	9	10								
89	1	2	3	7	10	12								
90	4	7	8	9	10	12								
91	1	2	5	6	7	9								
92	2	4	5	6	7	9								
93	3	5	6	7	9	12								
94	1	2	4	5	6	12								
95	1	2	4	5	7	8								
96	1	3	5	8	9	12								
97	3	4	6	7	8	12								
98	2	3	4	8	9	12								

3. 15 个号码的中 6 保 5 型旋转矩阵公式（142 注）

表 7-18　双色球 15—6—5—142 型旋转矩阵公式

系统序号	1	2	3	4	5	6	7	8	9	10	11	12	13	14	15
备选号码															
出现次数	63	63	62	61	57	56	56	56	55	55	54	54	54	53	53

注号	旋转矩阵系统序号						备选号码							
1	1	3	7	11	12	15								
2	1	3	7	8	12	14								
3	1	2	6	7	11	12								
4	1	2	6	10	12	15								
5	1	3	7	9	12	13								
6	1	4	5	7	9	12								
7	1	2	7	8	11	12								
8	1	4	7	9	14	15								
9	1	4	6	7	8	15								
10	1	2	7	10	11	15								

续表

注号	旋转矩阵系统序号						备选号码				
11	1	2	7	8	13	15					
12	1	2	5	7	13	15					
13	1	3	6	7	13	14					
14	1	3	7	9	10	14					
15	1	2	5	7	10	14					
16	1	4	7	11	13	14					
17	1	2	6	7	8	9					
18	1	2	3	4	6	7					
19	1	3	5	6	7	11					
20	1	4	6	7	10	13					
21	1	2	5	7	9	11					
22	1	3	5	7	8	10					
23	1	4	5	7	8	10					
24	1	2	9	12	14	15					
25	1	3	6	9	12	15					
26	1	4	6	12	13	15					
27	1	2	5	8	12	15					
28	1	4	5	10	12	15					
29	1	4	6	8	12	14					
30	1	2	5	12	13	14					
31	1	3	5	11	12	14					
32	1	4	10	11	12	14					
33	1	2	6	11	12	13					
34	1	2	5	6	10	12					
35	1	3	9	10	11	12					
36	1	4	8	9	12	13					
37	1	2	3	4	8	12					
38	1	3	8	10	12	13					
39	1	2	6	11	14	15					
40	1	3	6	10	14	15					
41	1	3	5	13	14	15					

续表

注号	旋转矩阵系统序号						备选号码					
42	1	4	8	10	14	15						
43	1	4	5	6	11	15						
44	1	2	9	10	13	15						
45	1	4	8	9	11	15						
46	1	3	5	8	9	15						
47	1	2	3	4	10	15						
48	1	3	10	11	13	15						
49	1	4	5	6	9	14						
50	1	3	5	6	8	14						
51	1	2	9	11	13	14						
52	1	2	3	5	9	14						
53	1	3	8	9	11	14						
54	1	2	8	10	13	14						
55	1	2	6	8	9	10						
56	1	2	5	6	9	13						
57	1	4	6	9	10	11						
58	1	3	5	6	9	13						
59	1	3	6	8	11	13						
60	1	4	5	9	10	13						
61	1	2	3	4	11	13						
62	1	2	5	8	10	11						
63	1	4	5	8	11	13						
64	5	6	7	12	14	15						
65	7	10	12	13	14	15						
66	7	8	9	10	12	15						
67	2	4	7	11	12	15						
68	6	7	9	11	12	14						
69	2	4	7	8	12	14						
70	3	4	6	7	10	12						
71	5	6	7	8	12	13						
72	2	3	5	7	9	12						

续表

注号	旋转矩阵系统序号						备选号码				
73	2	4	7	9	12	13					
74	3	4	7	8	11	12					
75	5	7	10	11	12	13					
76	2	3	7	9	14	15					
77	5	7	8	11	14	15					
78	6	7	9	11	13	15					
79	5	6	7	9	10	15					
80	2	3	6	7	8	15					
81	3	4	7	10	11	15					
82	3	4	7	8	13	15					
83	3	4	5	7	13	15					
84	2	4	6	7	13	14					
85	6	7	8	10	11	14					
86	2	4	7	9	10	14					
87	5	7	8	9	13	14					
88	2	3	7	11	13	14					
89	3	4	5	7	10	14					
90	3	4	6	7	8	9					
91	2	4	5	6	7	11					
92	2	3	6	7	10	13					
93	3	4	5	7	9	11					
94	7	8	9	10	11	13					
95	2	3	5	7	8	10					
96	2	4	5	7	8	10					
97	3	4	9	12	14	15					
98	8	11	12	13	14	15					
99	2	4	6	9	12	15					
100	2	3	6	12	13	15					
101	6	8	10	11	12	15					
102	5	9	11	12	13	15					
103	2	3	5	10	12	15					

注号	旋转矩阵系统序号						备选号码				
104	3	4	5	8	12	15					
105	6	9	10	12	13	14					
106	2	3	6	8	12	14					
107	5	8	9	10	12	14					
108	2	3	10	11	12	14					
109	2	4	5	11	12	14					
110	3	4	5	12	13	14					
111	5	6	8	9	11	12					
112	3	4	6	11	12	13					
113	3	4	5	6	10	12					
114	2	4	9	10	11	12					
115	2	3	8	9	12	13					
116	2	4	8	10	12	13					
117	6	8	9	13	14	15					
118	2	4	6	10	14	15					
119	3	4	6	11	14	15					
120	5	9	10	11	14	15					
121	2	3	8	10	14	15					
122	2	4	5	13	14	15					
123	2	3	5	6	11	15					
124	5	6	8	10	13	15					
125	2	3	8	9	11	15					
126	2	4	5	8	9	15					
127	3	4	9	10	13	15					
128	2	4	10	11	13	15					
129	2	3	5	6	9	14					
130	2	4	5	6	8	14					
131	5	6	10	11	13	14					
132	2	4	8	9	11	14					
133	3	4	9	11	13	14					
134	3	4	8	10	13	14					

续表

注号	旋转矩阵系统序号						备选号码				
135	2	3	6	9	10	11					
136	2	4	5	6	9	13					
137	3	4	5	6	8	9					
138	3	4	6	8	9	10					
139	2	4	6	8	11	13					
140	2	3	5	9	10	13					
141	2	3	5	8	11	13					
142	3	4	5	8	10	11					

表 7-19 双色球 15 个号码中 6 保 5 型旋转矩阵的最低中奖保证表

开奖情况	出 6 保 5
出 6	中 1 注对 5 个号
出 5	中 5 注对 4 个号
出 4	中 25 注对 3 个号

4. 16 个号码的中 6 保 5 型旋转矩阵公式（224 注）

表 7-20 双色球 16—6—5—224 型旋转矩阵公式

系统序号	1	2	3	4	5	6	7	8	9	10	11	12	13	14	15	16
备选号码																
出现次数	90	86	85	85	85	84	84	84	84	83	83	83	82	82	82	82

注号	旋转矩阵系统序号						备选号码				
1	1	2	3	4	5	10					
2	1	2	3	6	13	15					
3	1	2	3	8	9	15					
4	1	2	3	12	15	16					
5	1	2	3	8	10	11					
6	1	2	3	10	13	14					
7	1	2	3	6	7	11					

续表

注号	旋转矩阵系统序号						备选号码				
8	1	2	3	6	8	12					
9	1	2	3	7	9	16					
10	1	2	4	8	10	15					
11	1	2	4	7	14	15					
12	1	2	4	10	11	16					
13	1	2	4	7	9	10					
14	1	2	4	6	11	12					
15	1	2	4	6	13	14					
16	1	2	4	8	13	16					
17	1	2	4	9	12	14					
18	1	2	5	11	14	15					
19	1	2	5	6	9	15					
20	1	2	9	12	13	15					
21	1	2	5	6	10	16					
22	1	2	5	7	10	12					
23	1	2	5	9	11	13					
24	1	2	5	7	8	12					
25	1	2	5	7	12	13					
26	1	2	5	8	14	16					
27	1	2	6	8	11	16					
28	1	3	4	11	14	15					
29	1	3	4	6	9	15					
30	1	3	4	6	10	16					
31	1	3	4	7	10	12					
32	1	3	4	9	11	13					
33	1	3	4	7	8	12					
34	1	3	4	7	12	13					
35	1	3	4	8	14	16					
36	1	3	5	8	10	15					
37	1	3	5	7	14	15					
38	1	3	9	12	13	15					

注号	旋转矩阵系统序号						备选号码					
39	1	3	5	10	11	16						
40	1	3	5	7	9	10						
41	1	3	5	6	11	12						
42	1	3	5	6	13	14						
43	1	3	5	8	13	16						
44	1	3	5	9	12	14						
45	1	3	6	8	11	16						
46	1	4	5	6	13	15						
47	1	4	5	8	9	15						
48	1	4	5	12	15	16						
49	1	4	9	12	13	15						
50	1	4	5	8	10	11						
51	1	4	5	10	13	14						
52	1	4	5	6	7	11						
53	1	4	5	6	8	12						
54	1	4	5	7	9	16						
55	1	4	6	8	11	16						
56	1	5	9	12	13	15						
57	1	6	10	11	13	15						
58	1	7	9	10	11	15						
59	1	6	10	12	14	15						
60	1	7	10	13	15	16						
61	1	9	10	14	15	16						
62	1	7	8	11	12	15						
63	1	7	8	11	13	15						
64	1	8	11	13	15	16						
65	1	9	11	14	15	16						
66	1	6	7	8	15	16						
67	1	6	7	9	12	15						
68	1	6	8	14	15	16						
69	1	8	12	13	14	15						

续表

注号	旋转矩阵系统序号						备选号码				
70	1	5	6	8	11	16					
71	1	6	7	10	11	14					
72	1	6	9	10	11	12					
73	1	8	9	10	11	14					
74	1	10	11	12	13	16					
75	1	10	11	12	14	16					
76	1	6	7	8	10	14					
77	1	6	7	10	12	13					
78	1	6	7	9	10	14					
79	1	6	8	9	10	13					
80	1	7	8	10	13	16					
81	1	8	9	10	12	16					
82	1	6	8	9	11	14					
83	1	7	8	9	11	14					
84	1	7	9	11	12	16					
85	1	7	11	13	14	16					
86	1	8	11	12	13	14					
87	1	6	7	8	9	13					
88	1	6	7	12	14	16					
89	1	6	9	12	13	16					
90	1	7	9	13	14	16					
91	2	3	4	5	9	15					
92	2	3	4	5	11	16					
93	2	3	4	5	6	8					
94	2	3	4	5	7	14					
95	2	3	6	7	10	15					
96	2	3	8	10	15	16					
97	2	3	6	8	11	15					
98	2	3	9	11	14	15					
99	2	3	6	12	13	15					
100	2	3	7	9	15	16					

续表

注号	旋转矩阵系统序号						备选号码				
101	2	3	5	9	12	13					
102	2	3	7	10	11	13					
103	2	3	10	11	14	16					
104	2	3	6	9	10	13					
105	2	3	7	9	10	12					
106	2	3	8	10	12	14					
107	2	3	7	11	12	14					
108	2	3	8	9	11	12					
109	2	3	11	12	13	16					
110	2	3	6	9	14	16					
111	2	3	7	8	13	14					
112	2	3	7	8	13	16					
113	2	4	9	10	11	15					
114	2	4	6	10	14	15					
115	2	4	7	11	13	15					
116	2	4	6	9	15	16					
117	2	4	7	12	14	15					
118	2	4	8	12	15	16					
119	2	4	6	10	11	12					
120	2	4	6	7	8	10					
121	2	4	7	10	14	16					
122	2	4	8	10	12	13					
123	2	4	9	10	13	16					
124	2	4	6	11	13	14					
125	2	4	7	8	9	11					
126	2	4	8	11	14	16					
127	2	4	6	7	8	9					
128	2	4	6	7	12	16					
129	2	4	8	9	13	14					
130	2	4	9	12	13	14					
131	2	5	10	11	12	15					

续表

注号	旋转矩阵系统序号						备选号码				
132	2	5	10	13	14	15					
133	2	5	7	11	15	16					
134	2	5	6	8	13	15					
135	2	5	7	8	12	15					
136	2	5	8	9	14	15					
137	2	5	13	14	15	16					
138	2	5	8	10	11	13					
139	2	5	6	10	12	16					
140	2	5	7	9	10	14					
141	2	5	8	9	10	16					
142	2	5	6	7	11	14					
143	2	5	6	9	11	13					
144	2	5	9	11	12	16					
145	2	5	6	7	13	16					
146	2	5	6	8	12	14					
147	2	5	6	9	12	14					
148	2	5	7	9	12	13					
149	2	5	12	13	14	16					
150	3	4	10	11	12	15					
151	3	4	10	13	14	15					
152	3	4	7	11	15	16					
153	3	4	6	8	13	15					
154	3	4	7	8	12	15					
155	3	4	8	9	14	15					
156	3	4	13	14	15	16					
157	3	4	8	10	11	13					
158	3	4	6	10	12	16					
159	3	4	7	9	10	14					
160	3	4	8	9	10	16					
161	3	4	6	7	11	14					
162	3	4	6	9	11	13					

注号	旋转矩阵系统序号						备选号码					
163	3	4	9	11	12	16						
164	3	4	6	7	13	16						
165	3	4	6	8	12	14						
166	3	4	6	9	12	14						
167	3	4	7	9	12	13						
168	3	4	12	13	14	16						
169	3	5	9	10	11	15						
170	3	5	6	10	14	15						
171	3	5	7	11	13	15						
172	3	5	6	9	15	16						
173	3	5	7	12	14	15						
174	3	5	8	12	15	16						
175	3	5	6	10	11	12						
176	3	5	6	7	8	10						
177	3	5	7	10	14	16						
178	3	5	8	10	12	13						
179	3	5	9	10	13	16						
180	3	5	6	11	13	14						
181	3	5	7	8	9	11						
182	3	5	8	11	14	16						
183	3	5	6	7	8	9						
184	3	5	6	7	12	16						
185	3	5	8	9	13	14						
186	4	5	6	7	10	15						
187	4	5	8	10	15	16						
188	4	5	6	8	11	15						
189	4	5	9	11	14	15						
190	4	5	6	12	13	15						
191	4	5	7	9	15	16						
192	4	5	7	10	11	13						
193	4	5	10	11	14	16						

注号	旋转矩阵系统序号						备选号码					
194	4	5	6	9	10	13						
195	4	5	7	9	10	12						
196	4	5	8	10	12	14						
197	4	5	7	11	12	14						
198	4	5	8	9	11	12						
199	4	5	11	12	13	16						
200	4	5	6	9	14	16						
201	4	5	7	8	13	14						
202	4	5	7	8	13	16						
203	6	10	11	13	15	16						
204	7	8	10	11	14	15						
205	6	8	9	10	12	15						
206	7	8	9	10	13	15						
207	7	10	12	13	15	16						
208	9	10	12	14	15	16						
209	6	7	9	11	12	15						
210	6	11	12	14	15	16						
211	8	11	12	13	14	15						
212	8	9	11	13	15	16						
213	6	7	8	14	15	16						
214	6	7	9	13	14	15						
215	6	7	9	10	11	16						
216	6	8	9	10	11	14						
217	7	8	10	11	12	16						
218	9	10	11	12	13	14						
219	6	7	10	12	13	14						
220	6	8	10	13	14	16						
221	6	7	8	11	12	13						
222	7	9	11	13	14	16						
223	6	8	9	12	13	16						
224	7	8	9	12	14	16						

5. 17 个号码的中 6 保 5 型旋转矩阵公式（338 注）

表 7-21　双色球 17—6—5—338 型旋转矩阵公式

系统序号	1	2	3	4	5	6	7	8	9	10	11	12	13	14	15	16	17
备选号码																	
出现次数	124	124	122	122	121	120	120	120	120	120	119	119	118	115	115	115	114

注号	旋转矩阵系统序号						备选号码				
1	3	6	10	13	16	17					
2	3	6	9	10	14	16					
3	3	6	9	10	15	17					
4	1	3	4	5	6	10					
5	1	3	4	6	9	10					
6	1	2	3	6	10	12					
7	3	6	7	8	10	11					
8	2	3	6	7	10	12					
9	3	6	10	13	14	15					
10	3	4	6	8	10	11					
11	3	6	8	9	10	11					
12	1	6	7	10	16	17					
13	5	6	10	11	16	17					
14	1	6	10	11	15	16					
15	5	6	8	10	14	16					
16	6	10	12	13	14	16					
17	2	4	6	10	15	16					
18	6	8	10	12	15	16					
19	1	6	10	11	14	17					
20	2	4	6	10	14	17					
21	6	8	10	12	14	17					
22	5	6	8	10	15	17					
23	6	10	12	13	15	17					
24	1	6	7	10	14	15					
25	1	4	6	7	10	12					

注号	旋转矩阵系统序号						备选号码					
26	1	4	6	8	10	13						
27	1	5	6	9	10	12						
28	1	2	6	8	10	13						
29	4	6	7	8	10	11						
30	4	5	6	7	10	13						
31	4	6	7	9	10	13						
32	2	6	7	8	10	11						
33	6	7	10	11	12	13						
34	2	5	6	7	9	10						
35	5	6	10	11	14	15						
36	2	4	5	6	10	12						
37	5	6	8	10	11	13						
38	2	6	9	10	11	13						
39	3	6	9	11	16	17						
40	2	3	5	6	16	17						
41	1	3	6	8	14	16						
42	3	5	6	7	15	16						
43	2	3	6	11	14	16						
44	3	4	6	12	15	16						
45	1	3	6	8	15	17						
46	3	5	6	7	14	17						
47	3	4	6	12	14	17						
48	2	3	6	11	15	17						
49	1	3	4	6	7	13						
50	1	3	6	7	11	12						
51	1	2	3	6	7	8						
52	1	3	6	7	9	12						
53	1	3	5	6	11	12						
54	1	3	6	8	11	12						
55	1	3	6	11	12	13						
56	1	2	3	6	12	13						

注号	旋转矩阵系统序号						备选号码					
57	3	4	6	7	8	9						
58	2	3	6	7	8	13						
59	3	6	9	11	14	15						
60	2	3	5	6	14	15						
61	3	4	5	6	11	13						
62	2	3	4	6	9	13						
63	3	5	6	8	12	13						
64	2	3	5	6	8	9						
65	3	5	6	9	12	13						
66	2	3	6	8	9	12						
67	1	6	7	12	16	17						
68	6	8	14	15	16	17						
69	4	5	6	8	16	17						
70	4	6	8	13	16	17						
71	2	6	9	12	16	17						
72	1	4	6	11	14	16						
73	1	2	6	8	14	16						
74	1	2	4	6	15	16						
75	1	5	6	13	15	16						
76	1	6	8	9	13	16						
77	2	4	6	7	14	16						
78	6	7	11	13	14	16						
79	5	6	7	12	14	16						
80	6	7	8	9	15	16						
81	6	7	9	13	15	16						
82	4	5	6	9	14	16						
83	6	8	11	12	15	16						
84	2	5	6	13	15	16						
85	4	6	9	11	12	16						
86	1	2	4	6	14	17						
87	1	5	6	13	14	17						

续表

注号	旋转矩阵系统序号						备选号码					
88	1	4	6	11	15	17						
89	1	2	6	8	15	17						
90	1	6	8	9	13	17						
91	6	7	8	9	14	17						
92	6	7	9	13	14	17						
93	2	4	6	7	15	17						
94	6	7	11	13	15	17						
95	5	6	7	12	15	17						
96	6	8	11	12	14	17						
97	2	5	6	13	14	17						
98	4	5	6	9	15	17						
99	4	6	9	11	12	17						
100	1	6	7	12	14	15						
101	1	5	6	7	8	11						
102	1	2	6	7	9	11						
103	1	2	5	6	7	12						
104	1	6	8	9	13	14						
105	1	6	8	9	13	15						
106	1	2	4	6	11	12						
107	1	4	5	6	12	13						
108	1	2	5	6	9	11						
109	2	4	5	6	7	11						
110	4	6	7	8	9	12						
111	5	6	7	9	11	13						
112	2	6	7	8	12	13						
113	4	5	6	8	14	15						
114	4	6	8	13	14	15						
115	2	6	9	12	14	15						
116	4	6	9	11	12	14						
117	4	6	9	11	12	15						
118	2	4	6	8	9	11						

注号	旋转矩阵系统序号						备选号码				
119	2	4	6	11	12	13					
120	2	5	6	8	11	12					
121	3	10	14	15	16	17					
122	2	3	8	10	16	17					
123	3	9	10	13	16	17					
124	3	4	7	10	14	16					
125	3	10	11	12	14	16					
126	3	5	10	12	15	16					
127	2	3	10	12	15	16					
128	3	4	7	10	15	17					
129	3	5	10	12	14	17					
130	2	3	10	12	14	17					
131	3	10	11	12	15	17					
132	1	2	3	7	10	11					
133	1	2	3	7	10	12					
134	1	3	7	9	10	13					
135	1	3	4	5	8	10					
136	1	2	3	4	10	13					
137	1	2	3	10	11	12					
138	1	3	9	10	11	13					
139	1	3	8	9	10	12					
140	3	5	7	10	11	13					
141	3	5	7	8	9	10					
142	2	3	8	10	14	15					
143	3	9	10	13	14	15					
144	3	4	5	9	10	11					
145	2	3	4	9	10	11					
146	2	3	4	5	9	10					
147	3	4	8	10	12	13					
148	2	3	5	10	11	13					
149	1	8	10	11	16	17					

续表

注号	旋转矩阵系统序号						备选号码					
150	1	2	5	10	16	17						
151	7	9	10	12	16	17						
152	2	7	10	13	16	17						
153	4	5	10	12	16	17						
154	4	9	10	12	16	17						
155	2	8	9	10	16	17						
156	1	7	8	10	15	16						
157	1	5	10	11	14	16						
158	1	10	12	13	14	16						
159	1	2	9	10	14	16						
160	1	4	10	13	15	16						
161	2	5	7	10	14	16						
162	7	8	10	13	14	16						
163	7	9	10	11	15	16						
164	4	8	9	10	14	16						
165	2	10	11	12	14	16						
166	4	10	11	13	15	16						
167	5	8	10	13	15	16						
168	5	9	10	13	15	16						
169	1	7	8	10	14	17						
170	1	4	10	13	14	17						
171	1	5	10	11	15	17						
172	1	10	12	13	15	17						
173	1	2	9	10	15	17						
174	7	9	10	11	14	17						
175	2	5	7	10	15	17						
176	7	8	10	13	15	17						
177	4	10	11	13	14	17						
178	5	8	10	13	14	17						
179	5	9	10	13	14	17						
180	4	8	9	10	15	17						

续表

注号	旋转矩阵系统序号						备选号码				
181	2	10	11	12	15	17					
182	1	4	7	10	11	12					
183	1	2	4	7	10	11					
184	1	5	7	8	9	10					
185	1	5	7	10	12	13					
186	1	4	9	10	14	15					
187	1	8	10	11	14	15					
188	1	2	5	10	14	15					
189	1	4	5	10	11	12					
190	7	9	10	12	14	15					
191	2	7	10	13	14	15					
192	4	5	7	8	9	10					
193	2	4	7	8	10	12					
194	5	7	8	10	11	12					
195	4	5	10	12	14	15					
196	2	8	9	10	14	15					
197	2	4	5	8	10	11					
198	2	4	5	8	10	13					
199	2	4	9	10	12	13					
200	5	8	9	10	11	12					
201	8	9	10	11	12	13					
202	2	5	8	10	12	13					
203	1	3	5	7	16	17					
204	1	3	4	12	16	17					
205	1	3	5	9	16	17					
206	3	4	7	11	16	17					
207	3	7	8	12	16	17					
208	2	3	5	12	16	17					
209	1	3	5	13	14	16					
210	1	3	8	13	14	16					
211	1	3	4	11	15	16					

续表

注号	旋转矩阵系统序号						备选号码				
212	1	2	3	9	15	16					
213	2	3	7	9	14	16					
214	3	7	12	13	15	16					
215	3	4	5	13	14	16					
216	3	4	9	12	14	16					
217	3	5	8	11	14	16					
218	3	9	11	13	14	16					
219	2	3	12	13	14	16					
220	3	4	8	9	15	16					
221	2	3	4	8	15	16					
222	3	8	11	13	15	16					
223	1	3	4	11	14	17					
224	1	2	3	9	14	17					
225	1	3	5	13	15	17					
226	1	3	8	13	15	17					
227	3	7	12	13	14	17					
228	2	3	7	9	15	17					
229	3	4	8	9	14	17					
230	2	3	4	8	14	17					
231	3	8	11	13	14	17					
232	3	4	5	13	15	17					
233	3	4	9	12	15	17					
234	3	5	8	11	15	17					
235	3	9	11	13	15	17					
236	2	3	12	13	15	17					
237	1	3	5	7	14	15					
238	1	2	3	4	5	7					
239	1	3	7	8	9	11					
240	1	3	4	12	14	15					
241	1	3	5	9	14	15					
242	1	3	4	11	12	13					

注号	旋转矩阵系统序号						备选号码					
243	1	3	4	9	12	13						
244	1	2	3	5	8	11						
245	1	2	3	5	8	13						
246	3	4	7	11	14	15						
247	3	7	8	12	14	15						
248	3	4	5	7	8	12						
249	3	4	7	8	9	13						
250	2	3	4	7	8	13						
251	2	3	4	7	9	12						
252	3	5	7	9	11	12						
253	2	3	5	7	11	13						
254	2	3	5	12	14	15						
255	2	3	4	5	11	12						
256	2	3	8	9	11	12						
257	2	3	5	8	9	13						
258	1	4	7	8	16	17						
259	1	9	14	15	16	17						
260	1	4	9	11	16	17						
261	1	2	11	13	16	17						
262	7	11	14	15	16	17						
263	2	4	7	9	16	17						
264	2	7	8	11	16	17						
265	5	7	8	13	16	17						
266	5	7	9	13	16	17						
267	2	12	14	15	16	17						
268	4	5	13	14	16	17						
269	2	4	11	13	16	17						
270	5	11	12	13	16	17						
271	8	9	12	13	16	17						
272	1	7	11	13	14	16						
273	1	7	9	12	14	16						

注号	旋转矩阵系统序号						备选号码					
274	1	2	7	13	15	16						
275	1	4	5	7	9	16						
276	1	2	4	5	14	16						
277	1	9	11	12	15	16						
278	1	5	8	12	15	16						
279	1	2	4	8	12	16						
280	2	5	7	8	14	16						
281	4	5	7	11	15	16						
282	4	7	12	13	15	16						
283	2	7	11	12	15	16						
284	4	8	11	12	14	16						
285	2	4	9	13	14	16						
286	5	8	9	11	14	16						
287	5	8	9	12	14	16						
288	2	5	11	13	15	16						
289	2	5	9	11	15	16						
290	2	8	11	13	15	16						
291	2	5	9	12	15	16						
292	1	2	7	13	14	17						
293	1	7	11	13	15	17						
294	1	7	9	12	15	17						
295	1	4	5	7	9	17						
296	1	9	11	12	14	17						
297	1	5	8	12	14	17						
298	1	2	4	5	15	17						
299	1	2	4	8	12	17						
300	4	5	7	11	14	17						
301	4	7	12	13	14	17						
302	2	7	11	12	14	17						
303	2	5	7	8	15	17						
304	2	5	9	11	14	17						

注号	旋转矩阵系统序号						备选号码					
305	2	8	11	13	14	17						
306	2	5	9	12	14	17						
307	4	8	11	12	15	17						
308	2	4	9	13	15	17						
309	5	8	9	11	15	17						
310	5	8	9	12	15	17						
311	1	4	5	7	14	15						
312	1	4	7	8	14	15						
313	1	4	5	7	9	14						
314	1	4	5	7	9	15						
315	1	2	5	7	11	12						
316	1	7	8	11	12	13						
317	1	2	7	8	9	13						
318	1	2	11	13	14	15						
319	1	2	4	8	12	14						
320	1	2	4	8	12	15						
321	1	4	5	8	11	13						
322	1	4	5	9	11	13						
323	1	2	4	8	9	11						
324	1	2	4	5	8	9						
325	1	2	5	9	12	13						
326	4	7	9	11	14	15						
327	2	4	7	9	14	15						
328	2	7	8	11	14	15						
329	5	7	8	13	14	15						
330	5	7	9	13	14	15						
331	4	7	8	9	11	13						
332	2	4	5	7	12	13						
333	2	7	8	9	11	12						
334	2	7	9	11	12	13						
335	2	4	11	13	14	15						

续表

注号	旋转矩阵系统序号						备选号码					
336	5	11	12	13	14	15						
337	8	9	12	13	14	15						
338	4	5	8	9	12	13						

6. 18个号码的中6保5型旋转矩阵公式（484注）

表7-22　双色球18—6—5—484型旋转矩阵公式

系统序号	1	2	3	4	5	6	7	8	9	10	11	12	13	14	15	16	17	18
备选号码																		
出现次数	168	167	165	165	164	164	163	163	163	162	162	162	162	161	154	154	153	152

注号	旋转矩阵系统序号						备选号码					
1	1	2	5	8	10	12						
2	1	2	4	8	10	15						
3	1	2	4	8	10	17						
4	1	2	4	8	10	18						
5	1	2	4	8	10	16						
6	1	2	8	9	10	12						
7	1	2	3	5	9	10						
8	1	2	3	10	12	13						
9	1	2	3	10	14							
10	1	2	5	10	15	16						
11	1	2	5	10	17	18						
12	1	2	6	7	10	13						
13	1	2	7	9	10	11						
14	1	2	4	10	11	14						
15	1	2	6	10	11	14						
16	1	2	3	4	8	13						
17	1	2	3	6	8	13						
18	1	2	5	8	9	11						

续表

注号	旋转矩阵系统序号						备选号码					
19	1	2	8	11	12	13						
20	1	2	7	8	11	14						
21	1	2	7	8	12	14						
22	1	2	8	9	15	18						
23	1	2	8	9	16	17						
24	1	2	3	5	6	14						
25	1	2	3	7	15	16						
26	1	2	3	7	17	18						
27	1	2	3	4	9	12						
28	1	2	3	9	11	12						
29	1	2	3	11	15	17						
30	1	2	3	11	16	18						
31	1	2	5	11	12	13						
32	1	2	4	5	7	12						
33	1	2	5	6	7	11						
34	1	2	4	5	9	14						
35	1	2	4	5	15	17						
36	1	2	4	5	16	18						
37	1	2	7	9	13	15						
38	1	2	7	9	13	17						
39	1	2	7	9	13	18						
40	1	2	7	9	13	16						
41	1	2	4	6	11	13						
42	1	2	13	14	15	16						
43	1	2	13	14	17	18						
44	1	2	4	6	7	14						
45	1	2	7	11	15	18						
46	1	2	7	15	16	17						
47	1	2	4	6	9	14						
48	1	2	6	12	15	16						
49	1	2	6	12	17	18						

注号	旋转矩阵系统序号						备选号码					
50	1	2	12	14	15	17						
51	1	2	12	14	16	18						
52	1	3	5	7	8	10						
53	1	3	7	8	10	13						
54	1	3	8	9	10	11						
55	1	5	8	10	14	15						
56	1	5	8	10	14	17						
57	1	5	8	10	14	18						
58	1	5	8	10	14	16						
59	1	6	8	10	12	13						
60	1	3	5	6	10	12						
61	1	3	4	9	10	13						
62	1	3	4	6	10	12						
63	1	3	6	10	15	16						
64	1	3	6	10	17	18						
65	1	3	10	11	12	14						
66	1	4	5	9	10	13						
67	1	4	5	7	10	11						
68	1	5	6	7	10	12						
69	1	4	5	6	10	11						
70	1	6	7	10	13	14						
71	1	10	11	13	15	17						
72	1	10	11	13	16	18						
73	1	9	10	12	13	14						
74	1	4	6	7	10	11						
75	1	7	10	11	12	15						
76	1	7	10	11	12	17						
77	1	7	10	11	12	18						
78	1	7	10	11	12	16						
79	1	7	9	10	15	18						
80	1	7	9	10	16	17						

续表

注号	旋转矩阵系统序号						备选号码					
81	1	4	10	14	15	18						
82	1	4	10	14	16	17						
83	1	4	10	12	15	18						
84	1	4	10	12	16	17						
85	1	6	9	10	15	17						
86	1	6	9	10	16	18						
87	1	3	4	5	8	9						
88	1	3	5	6	8	14						
89	1	3	4	6	8	14						
90	1	3	8	11	15	17						
91	1	3	8	11	16	18						
92	1	3	8	12	15	16						
93	1	3	8	12	17	18						
94	1	3	8	9	15	18						
95	1	3	8	9	16	17						
96	1	5	8	11	13	14						
97	1	4	5	7	8	12						
98	1	5	7	8	15	16						
99	1	5	7	8	17	18						
100	1	4	5	6	8	12						
101	1	4	7	8	11	13						
102	1	4	8	13	15	18						
103	1	4	8	13	16	17						
104	1	6	8	9	11	13						
105	1	8	9	12	13	14						
106	1	8	13	14	15	17						
107	1	8	13	14	16	18						
108	1	4	7	8	9	14						
109	1	6	7	9	9	14						
110	1	6	7	8	15	17						
111	1	6	7	8	16	18						

注号	旋转矩阵系统序号						备选号码					
112	1	4	6	8	9	12						
113	1	4	8	11	12	14						
114	1	6	8	9	11	12						
115	1	6	8	11	15	18						
116	1	6	8	11	16	17						
117	1	3	5	7	11	13						
118	1	3	5	13	15	18						
119	1	3	5	13	16	17						
120	1	3	4	5	7	14						
121	1	3	5	6	7	11						
122	1	3	4	5	11	12						
123	1	3	5	11	15	16						
124	1	3	5	11	17	18						
125	1	3	4	11	13	14						
126	1	3	6	13	15	18						
127	1	3	6	13	16	17						
128	1	3	9	11	12	13						
129	1	3	9	12	13	14						
130	1	3	4	7	15	17						
131	1	3	4	7	16	18						
132	1	3	6	7	9	11						
133	1	3	6	7	9	12						
134	1	3	7	14	15	17						
135	1	3	7	14	16	18						
136	1	3	4	6	15	18						
137	1	3	4	6	16	17						
138	1	3	9	14	15	16						
139	1	3	9	14	17	18						
140	1	4	5	7	13	14						
141	1	5	6	9	13	15						
142	1	5	6	9	13	17						

续表

注号	旋转矩阵系统序号						备选号码				
143	1	5	6	9	13	18					
144	1	5	6	9	13	16					
145	1	5	7	9	11	14					
146	1	4	5	6	11	14					
147	1	5	12	14	15	18					
148	1	5	12	14	16	17					
149	1	5	9	12	15	17					
150	1	5	9	12	16	18					
151	1	7	12	13	15	18					
152	1	7	12	13	16	17					
153	1	4	6	11	12	13					
154	1	4	6	13	15	16					
155	1	4	6	13	17	18					
156	1	4	12	13	15	16					
157	1	4	12	13	17	18					
158	1	4	7	9	12	14					
159	1	7	11	14	15	16					
160	1	7	11	14	17	18					
161	1	4	11	12	16	17					
162	1	4	9	11	15	16					
163	1	4	9	11	17	18					
164	1	4	15	16	17	18					
165	1	6	12	14	15	17					
166	1	6	12	14	16	18					
167	1	9	11	14	15	18					
168	1	9	11	14	16	17					
169	2	3	7	9	10						
170	2	3	6	8	10	11					
171	2	5	7	8	9	10					
172	2	4	5	8	10	11					
173	2	7	8	10	11	13					

续表

注号	旋转矩阵系统序号						备选号码					
174	2	8	10	12	13	14						
175	2	7	8	9	10	14						
176	2	8	10	11	15	16						
177	2	8	10	11	17	18						
178	2	3	5	7	10	14						
179	2	3	5	9	10	11						
180	2	3	10	13	15	18						
181	2	3	10	13	16	17						
182	2	3	4	7	10	12						
183	2	3	4	6	10	14						
184	2	3	10	11	12	14						
185	2	4	5	10	13	14						
186	2	4	5	7	10	12						
187	2	5	6	10	15	17						
188	2	5	6	10	16	18						
189	2	5	9	10	11	12						
190	2	5	10	14	15	18						
191	2	5	10	14	16	17						
192	2	4	7	10	12	13						
193	2	4	10	12	13	14						
194	2	6	9	10	13	14						
195	2	10	11	13	15	18						
196	2	10	11	13	16	17						
197	2	6	7	10	15	18						
198	2	6	7	10	16	17						
199	2	7	10	14	15	17						
200	2	7	10	14	16	18						
201	2	4	6	9	10	12						
202	2	4	9	10	15	17						
203	2	4	9	10	16	18						
204	2	6	10	12	15	17						

注号	旋转矩阵系统序号						备选号码				
205	2	6	10	12	16	18					
206	2	3	5	7	8	13					
207	2	3	5	8	15	16					
208	2	3	5	8	17	18					
209	2	3	8	9	12	13					
210	2	3	4	6	8	12					
211	2	3	8	9	11	12					
212	2	3	8	14	15	18					
213	2	3	8	14	16	17					
214	2	5	8	13	15	16					
215	2	5	8	13	17	18					
216	2	4	5	8	12	14					
217	2	5	6	8	9	12					
218	2	5	6	8	15	18					
219	2	5	6	8	16	17					
220	2	4	8	11	13	14					
221	2	6	8	13	15	17					
222	2	6	8	13	16	18					
223	2	8	9	11	13	14					
224	2	4	6	7	8	9					
225	2	4	7	8	12	14					
226	2	6	7	8	11	12					
227	2	7	8	12	15	18					
228	2	7	8	12	16	17					
229	2	4	8	9	15	17					
230	2	4	8	9	16	18					
231	2	6	8	14	15	16					
232	2	6	8	14	17	18					
233	2	3	4	5	9	13					
234	2	3	5	6	11	13					
235	2	3	5	6	7	12					

续表

注号	旋转矩阵系统序号						备选号码					
236	2	3	5	6	9	14						
237	2	3	5	12	15	18						
238	2	3	5	12	16	17						
239	2	3	6	7	13	14						
240	2	3	9	11	13	14						
241	2	3	12	13	15	17						
242	2	3	12	13	16	18						
243	2	3	4	7	11	15						
244	2	3	4	7	11	17						
245	2	3	4	7	11	18						
246	2	3	4	7	11	16						
247	2	3	6	7	12	14						
248	2	3	4	14	15	16						
249	2	3	4	14	17	18						
250	2	3	6	9	15	17						
251	2	3	6	9	16	18						
252	2	3	9	11	15	16						
253	2	5	6	7	12	13						
254	2	4	5	6	12	13						
255	2	5	6	12	13	14						
256	2	5	9	13	15	16						
257	2	5	9	13	17	18						
258	2	5	7	11	15	17						
259	2	5	7	11	16	17						
260	2	5	7	11	16	18						
261	2	5	7	14	15	16						
262	2	5	7	14	17	18						
263	2	4	5	6	9	11						
264	2	5	11	14	15	17						
265	2	5	11	14	16	18						
266	2	4	7	13	15	18						

注号	旋转矩阵系统序号						备选号码					
267	2	4	7	13	16	17						
268	2	7	11	12	13	14						
269	2	4	6	13	15	16						
270	2	4	6	13	17	18						
271	2	4	9	11	12	13						
272	2	6	9	11	12	13						
273	2	4	7	9	11	14						
274	2	6	7	11	12	14						
275	2	7	9	12	15	16						
276	2	7	9	12	17	18						
277	2	4	6	14	15	18						
278	2	4	6	14	16	17						
279	2	4	11	12	15	16						
280	2	4	11	12	17	18						
281	2	6	9	11	15	16						
282	2	6	9	11	17	18						
283	2	9	12	14	15	18						
284	2	9	12	14	16	17						
285	3	5	6	8	9	10						
286	3	4	6	8	10	13						
287	3	8	10	14	15	17						
288	3	8	10	14	16	18						
289	3	8	10	12	15	17						
290	3	8	10	12	16	18						
291	4	5	8	9	10	13						
292	5	6	8	10	13	14						
293	5	7	8	9	10	12						
294	4	5	6	8	10	12						
295	5	8	10	11	15	18						
296	5	8	10	11	16	17						
297	6	7	8	10	12	13						

续表

注号	旋转矩阵系统序号						备选号码					
298	4	8	10	11	13	14						
299	6	8	10	11	12	13						
300	8	9	10	13	15	16						
301	8	9	10	13	17	18						
302	4	7	8	10	15	16						
303	4	7	8	10	17	18						
304	6	7	8	10	11	14						
305	4	8	9	10	11	12						
306	4	8	9	10	12	14						
307	6	8	9	10	15	18						
308	6	8	9	10	16	17						
309	8	10	15	16	17	18						
310	3	5	6	10	11	13						
311	3	5	9	10	13	14						
312	3	4	5	10	15	17						
313	3	4	5	10	16	18						
314	3	5	10	11	12	14						
315	3	6	7	10	12	13						
316	3	6	7	9	10	13						
317	3	4	10	11	12	13						
318	3	6	9	10	11	13						
319	3	10	13	14	15	18						
320	3	10	13	14	16	17						
321	3	4	6	7	10	14						
322	3	4	7	9	10	12						
323	3	7	10	11	15	18						
324	3	7	10	11	16	17						
325	3	4	6	9	10	14						
326	3	4	10	11	15	17						
327	3	4	10	11	16	18						
328	3	9	10	12	15	16						

注号	旋转矩阵系统序号						备选号码					
329	3	9	10	12	17	18						
330	5	7	10	11	13	14						
331	5	7	10	13	15	17						
332	5	7	10	13	16	18						
333	5	10	12	13	15	16						
334	5	10	12	13	17	18						
335	4	5	7	9	10	14						
336	5	6	7	10	15	18						
337	5	6	7	10	16	17						
338	4	5	10	11	12	14						
339	5	6	9	10	12	14						
340	5	6	10	14	15	16						
341	5	6	10	14	17	18						
342	5	9	10	11	15	16						
343	5	9	10	11	17	18						
344	4	7	10	13	15	16						
345	4	7	10	13	17	18						
346	7	9	10	11	13	14						
347	4	6	10	13	15	17						
348	4	6	10	13	16	18						
349	9	10	12	13	15	18						
350	9	10	12	13	16	17						
351	6	7	9	10	11	12						
352	7	10	12	14	15	17						
353	7	10	12	14	16	18						
354	4	6	10	11	15	17						
355	4	6	10	11	16	18						
356	6	10	12	14	15	16						
357	6	10	12	14	17	18						
358	9	10	11	14	15	16						
359	9	10	11	14	17	18						

续表

注号	旋转矩阵系统序号						备选号码					
360	3	4	5	8	13	14						
361	3	5	8	12	13	15						
362	3	5	8	12	13	17						
363	3	5	8	12	13	18						
364	3	5	8	12	13	16						
365	3	5	7	8	11	14						
366	3	5	6	8	9	11						
367	3	4	7	8	13	14						
368	3	6	8	12	13	14						
369	3	6	8	9	13	14						
370	3	8	11	13	15	16						
371	3	8	11	13	17	18						
372	3	4	7	8	11	12						
373	3	6	7	8	15	17						
374	3	6	7	8	16	18						
375	3	7	8	9	12	14						
376	3	4	8	9	11	14						
377	3	4	8	9	15	18						
378	3	4	8	9	16	17						
379	5	6	7	8	11	13						
380	5	7	8	9	11	13						
381	4	5	6	8	13	14						
382	4	5	7	8	15	18						
383	4	5	7	8	16	17						
384	5	6	7	8	12	14						
385	4	5	8	11	15	16						
386	4	5	8	11	17	18						
387	5	6	8	9	11	14						
388	5	8	11	12	15	17						
389	5	8	11	12	16	18						
390	5	8	9	14	15	17						

续表

注号	旋转矩阵系统序号						备选号码					
391	5	8	9	14	16	18						
392	4	6	7	8	9	13						
393	7	8	9	11	12	13						
394	7	8	13	14	15	18						
395	7	8	13	14	16	17						
396	4	8	12	13	15	17						
397	4	8	12	13	16	18						
398	7	8	9	11	15	17						
399	7	8	9	11	16	18						
400	7	8	9	12	15	16						
401	7	8	9	12	17	18						
402	4	6	8	11	15	18						
403	4	6	8	11	16	17						
404	4	6	8	14	15	16						
405	4	6	8	14	17	18						
406	6	8	9	12	15	16						
407	6	8	9	12	17	18						
408	8	11	12	14	15	18						
409	8	11	12	14	16	17						
410	3	4	5	6	7	13						
411	3	5	13	14	15	17						
412	3	5	13	14	16	18						
413	3	5	7	12	15	16						
414	3	5	7	12	17	18						
415	3	5	7	9	15	18						
416	3	5	7	9	16	17						
417	3	4	5	6	15	17						
418	3	4	5	6	16	18						
419	3	4	5	9	11	14						
420	3	5	6	9	12	14						
421	3	4	7	9	12	13						

注号	旋转矩阵系统序号						备选号码				
422	3	7	11	12	13	14					
423	3	7	9	13	15	17					
424	3	7	9	13	16	18					
425	3	4	6	13	15	16					
426	3	4	6	13	17	18					
427	3	7	9	14	15	16					
428	3	7	9	14	17	18					
429	3	4	6	9	15	16					
430	3	4	6	9	17	18					
431	3	4	12	14	15	18					
432	3	4	12	14	16	17					
433	3	6	11	14	15	18					
434	3	6	11	14	16	17					
435	3	6	11	12	15	18					
436	3	6	11	12	16	17					
437	3	9	11	12	15	17					
438	3	9	11	12	16	18					
439	3	14	15	16	17	18					
440	4	5	7	11	12	13					
441	5	7	9	12	13	14					
442	4	5	11	13	15	18					
443	4	5	11	13	16	17					
444	5	9	11	13	15	18					
445	5	9	11	13	16	17					
446	4	5	6	7	9	15					
447	4	5	6	7	9	17					
448	4	5	6	7	9	18					
449	4	5	6	7	9	16					
450	5	6	7	14	15	18					
451	5	6	7	14	16	17					
452	5	7	9	11	12	14					

注号	旋转矩阵系统序号					备选号码				
453	4	5	12	14	15	16				
454	4	5	12	14	17	18				
455	4	5	9	12	15	18				
456	4	5	9	12	16	17				
457	5	6	11	12	15	17				
458	5	6	11	12	16	18				
459	5	6	15	16	17	18				
460	4	6	7	12	13	14				
461	6	7	11	13	15	16				
462	6	7	11	13	17	18				
463	7	11	12	13	15	18				
464	4	9	11	13	15	17				
465	4	9	11	13	16	18				
466	4	9	13	14	15	17				
467	4	9	13	14	16	18				
468	6	11	13	14	15	17				
469	6	11	13	14	16	18				
470	6	9	12	13	15	18				
471	6	9	12	13	16	17				
472	11	12	13	14	15	16				
473	11	12	13	14	17	18				
474	9	13	15	16	17	18				
475	4	6	7	12	15	17				
476	4	6	7	12	16	18				
477	4	7	11	14	15	17				
478	4	7	11	14	16	18				
479	4	7	9	11	15	18				
480	4	7	9	11	16	17				
481	6	7	9	14	15	16				
482	6	7	9	14	17	18				
483	4	6	9	11	12	14				
484	11	12	15	16	17	18				

表 7-23　双色球 18 个号码中 6 保 5 型旋转矩阵的最低中奖保证表

开奖情况	出 6 保 5
出 6	中 1 注对 5 个号
出 5	中 7 注对 4 个号
出 4	中 44 注对 3 个号

7. 19 个号码的中 6 保 5 型旋转矩阵公式（684 注）

表 7-24　双色球 19—6—5—684 型旋转矩阵公式

系统序号	1	2	3	4	5	6	7	8	9	10	11	12	13	14	15	16	17	18	19
备选号码																			
出现次数	226	225	224	223	223	222	221	221	219	218	218	218	217	214	214	201	200	200	200

注号	旋转矩阵系统序号						备选号码				
1	5	14	16	17	18	19					
2	4	8	16	17	18	19					
3	9	15	16	17	18	19					
4	6	11	16	17	18	19					
5	1	10	16	17	18	19					
6	2	12	16	17	18	19					
7	3	4	9	14	16	19					
8	4	6	12	14	16	19					
9	7	13	14	15	16	19					
10	7	9	10	14	16	19					
11	3	7	8	14	16	19					
12	1	3	13	14	16	19					
13	6	8	13	14	16	19					
14	5	10	13	14	16	19					
15	3	11	14	15	16	19					
16	2	6	14	15	16	19					
17	5	9	11	14	16	19					
18	1	5	8	14	16	19					

续表

注号	旋转矩阵系统序号						备选号码				
19	2	10	12	14	16	19					
20	1	2	10	14	16	19					
21	4	6	7	9	16	19					
22	4	5	7	9	16	19					
23	1	4	7	9	16	19					
24	4	7	10	11	16	19					
25	4	5	8	13	16	19					
26	4	8	11	13	16	19					
27	2	4	12	13	16	19					
28	2	4	8	15	16	19					
29	1	4	6	15	16	19					
30	4	5	10	15	16	19					
31	4	8	9	10	16	19					
32	3	4	6	12	16	19					
33	2	3	4	5	16	19					
34	4	6	11	12	16	19					
35	1	4	11	12	16	19					
36	3	7	8	13	16	19					
37	7	11	12	13	16	19					
38	2	7	11	13	16	19					
39	3	7	12	15	16	19					
40	5	6	7	15	16	19					
41	1	7	12	15	16	19					
42	2	7	8	9	16	19					
43	2	7	9	10	16	19					
44	6	7	10	12	16	19					
45	1	6	7	11	16	19					
46	9	12	13	15	16	19					
47	2	3	13	15	16	19					

续表

注号	旋转矩阵系统序号						备选号码					
48	8	10	13	15	16	19						
49	3	6	9	13	16	19						
50	3	6	10	13	16	19						
51	1	2	8	13	16	19						
52	1	5	10	13	16	19						
53	6	8	9	15	16	19						
54	2	9	11	15	16	19						
55	1	9	11	15	16	19						
56	3	9	10	11	16	19						
57	2	5	6	9	16	19						
58	1	6	9	12	16	19						
59	3	5	8	12	16	19						
60	1	3	8	10	16	19						
61	3	5	10	11	16	19						
62	2	3	5	12	16	19						
63	1	2	3	5	16	19						
64	2	6	8	11	16	19						
65	5	8	11	12	16	19						
66	2	4	7	14	18	19						
67	3	4	13	14	18	19						
68	4	10	14	15	18	19						
69	4	9	12	14	18	19						
70	3	7	13	14	18	19						
71	6	7	9	14	18	19						
72	5	7	12	14	18	19						
73	1	7	12	14	18	19						
74	2	9	13	14	18	19						
75	8	12	13	14	18	19						
76	1	8	13	14	18	19						

注号	旋转矩阵系统序号						备选号码					
77	5	12	14	15	18	19						
78	2	8	9	14	18	19						
79	1	9	11	14	18	19						
80	3	5	6	14	18	19						
81	2	3	11	14	18	19						
82	8	10	11	14	18	19						
83	6	10	11	14	18	19						
84	4	6	7	13	18	19						
85	4	5	7	13	18	19						
86	4	7	8	12	18	19						
87	3	4	9	15	18	19						
88	4	5	11	15	18	19						
89	1	2	4	15	18	19						
90	1	4	6	9	18	19						
91	1	3	4	5	18	19						
92	3	4	11	12	18	19						
93	2	4	8	10	18	19						
94	2	4	6	10	18	19						
95	1	2	4	10	18	19						
96	1	7	11	13	18	19						
97	1	2	7	13	18	19						
98	7	9	10	15	18	19						
99	7	8	11	15	18	19						
100	2	7	12	15	18	19						
101	3	7	9	11	18	19						
102	1	7	8	9	18	19						
103	3	5	6	7	18	19						
104	6	7	8	11	18	19						
105	6	8	13	15	18	19						

注号	旋转矩阵系统序号						备选号码					
106	6	11	13	15	18	19						
107	5	8	9	13	18	19						
108	5	9	11	13	18	19						
109	1	9	12	13	18	19						
110	3	10	12	13	18	19						
111	2	5	10	13	18	19						
112	2	10	11	13	18	19						
113	3	8	10	15	18	19						
114	1	3	10	15	18	19						
115	6	8	12	15	18	19						
116	1	5	6	15	18	19						
117	2	3	9	10	18	19						
118	2	6	9	12	18	19						
119	5	9	10	12	18	19						
120	2	5	9	11	18	19						
121	9	10	11	12	18	19						
122	2	3	5	8	18	19						
123	1	2	3	6	18	19						
124	1	8	11	12	18	19						
125	1	5	10	12	18	19						
126	4	7	14	15	17	19						
127	4	11	13	14	17	19						
128	1	4	13	14	17	19						
129	2	4	11	14	17	19						
130	1	7	14	15	17	19						
131	6	7	11	14	17	19						
132	2	5	7	14	17	19						
133	7	11	12	14	17	19						
134	5	8	14	15	17	19						

续表

注号	旋转矩阵系统序号						备选号码				
135	3	5	9	14	17	19					
136	6	9	10	14	17	19					
137	3	6	11	14	17	19					
138	3	10	12	14	17	19					
139	2	3	12	14	17	19					
140	1	6	8	14	17	19					
141	3	4	7	10	17	19					
142	1	4	6	7	17	19					
143	4	12	13	15	17	19					
144	4	9	10	13	17	19					
145	2	4	6	13	17	19					
146	2	4	9	15	17	19					
147	1	4	8	15	17	19					
148	4	8	9	11	17	19					
149	3	4	6	8	17	19					
150	2	3	4	8	17	19					
151	3	4	5	10	17	19					
152	4	8	10	12	17	19					
153	4	5	6	12	17	19					
154	7	9	12	13	17	19					
155	7	8	10	13	17	19					
156	1	7	8	13	17	19					
157	3	6	7	15	17	19					
158	6	7	12	15	17	19					
159	5	7	8	9	17	19					
160	2	3	6	7	17	19					
161	1	3	5	7	17	19					
162	1	2	3	7	17	19					
163	5	7	10	11	17	19					

续表

注号	旋转矩阵系统序号						备选号码					
164	9	11	13	15	17	19						
165	3	5	13	15	17	19						
166	1	6	13	15	17	19						
167	2	10	13	15	17	19						
168	2	8	9	13	17	19						
169	3	8	11	13	17	19						
170	5	6	12	13	17	19						
171	3	5	9	15	17	19						
172	2	8	10	15	17	19						
173	6	10	11	15	17	19						
174	2	5	11	15	17	19						
175	10	11	12	15	17	19						
176	3	8	9	12	17	19						
177	1	3	9	12	17	19						
178	1	5	9	10	17	19						
179	1	2	9	11	17	19						
180	1	3	10	11	17	19						
181	5	6	8	10	17	19						
182	2	8	11	12	17	19						
183	1	5	11	12	17	19						
184	1	2	5	12	17	19						
185	1	2	10	12	17	19						
186	1	3	4	10	14	19						
187	4	5	6	8	14	19						
188	8	9	12	14	15	19						
189	1	2	5	6	14	19						
190	2	4	5	7	12	19						
191	2	3	4	11	15	19						
192	1	4	5	8	11	19						

注号	旋转矩阵系统序号						备选号码					
193	1	6	7	8	10	19						
194	2	5	7	8	10	19						
195	1	5	11	13	15	19						
196	1	6	9	10	13	19						
197	2	5	6	11	13	19						
198	3	6	8	9	10	19						
199	5	6	9	11	12	19						
200	1	3	6	11	12	19						
201	3	7	13	16	17	18						
202	4	7	14	15	16	18						
203	4	11	13	14	16	18						
204	1	4	13	14	16	18						
205	2	4	11	14	16	18						
206	1	7	14	15	16	18						
207	6	7	11	14	16	18						
208	2	5	7	14	16	18						
209	7	11	12	14	16	18						
210	5	8	14	15	16	18						
211	3	5	9	14	16	18						
212	6	9	10	14	16	18						
213	3	6	11	14	16	18						
214	3	10	12	14	16	18						
215	2	3	12	14	16	18						
216	1	6	8	14	16	18						
217	3	4	7	10	16	18						
218	1	4	6	7	16	18						
219	4	12	13	15	16	18						
220	4	9	10	13	16	18						
221	2	4	6	13	16	18						

续表

注号	旋转矩阵系统序号						备选号码					
222	2	4	9	15	16	18						
223	1	4	8	15	16	18						
224	4	8	9	11	16	18						
225	3	4	6	8	16	18						
226	2	3	4	8	16	18						
227	3	4	5	10	16	18						
228	4	8	10	12	16	18						
229	4	5	6	12	16	18						
230	7	9	12	13	16	18						
231	7	8	10	13	16	18						
232	1	7	8	13	16	18						
233	3	6	7	15	16	18						
234	6	7	12	15	16	18						
235	5	7	8	9	16	18						
236	2	3	6	7	16	18						
237	1	3	5	7	16	18						
238	1	2	3	7	16	18						
239	5	7	10	11	16	18						
240	9	11	13	15	16	18						
241	3	5	13	15	16	18						
242	1	6	13	15	16	18						
243	2	10	13	15	16	18						
244	2	8	9	13	16	18						
245	3	8	11	13	16	18						
246	5	6	12	13	16	18						
247	3	5	9	15	16	18						
248	2	8	10	15	16	18						
249	6	10	11	15	16	18						
250	2	5	11	15	16	18						

续表

注号	旋转矩阵系统序号						备选号码					
251	10	11	12	15	16	18						
252	3	8	9	12	16	18						
253	1	3	9	12	16	18						
254	1	5	9	10	16	18						
255	1	2	9	11	16	18						
256	1	3	10	11	16	18						
257	5	6	8	10	16	18						
258	2	8	11	12	16	18						
259	1	5	11	12	16	18						
260	1	2	5	12	16	18						
261	1	2	10	12	16	18						
262	2	4	7	14	16	17						
263	3	4	13	14	16	17						
264	4	10	14	15	16	17						
265	4	9	12	14	16	17						
266	3	7	13	14	16	17						
267	6	7	9	14	16	17						
268	5	7	12	14	16	17						
269	1	7	12	14	16	17						
270	2	9	13	14	16	17						
271	8	12	13	14	16	17						
272	1	8	13	14	16	17						
273	5	12	14	15	16	17						
274	2	8	9	14	16	17						
275	1	9	11	14	16	17						
276	3	5	6	14	16	17						
277	2	3	11	14	16	17						
278	8	10	11	14	16	17						
279	6	10	11	14	16	17						

续表

注号	旋转矩阵系统序号						备选号码					
280	4	6	7	13	16	17						
281	4	5	7	13	16	17						
282	4	7	8	12	16	17						
283	3	4	9	15	16	17						
284	4	5	11	15	16	17						
285	1	2	4	15	16	17						
286	1	4	6	9	16	17						
287	1	3	4	5	16	17						
288	3	4	11	12	16	17						
289	2	4	8	10	16	17						
290	2	4	6	10	16	17						
291	1	2	4	10	16	17						
292	1	7	11	13	16	17						
293	1	2	7	13	16	17						
294	7	9	10	15	16	17						
295	7	8	11	15	16	17						
296	2	7	12	15	16	17						
297	3	7	9	11	16	17						
298	1	7	8	9	16	17						
299	3	5	6	7	16	17						
300	6	7	8	11	16	17						
301	6	8	13	15	16	17						
302	6	11	13	15	16	17						
303	5	8	9	13	16	17						
304	5	9	11	13	16	17						
305	1	9	12	13	16	17						
306	3	10	12	13	16	17						
307	2	5	10	13	16	17						
308	2	10	11	13	16	17						

注号	旋转矩阵系统序号						备选号码				
309	3	8	10	15	16	17					
310	1	3	10	15	16	17					
311	6	8	12	15	16	17					
312	1	5	6	15	16	17					
313	2	3	9	10	16	17					
314	2	6	9	12	16	17					
315	5	9	10	12	16	17					
316	2	5	9	11	16	17					
317	9	10	11	12	16	17					
318	2	3	5	8	16	17					
319	1	2	3	6	16	17					
320	1	8	11	12	16	17					
321	1	5	10	12	16	17					
322	1	3	4	10	14	16					
323	4	5	6	8	14	16					
324	8	9	12	14	15	16					
325	1	2	5	6	14	16					
326	2	4	5	7	12	16					
327	2	3	4	11	15	16					
328	1	4	5	8	11	16					
329	1	6	7	8	10	16					
330	2	5	7	8	10	16					
331	1	5	11	13	15	16					
332	1	6	9	10	13	16					
333	2	5	6	11	13	16					
334	3	6	8	9	10	16					
335	5	6	9	11	12	16					
336	1	3	6	11	12	16					
337	3	4	9	14	17	18					

续表

注号	旋转矩阵系统序号						备选号码					
338	4	6	12	14	17	18						
339	7	13	14	15	17	18						
340	7	9	10	14	17	18						
341	3	7	8	14	17	18						
342	1	3	13	14	17	18						
343	6	8	13	14	17	18						
344	5	10	13	14	17	18						
345	3	11	14	15	17	18						
346	2	6	14	15	17	18						
347	5	9	11	14	17	18						
348	1	5	8	14	17	18						
349	2	10	12	14	17	18						
350	1	2	10	14	17	18						
351	4	6	7	9	17	18						
352	4	5	7	9	17	18						
353	1	4	7	9	17	18						
354	4	7	10	11	17	18						
355	4	5	8	13	17	18						
356	4	8	11	13	17	18						
357	2	4	12	13	17	18						
358	2	4	8	15	17	18						
359	1	4	6	15	17	18						
360	4	5	10	15	17	18						
361	4	8	9	10	17	18						
362	3	4	6	12	17	18						
363	2	3	4	5	17	18						
364	4	6	11	12	17	18						
365	1	4	11	12	17	18						
366	7	11	12	13	17	18						

续表

注号	旋转矩阵系统序号						备选号码					
367	2	7	11	13	17	18						
368	3	7	12	15	17	18						
369	5	6	7	15	17	18						
370	1	7	12	15	17	18						
371	2	7	8	9	17	18						
372	2	7	9	10	17	18						
373	6	7	10	12	17	18						
374	1	6	7	11	17	18						
375	9	12	13	15	17	18						
376	2	3	13	15	17	18						
377	8	10	13	15	17	18						
378	3	6	9	13	17	18						
379	3	6	10	13	17	18						
380	1	2	8	13	17	18						
381	1	5	10	13	17	18						
382	6	8	9	15	17	18						
383	2	9	11	15	17	18						
384	1	9	11	15	17	18						
385	3	9	10	11	17	18						
386	2	5	6	9	17	18						
387	1	6	9	12	17	18						
388	3	5	8	12	17	18						
389	1	3	8	10	17	18						
390	3	5	10	11	17	18						
391	2	3	5	12	17	18						
392	1	2	3	5	17	18						
393	2	6	8	11	17	18						
394	5	8	11	12	17	18						
395	1	3	4	10	14	18						

续表

注号	旋转矩阵系统序号						备选号码				
396	4	5	6	8	14	18					
397	8	9	12	14	15	18					
398	1	2	5	6	14	18					
399	2	4	5	7	12	18					
400	2	3	4	11	15	18					
401	1	4	5	8	11	18					
402	1	6	7	8	10	18					
403	2	5	7	8	10	18					
404	1	5	11	13	15	18					
405	1	6	9	10	13	18					
406	2	5	6	11	13	18					
407	3	6	8	9	10	18					
408	5	6	9	11	12	18					
409	1	3	6	11	12	18					
410	1	3	4	10	14	17					
411	4	5	6	8	14	17					
412	8	9	12	14	15	17					
413	1	2	5	6	14	17					
414	2	4	5	7	12	17					
415	2	3	4	11	15	17					
416	1	4	5	8	11	17					
417	1	6	7	8	10	17					
418	2	5	7	8	10	17					
419	1	5	11	13	15	17					
420	1	6	9	10	13	17					
421	2	5	6	11	13	17					
422	3	6	8	9	10	17					
423	5	6	9	11	12	17					
424	1	3	6	11	12	17					

续表

注号	旋转矩阵系统序号						备选号码				
425	4	7	9	13	14	15					
426	4	7	8	9	13	14					
427	4	7	10	12	13	14					
428	4	7	8	9	10	14					
429	4	7	8	9	11	14					
430	3	4	6	7	12	14					
431	3	4	5	7	11	14					
432	1	4	5	7	8	14					
433	4	5	6	7	10	14					
434	1	2	4	7	11	14					
435	3	4	8	13	14	15					
436	3	4	6	13	14	15					
437	2	4	5	13	14	15					
438	4	5	6	9	13	14					
439	4	6	9	10	13	14					
440	2	4	8	10	13	14					
441	1	4	5	12	13	14					
442	4	6	9	11	14	15					
443	1	4	5	9	14	15					
444	3	4	5	12	14	15					
445	4	8	10	11	14	15					
446	2	4	6	12	14	15					
447	1	4	11	12	14	15					
448	1	3	4	8	9	14					
449	2	3	4	6	9	14					
450	1	2	3	4	9	14					
451	2	4	5	9	10	14					
452	2	4	9	10	11	14					
453	3	4	8	11	12	14					

续表

注号	旋转矩阵系统序号						备选号码				
454	1	2	4	8	12	14					
455	1	2	4	6	11	14					
456	4	5	10	11	12	14					
457	6	7	10	13	14	15					
458	1	7	10	13	14	15					
459	1	5	7	9	13	14					
460	7	9	10	11	13	14					
461	5	7	8	11	13	14					
462	2	7	8	12	13	14					
463	1	5	6	7	13	14					
464	2	6	7	12	13	14					
465	2	7	10	12	13	14					
466	2	3	7	9	14	15					
467	5	7	9	11	14	15					
468	3	5	7	10	14	15					
469	2	6	7	8	14	15					
470	7	8	10	12	14	15					
471	2	7	10	11	14	15					
472	3	6	7	9	12	14					
473	1	3	6	7	9	14					
474	1	5	7	9	12	14					
475	2	7	9	11	12	14					
476	1	2	7	9	12	14					
477	3	6	7	8	12	14					
478	1	3	7	8	11	14					
479	3	6	7	10	11	14					
480	2	3	6	7	10	14					
481	1	2	7	8	11	14					
482	1	5	7	10	11	14					

注号	旋转矩阵系统序号						备选号码				
483	3	9	10	13	14	15					
484	5	6	9	13	14	15					
485	1	2	9	13	14	15					
486	3	6	12	13	14	15					
487	3	10	11	13	14	15					
488	2	8	11	13	14	15					
489	1	10	12	13	14	15					
490	2	11	12	13	14	15					
491	3	8	9	10	13	14					
492	3	9	11	12	13	14					
493	6	8	9	11	13	14					
494	6	9	10	12	13	14					
495	2	5	9	12	13	14					
496	3	5	8	10	13	14					
497	2	3	5	8	13	14					
498	2	3	6	10	13	14					
499	3	5	11	12	13	14					
500	1	6	11	12	13	14					
501	1	10	11	12	13	14					
502	1	2	11	12	13	14					
503	1	3	6	9	14	15					
504	2	5	9	10	14	15					
505	1	9	10	11	14	15					
506	2	3	6	8	14	15					
507	1	3	5	8	14	15					
508	3	5	6	10	14	15					
509	2	3	5	10	14	15					
510	1	2	3	12	14	15					
511	1	6	8	10	14	15					

续表

注号	旋转矩阵系统序号						备选号码				
512	1	6	8	11	14	15					
513	1	2	8	11	14	15					
514	5	6	11	12	14	15					
515	1	6	10	12	14	15					
516	2	5	10	11	14	15					
517	1	2	5	10	14	15					
518	3	5	8	9	11	14					
519	1	5	8	9	10	14					
520	1	8	9	10	12	14					
521	2	5	6	9	11	14					
522	2	3	6	8	10	14					
523	1	2	3	8	12	14					
524	1	3	5	11	12	14					
525	5	6	8	10	12	14					
526	2	6	8	11	12	14					
527	2	5	8	11	12	14					
528	1	3	4	7	13	15					
529	2	4	7	8	13	15					
530	4	7	10	11	13	15					
531	2	3	4	7	9	13					
532	4	6	7	9	11	13					
533	3	4	7	8	12	13					
534	3	4	6	7	11	13					
535	2	4	6	7	10	13					
536	1	4	7	10	12	13					
537	3	4	7	8	9	15					
538	4	7	9	11	12	15					
539	3	4	5	7	8	15					
540	4	6	7	8	10	15					

续表

注号	旋转矩阵系统序号						备选号码					
541	2	4	6	7	11	15						
542	1	4	6	7	11	15						
543	1	4	5	7	10	15						
544	2	4	7	10	12	15						
545	3	4	7	9	10	12						
546	2	4	6	7	9	11						
547	2	3	4	7	8	11						
548	1	3	4	7	8	12						
549	3	4	5	7	10	12						
550	1	3	4	5	7	11						
551	1	2	4	6	7	8						
552	4	5	6	7	11	12						
553	1	4	8	9	13	15						
554	4	5	6	9	13	15						
555	3	4	5	10	13	15						
556	4	6	10	12	13	15						
557	1	2	4	10	13	15						
558	1	3	4	8	9	13						
559	3	4	5	9	12	13						
560	1	3	4	9	11	13						
561	4	6	8	9	12	13						
562	1	2	4	5	9	13						
563	2	4	9	11	12	13						
564	2	3	4	8	10	13						
565	1	3	4	5	6	13						
566	3	4	5	10	11	13						
567	1	2	3	4	11	13						
568	1	2	3	4	12	13						
569	4	5	6	8	10	13						

注号	旋转矩阵系统序号						备选号码				
570	1	4	6	8	12	13					
571	4	5	8	10	11	13					
572	1	4	8	10	11	13					
573	1	4	6	10	11	13					
574	4	5	10	11	12	13					
575	4	5	8	9	12	15					
576	2	4	5	8	9	15					
577	4	6	9	10	12	15					
578	1	4	5	9	12	15					
579	1	4	9	10	11	15					
580	3	4	8	11	12	15					
581	2	3	4	5	6	15					
582	3	4	6	10	12	15					
583	1	3	4	10	12	15					
584	2	4	6	8	11	15					
585	3	4	5	8	9	10					
586	3	4	5	6	9	11					
587	2	3	4	9	10	12					
588	1	2	4	6	8	9					
589	1	2	4	8	9	12					
590	4	5	6	9	10	11					
591	1	4	6	9	10	12					
592	3	4	6	8	10	11					
593	1	3	4	5	6	10					
594	1	2	3	4	6	12					
595	2	4	5	6	8	12					
596	1	2	4	5	8	11					
597	2	4	5	10	11	12					
598	3	7	8	9	13	15					

续表

注号	旋转矩阵系统序号						备选号码				
599	1	3	7	9	13	15					
600	2	6	7	9	13	15					
601	2	5	7	9	13	15					
602	3	7	10	11	13	15					
603	5	7	8	12	13	15					
604	5	7	10	12	13	15					
605	3	5	7	9	10	13					
606	6	7	8	9	12	13					
607	7	8	9	11	12	13					
608	1	5	6	7	9	13					
609	1	7	9	11	12	13					
610	3	5	6	7	8	13					
611	2	3	7	8	12	13					
612	1	3	6	7	12	13					
613	2	3	5	7	11	13					
614	1	3	5	7	12	13					
615	1	2	3	7	10	13					
616	1	2	6	7	8	13					
617	5	6	7	10	11	13					
618	3	6	7	9	11	15					
619	1	5	7	8	9	15					
620	1	2	6	7	9	15					
621	2	5	7	9	12	15					
622	1	2	5	7	9	15					
623	2	3	5	7	8	15					
624	1	3	7	8	11	15					
625	2	3	6	7	10	15					
626	3	5	7	11	12	15					
627	1	2	7	8	12	15					

续表

注号	旋转矩阵系统序号						备选号码					
628	1	2	7	10	11	15						
629	2	3	5	7	9	12						
630	1	3	7	9	10	12						
631	2	5	6	7	8	9						
632	7	8	9	10	11	12						
633	1	2	7	8	9	10						
634	5	6	7	9	10	11						
635	1	5	7	9	10	11						
636	1	3	5	7	8	11						
637	3	7	8	10	11	12						
638	1	2	3	5	7	11						
639	2	3	7	10	11	12						
640	1	5	6	7	8	12						
641	1	2	6	7	8	12						
642	2	6	7	10	11	12						
643	1	2	7	10	11	12						
644	3	9	11	12	13	15						
645	5	6	9	10	13	15						
646	1	3	8	12	13	15						
647	3	6	10	11	13	15						
648	6	8	11	12	13	15						
649	2	5	8	12	13	15						
650	1	2	6	12	13	15						
651	1	2	3	5	9	13						
652	2	3	9	11	12	13						
653	1	6	8	9	11	13						
654	2	8	9	10	11	13						
655	2	8	9	10	12	13						
656	1	3	5	6	8	13						

续表

注号	旋转矩阵系统序号						备选号码					
657	2	3	6	8	12	13						
658	6	8	10	11	12	13						
659	2	6	8	10	12	13						
660	1	5	8	10	12	13						
661	2	3	8	9	11	15						
662	1	2	3	8	9	15						
663	2	3	6	9	12	15						
664	3	5	9	10	12	15						
665	1	3	5	9	11	15						
666	5	8	9	10	11	15						
667	1	8	9	10	11	15						
668	1	2	6	9	10	15						
669	1	2	9	10	12	15						
670	3	5	6	8	11	15						
671	1	3	6	8	12	15						
672	2	3	8	10	12	15						
673	1	3	5	6	12	15						
674	1	2	5	6	8	15						
675	1	5	8	10	12	15						
676	2	5	6	10	12	15						
677	1	2	6	11	12	15						
678	1	3	5	6	8	9						
679	1	3	8	9	11	12						
680	2	3	6	9	10	11						
681	1	2	5	8	9	12						
682	1	2	3	8	10	11						
683	2	3	5	6	10	12						
684	1	2	5	6	10	11						

8. 20 个号码的中 6 保 5 型旋转矩阵公式（850 注）

表 7-25　双色球 20—6—5—850 型旋转矩阵公式

系统序号	1	2	3	4	5	6	7	8	9	10	11	12	13	14	15	16	17	18	19	20
备选号码																				
出现次数	265	265	265	264	264	264	264	264	263	263	262	262	262	262	261	261	223	223	222	221

注号	旋转矩阵系统序号						备选号码					
1	12	14	15	16	19	20						
2	1	4	15	16	19	20						
3	2	4	15	16	17	20						
4	1	9	15	16	17	20						
5	2	9	15	16	19	20						
6	5	6	15	16	18	20						
7	5	13	15	16	19	20						
8	6	11	15	16	19	20						
9	11	13	15	16	18	20						
10	3	10	15	16	17	20						
11	3	8	15	16	19	20						
12	7	10	15	16	18	20						
13	7	8	15	16	17	20						
14	4	9	12	15	19	20						
15	2	4	12	15	18	20						
16	1	9	12	15	18	20						
17	1	2	12	15	17	20						
18	5	11	12	15	19	20						
19	5	12	13	15	17	20						
20	6	11	12	15	17	20						
21	6	12	13	15	19	20						
22	3	7	12	15	17	20						
23	3	8	12	15	18	20						

注号	旋转矩阵系统序号						备选号码					
24	7	10	12	15	19	20						
25	8	10	12	15	17	20						
26	4	9	14	15	19	20						
27	1	4	14	15	18	20						
28	2	9	14	15	18	20						
29	1	2	14	15	19	20						
30	5	11	14	15	17	20						
31	5	6	14	15	17	20						
32	11	13	14	15	18	20						
33	6	13	14	15	17	20						
34	3	7	14	15	19	20						
35	3	10	14	15	17	20						
36	7	8	14	15	17	20						
37	8	10	14	15	19	20						
38	4	5	8	15	18	20						
39	4	10	11	15	18	20						
40	4	6	7	15	19	20						
41	3	4	13	15	17	20						
42	5	9	10	15	19	20						
43	8	9	11	15	17	20						
44	3	6	9	15	18	20						
45	7	9	13	15	18	20						
46	1	5	7	15	17	20						
47	1	3	11	15	19	20						
48	1	6	8	15	18	20						
49	1	10	13	15	18	20						
50	2	3	5	15	18	20						
51	2	7	11	15	18	20						
52	2	6	10	15	17	20						

续表

注号	旋转矩阵系统序号						备选号码					
53	2	8	13	15	19	20						
54	2	15	17	18	19	20						
55	4	9	12	16	18	20						
56	1	4	12	16	19	20						
57	2	9	12	16	19	20						
58	1	2	12	16	18	20						
59	5	11	12	16	17	20						
60	5	6	12	16	18	20						
61	11	12	13	16	17	20						
62	6	12	13	16	17	20						
63	3	7	12	16	19	20						
64	3	10	12	16	17	20						
65	7	8	12	16	17	20						
66	8	10	12	16	19	20						
67	4	9	14	16	17	20						
68	2	4	14	16	18	20						
69	1	9	14	16	18	20						
70	1	2	14	16	19	20						
71	5	11	14	16	19	20						
72	5	13	14	16	17	20						
73	6	11	14	16	17	20						
74	6	13	14	16	19	20						
75	3	7	14	16	17	20						
76	3	8	14	16	18	20						
77	7	10	14	16	19	20						
78	8	10	14	16	17	20						
79	4	5	10	16	17	20						
80	4	8	11	16	19	20						
81	3	4	6	16	18	20						

续表

注号	旋转矩阵系统序号						备选号码				
82	4	7	13	16	18	20					
83	5	8	9	16	18	20					
84	9	10	11	16	18	20					
85	6	7	9	16	17	20					
86	3	9	13	16	19	20					
87	1	3	5	16	18	20					
88	1	7	11	16	18	20					
89	1	6	10	16	19	20					
90	1	8	13	16	17	20					
91	2	5	7	16	19	20					
92	2	3	11	16	17	20					
93	2	6	8	16	18	20					
94	2	10	13	16	18	20					
95	6	16	17	18	19	20					
96	1	4	12	14	19	20					
97	2	4	12	14	17	20					
98	1	9	12	14	17	20					
99	2	9	12	14	19	20					
100	5	6	12	14	18	20					
101	5	12	13	14	19	20					
102	6	11	12	14	19	20					
103	11	12	13	14	18	20					
104	3	10	12	14	17	20					
105	3	8	12	14	19	20					
106	7	10	12	14	18	20					
107	7	8	12	14	17	20					
108	4	5	7	12	18	20					
109	3	4	11	12	18	20					
110	4	6	8	12	17	20					

续表

注号	旋转矩阵系统序号						备选号码				
111	4	10	12	13	19	20					
112	3	5	9	12	17	20					
113	7	9	11	12	19	20					
114	6	9	10	12	18	20					
115	8	9	12	13	18	20					
116	1	5	8	12	19	20					
117	1	10	11	12	17	20					
118	1	6	7	12	18	20					
119	1	3	12	13	18	20					
120	2	5	10	12	18	20					
121	2	8	11	12	18	20					
122	2	3	6	12	19	20					
123	2	7	12	13	17	20					
124	3	4	5	14	19	20					
125	4	7	11	14	17	20					
126	4	6	10	14	18	20					
127	4	8	13	14	18	20					
128	5	7	9	14	18	20					
129	3	9	11	14	18	20					
130	6	8	9	14	19	20					
131	9	10	13	14	17	20					
132	1	5	10	14	18	20					
133	1	8	11	14	18	20					
134	1	3	6	14	17	20					
135	1	7	13	14	19	20					
136	2	5	8	14	17	20					
137	2	10	11	14	19	20					
138	2	6	7	14	18	20					
139	2	3	13	14	18	20					

续表

注号	旋转矩阵系统序号						备选号码					
140	1	2	4	9	19	20						
141	4	5	6	9	19	20						
142	4	5	6	9	18	20						
143	4	5	9	13	17	20						
144	4	6	9	11	17	20						
145	4	9	11	13	18	20						
146	3	4	9	10	17	20						
147	3	4	8	9	19	20						
148	4	7	9	10	19	20						
149	4	7	8	9	17	20						
150	4	9	17	18	19	20						
151	1	4	5	11	17	20						
152	1	4	5	13	19	20						
153	1	4	6	11	19	20						
154	1	4	6	13	17	20						
155	1	3	4	7	18	20						
156	1	3	4	8	17	20						
157	1	4	7	10	17	20						
158	1	4	8	10	18	20						
159	2	4	5	11	18	20						
160	2	4	5	6	19	20						
161	2	4	11	13	19	20						
162	2	4	6	13	18	20						
163	2	3	4	7	17	20						
164	2	3	4	10	19	20						
165	2	4	7	8	19	20						
166	2	4	8	10	17	20						
167	1	5	9	11	18	20						
168	1	5	6	9	19	20						

续表

注号	旋转矩阵系统序号						备选号码					
169	1	9	11	13	19	20						
170	1	6	9	13	18	20						
171	1	3	7	9	17	20						
172	1	3	9	10	19	20						
173	1	7	8	9	19	20						
174	1	8	9	10	17	20						
175	2	5	9	11	17	20						
176	2	5	9	13	19	20						
177	2	6	9	11	19	20						
178	2	6	9	13	17	20						
179	2	3	7	9	18	20						
180	2	3	8	9	17	20						
181	2	7	9	10	17	20						
182	2	8	9	10	18	20						
183	1	2	5	6	17	20						
184	1	2	5	13	19	20						
185	1	2	6	11	19	20						
186	1	2	11	13	17	20						
187	1	2	3	10	17	20						
188	1	2	3	8	18	20						
189	1	2	7	10	19	20						
190	1	2	7	10	18	20						
191	1	2	7	8	17	20						
192	1	11	17	18	19	20						
193	1	3	8	10	19	20						
194	5	6	11	13	19	20						
195	3	5	10	11	19	20						
196	3	5	8	11	19	20						
197	5	7	10	11	18	20						

续表

注号	旋转矩阵系统序号						备选号码					
198	5	7	8	11	19	20						
199	3	5	6	7	19	20						
200	3	5	6	8	17	20						
201	5	6	7	10	17	20						
202	5	6	8	10	19	20						
203	3	5	7	13	17	20						
204	3	5	10	13	18	20						
205	5	7	8	13	18	20						
206	5	8	10	13	17	20						
207	5	13	17	18	19	20						
208	3	6	7	11	17	20						
209	3	6	10	11	18	20						
210	6	7	8	11	18	20						
211	6	8	10	11	17	20						
212	3	7	11	13	19	20						
213	3	8	11	13	17	20						
214	7	10	11	13	17	20						
215	8	10	11	13	19	20						
216	3	6	10	13	19	20						
217	3	6	8	13	18	20						
218	6	7	10	13	19	20						
219	6	7	8	13	19	20						
220	3	8	17	18	19	20						
221	7	10	17	18	19	20						
222	8	9	12	14	15	16						
223	6	12	13	14	15	16						
224	12	14	15	16	17	18						
225	1	2	4	12	15	16						
226	3	4	5	12	15	16						

续表

注号	旋转矩阵系统序号						备选号码				
227	4	7	11	12	15	16					
228	4	6	10	12	15	16					
229	4	8	12	13	15	16					
230	5	7	9	12	15	16					
231	3	9	11	12	15	16					
232	6	8	9	12	15	16					
233	9	10	12	13	15	16					
234	1	5	10	12	15	16					
235	1	8	11	12	15	16					
236	1	3	6	12	15	16					
237	1	7	12	13	15	16					
238	2	5	8	12	15	16					
239	2	10	11	12	15	16					
240	2	6	7	12	15	16					
241	2	3	12	13	15	16					
242	5	6	11	12	15	16					
243	4	5	7	14	15	16					
244	3	4	11	14	15	16					
245	4	6	8	14	15	16					
246	4	10	13	14	15	16					
247	3	5	9	14	15	16					
248	7	9	11	14	15	16					
249	6	9	10	14	15	16					
250	8	9	13	14	15	16					
251	1	5	8	14	15	16					
252	1	10	11	14	15	16					
253	1	6	7	14	15	16					
254	1	3	13	14	15	16					
255	2	5	10	14	15	16					

续表

注号	旋转矩阵系统序号						备选号码					
256	2	8	11	14	15	16						
257	2	3	6	14	15	16						
258	2	7	13	14	15	16						
259	4	5	6	9	15	16						
260	4	9	11	13	15	16						
261	4	6	9	13	15	16						
262	3	4	9	10	15	16						
263	4	7	8	9	15	16						
264	4	8	9	10	15	16						
265	1	4	5	11	15	16						
266	1	3	4	7	15	16						
267	1	4	15	16	17	18						
268	2	4	15	16	18	19						
269	1	9	15	16	18	19						
270	2	5	9	11	15	16						
271	2	3	7	9	15	16						
272	2	9	15	16	17	18						
273	1	2	5	11	15	16						
274	1	2	6	13	15	16						
275	1	2	3	7	15	16						
276	1	2	8	10	15	16						
277	3	5	7	11	15	16						
278	5	8	10	11	15	16						
279	5	6	15	16	17	19						
280	5	13	15	16	17	18						
281	6	7	10	11	15	16						
282	6	11	15	16	17	18						
283	11	13	15	16	17	19						
284	3	6	7	13	15	16						

续表

注号	旋转矩阵系统序号						备选号码				
285	6	8	10	13	15	16					
286	3	10	15	16	18	19					
287	3	8	15	16	17	18					
288	7	10	15	16	17	19					
289	7	8	15	16	18	19					
290	4	5	10	12	14	15					
291	4	8	11	12	14	15					
292	3	4	6	12	14	15					
293	4	7	12	13	14	15					
294	5	8	9	12	14	15					
295	9	10	11	12	14	15					
296	6	7	9	12	14	15					
297	3	9	12	13	14	15					
298	1	3	5	12	14	15					
299	1	7	11	12	14	15					
300	1	6	10	12	14	15					
301	1	8	12	13	14	15					
302	2	5	7	12	14	15					
303	2	3	11	12	14	15					
304	2	6	8	12	14	15					
305	2	10	12	13	14	15					
306	3	7	10	12	14	15					
307	4	5	9	11	12	15					
308	3	4	7	9	12	15					
309	4	9	12	15	17	18					
310	1	4	5	6	12	15					
311	1	4	11	12	13	15					
312	1	3	4	10	12	15					
313	1	4	7	8	12	15					

注号	旋转矩阵系统序号						备选号码				
314	2	4	12	15	17	19					
315	1	9	12	15	17	19					
316	2	5	6	9	12	15					
317	2	9	11	12	13	15					
318	2	3	9	10	12	15					
319	2	7	8	9	12	15					
320	1	2	12	15	18	19					
321	5	11	12	15	17	18					
322	3	5	6	10	12	15					
323	5	6	7	8	12	15					
324	3	5	8	12	13	15					
325	5	12	13	15	18	19					
326	6	11	12	15	18	19					
327	3	10	11	12	13	15					
328	7	8	11	12	13	15					
329	6	12	13	15	17	18					
330	3	7	12	15	18	19					
331	3	8	12	15	17	19					
332	7	10	12	15	17	18					
333	8	10	12	15	18	19					
334	1	2	4	9	14	15					
335	4	9	14	15	17	18					
336	1	4	14	15	17	19					
337	2	4	5	13	14	15					
338	2	4	6	11	14	15					
339	2	3	4	8	14	15					
340	2	4	7	10	14	15					
341	1	5	9	13	14	15					
342	1	6	9	11	14	15					

续表

注号	旋转矩阵系统序号						备选号码				
343	1	3	8	9	14	15					
344	1	7	9	10	14	15					
345	2	9	14	15	17	19					
346	1	2	6	13	14	15					
347	1	2	8	10	14	15					
348	1	2	14	15	17	18					
349	5	7	10	11	14	15					
350	5	11	14	15	18	19					
351	5	6	14	15	18	19					
352	3	5	8	13	14	15					
353	5	7	10	13	14	15					
354	3	6	7	11	14	15					
355	3	6	8	11	14	15					
356	6	8	10	11	14	15					
357	11	13	14	15	17	19					
358	6	7	10	13	14	15					
359	6	13	14	15	18	19					
360	3	7	8	10	14	15					
361	3	7	14	15	17	18					
362	3	10	14	15	18	19					
363	7	8	14	15	18	19					
364	8	10	14	15	17	18					
365	1	3	4	5	9	15					
366	1	4	7	9	11	15					
367	1	4	6	9	10	15					
368	1	4	8	9	13	15					
369	2	4	5	7	9	15					
370	2	3	4	9	11	15					
371	2	4	6	8	9	15					

续表

注号	旋转矩阵系统序号						备选号码					
372	2	4	9	10	13	15						
373	1	2	4	5	10	15						
374	1	2	4	8	11	15						
375	1	2	3	4	6	15						
376	1	2	4	7	13	15						
377	3	4	5	6	11	15						
378	4	5	7	11	13	15						
379	4	5	6	10	13	15						
380	3	4	5	7	10	15						
381	4	5	8	15	17	19						
382	4	6	8	11	13	15						
383	3	4	7	8	11	15						
384	4	10	11	15	17	19						
385	3	4	6	8	10	15						
386	4	6	7	15	17	18						
387	3	4	13	15	18	19						
388	4	7	8	10	13	15						
389	1	2	5	8	9	15						
390	1	2	9	10	11	15						
391	1	2	6	7	9	15						
392	1	2	3	9	13	15						
393	5	6	7	9	11	15						
394	3	5	9	11	13	15						
395	5	6	8	9	13	15						
396	3	5	7	8	9	15						
397	5	9	10	15	17	18						
398	6	9	10	11	13	15						
399	3	7	9	10	11	15						
400	8	9	11	15	18	19						

注号	旋转矩阵系统序号						备选号码					
401	3	6	9	15	17	19						
402	6	7	8	9	10	15						
403	3	8	9	10	13	15						
404	7	9	13	15	17	19						
405	1	5	6	10	11	15						
406	1	5	8	11	13	15						
407	1	3	5	6	13	15						
408	1	3	5	8	10	15						
409	1	5	7	15	18	19						
410	1	6	7	11	13	15						
411	1	3	11	15	17	18						
412	1	7	8	10	11	15						
413	1	3	6	7	10	15						
414	1	6	8	15	17	19						
415	1	3	7	8	13	15						
416	1	10	13	15	17	19						
417	2	5	6	8	11	15						
418	2	5	10	11	13	15						
419	2	5	6	7	13	15						
420	2	3	5	15	17	19						
421	2	5	7	8	10	15						
422	2	3	6	11	13	15						
423	2	3	8	10	11	15						
424	2	7	11	15	17	19						
425	2	3	6	7	8	15						
426	2	6	10	15	18	19						
427	2	3	7	10	13	15						
428	2	8	13	15	17	18						
429	1	2	4	12	14	16						

注号	旋转矩阵系统序号						备选号码					
430	4	5	8	12	14	16						
431	4	10	11	12	14	16						
432	4	6	7	12	14	16						
433	3	4	12	13	14	16						
434	5	9	10	12	14	16						
435	8	9	11	12	14	16						
436	3	6	9	12	14	16						
437	7	9	12	13	14	16						
438	1	5	7	12	14	16						
439	1	3	11	12	14	16						
440	1	6	8	12	14	16						
441	1	10	12	13	14	16						
442	2	3	5	12	14	16						
443	2	7	11	12	14	16						
444	2	6	10	12	14	16						
445	2	8	12	13	14	16						
446	5	11	12	13	14	16						
447	4	9	12	16	17	19						
448	1	4	12	16	17	18						
449	2	4	5	12	13	16						
450	2	4	6	11	12	16						
451	2	3	4	8	12	16						
452	2	4	7	10	12	16						
453	1	5	9	12	13	16						
454	1	6	9	11	12	16						
455	1	3	8	9	12	16						
456	1	7	9	10	12	16						
457	2	9	12	16	17	18						
458	1	2	6	12	13	16						

注号	旋转矩阵系统序号						备选号码					
459	1	2	8	10	12	16						
460	1	2	12	16	17	19						
461	5	11	12	16	18	19						
462	3	5	6	8	12	16						
463	5	6	12	16	17	19						
464	3	5	10	12	13	16						
465	5	7	10	12	13	16						
466	5	7	8	12	13	16						
467	3	6	8	11	12	16						
468	6	7	10	11	12	16						
469	3	8	11	12	13	16						
470	11	12	13	16	18	19						
471	6	12	13	16	18	19						
472	3	7	8	10	12	16						
473	3	7	12	16	17	18						
474	3	10	12	16	18	19						
475	7	8	12	16	18	19						
476	8	10	12	16	17	18						
477	4	5	9	11	14	16						
478	3	4	7	9	14	16						
479	4	9	14	16	18	19						
480	1	4	5	6	14	16						
481	1	4	11	13	14	16						
482	1	3	4	10	14	16						
483	1	4	7	8	14	16						
484	2	4	14	16	17	19						
485	1	9	14	16	17	19						
486	2	5	6	9	14	16						
487	2	9	11	13	14	16						

注号	旋转矩阵系统序号						备选号码					
488	2	3	9	10	14	16						
489	2	7	8	9	14	16						
490	1	2	14	16	17	18						
491	5	11	14	16	17	18						
492	3	5	6	10	14	16						
493	5	6	7	8	14	16						
494	3	5	8	13	14	16						
495	5	13	14	16	18	19						
496	6	11	14	16	18	19						
497	3	10	11	13	14	16						
498	7	8	11	13	14	16						
499	6	13	14	16	17	18						
500	3	7	14	16	18	19						
501	3	8	14	16	17	19						
502	7	10	14	16	17	18						
503	8	10	14	16	18	19						
504	1	4	5	7	9	16						
505	1	3	4	9	11	16						
506	1	4	6	8	9	16						
507	1	4	9	10	13	16						
508	2	3	4	5	9	16						
509	2	4	7	9	11	16						
510	2	4	6	9	10	16						
511	2	4	8	9	13	16						
512	1	2	4	5	8	16						
513	1	2	4	10	11	16						
514	1	2	4	6	7	16						
515	1	2	3	4	13	16						
516	4	5	6	7	11	16						

续表

注号	旋转矩阵系统序号						备选号码				
517	3	4	5	11	13	16					
518	4	5	6	8	13	16					
519	3	4	5	7	8	16					
520	4	5	10	16	18	19					
521	4	6	10	11	13	16					
522	3	4	7	10	11	16					
523	4	8	11	16	17	18					
524	3	4	6	16	17	19					
525	4	6	7	8	10	16					
526	3	4	8	10	13	16					
527	4	7	13	16	17	19					
528	1	2	5	9	10	16					
529	1	2	8	9	11	16					
530	1	2	3	6	9	16					
531	1	2	7	9	13	16					
532	3	5	6	9	11	16					
533	5	7	9	11	13	16					
534	5	6	9	10	13	16					
535	3	5	7	9	10	16					
536	5	8	9	16	17	19					
537	6	8	9	11	13	16					
538	3	7	8	9	11	16					
539	9	10	11	16	17	19					
540	3	6	8	9	10	16					
541	6	7	9	16	18	19					
542	3	9	13	16	17	18					
543	7	8	9	10	13	16					
544	1	5	6	8	11	16					
545	1	5	10	11	13	16					

续表

注号	旋转矩阵系统序号						备选号码				
546	1	5	6	7	13	16					
547	1	3	5	16	17	19					
548	1	5	7	8	10	16					
549	1	3	6	11	13	16					
550	1	3	8	10	11	16					
551	1	7	11	16	17	19					
552	1	3	6	7	8	16					
553	1	6	10	16	17	18					
554	1	3	7	10	13	16					
555	1	8	13	16	18	19					
556	2	5	6	10	11	16					
557	2	5	8	11	13	16					
558	2	3	5	6	13	16					
559	2	3	5	8	10	16					
560	2	5	7	16	17	18					
561	2	6	7	11	13	16					
562	2	3	11	16	18	19					
563	2	7	8	10	11	16					
564	2	3	6	7	10	16					
565	2	6	8	16	17	19					
566	2	3	7	8	13	16					
567	2	10	13	16	17	19					
568	4	5	9	11	12	14					
569	4	6	9	12	13	14					
570	3	4	7	9	12	14					
571	4	8	9	10	12	14					
572	1	4	12	14	17	18					
573	2	4	6	12	13	14					
574	2	4	8	10	12	14					

续表

注号	旋转矩阵系统序号						备选号码				
575	2	4	12	14	18	19					
576	1	6	9	12	13	14					
577	1	8	9	10	12	14					
578	1	9	12	14	18	19					
579	2	9	12	14	17	18					
580	1	2	5	11	12	14					
581	1	2	5	12	13	14					
582	1	2	6	11	12	14					
583	1	2	3	7	12	14					
584	1	2	3	8	12	14					
585	1	2	7	10	12	14					
586	3	5	7	11	12	14					
587	5	8	10	11	12	14					
588	5	6	12	14	17	19					
589	5	12	13	14	17	18					
590	6	7	10	11	12	14					
591	6	11	12	14	17	18					
592	11	12	13	14	17	19					
593	3	6	7	12	13	14					
594	6	8	10	12	13	14					
595	3	10	12	14	18	19					
596	3	8	12	14	17	18					
597	3	12	14	17	18	19					
598	7	10	12	14	17	19					
599	7	8	12	14	18	19					
600	1	4	5	9	10	12					
601	1	4	8	9	11	12					
602	1	3	4	6	9	12					
603	1	4	7	9	12	13					

注号	旋转矩阵系统序号						备选号码				
604	2	4	5	8	9	12					
605	2	4	9	10	11	12					
606	2	4	6	7	9	12					
607	2	3	4	9	12	13					
608	1	2	3	4	5	12					
609	1	2	4	7	11	12					
610	1	2	4	6	10	12					
611	1	2	4	8	12	13					
612	4	5	6	10	11	12					
613	4	5	8	11	12	13					
614	3	4	5	6	12	13					
615	3	4	5	8	10	12					
616	4	5	7	12	17	19					
617	4	6	7	11	12	13					
618	3	4	11	12	17	19					
619	4	7	8	10	11	12					
620	3	4	6	7	10	12					
621	4	6	8	12	18	19					
622	3	4	7	8	12	13					
623	4	10	12	13	17	18					
624	1	2	5	7	9	12					
625	1	2	3	9	11	12					
626	1	2	6	8	9	12					
627	1	2	9	10	12	13					
628	5	6	8	9	11	12					
629	5	9	10	11	12	13					
630	5	6	7	9	12	13					
631	3	5	9	12	18	19					
632	5	7	8	9	10	12					

续表

注号	旋转矩阵系统序号						备选号码					
633	3	6	9	11	12	13						
634	3	8	9	10	11	12						
635	7	9	11	12	17	18						
636	3	6	7	8	9	12						
637	6	9	10	12	17	19						
638	3	7	9	10	12	13						
639	8	9	12	13	17	19						
640	1	3	5	6	11	12						
641	1	5	7	11	12	13						
642	1	5	6	10	12	13						
643	1	3	5	7	10	12						
644	1	5	8	12	17	18						
645	1	6	8	11	12	13						
646	1	3	7	8	11	12						
647	1	10	11	12	18	19						
648	1	3	6	8	10	12						
649	1	6	7	12	17	19						
650	1	3	12	13	17	19						
651	1	7	8	10	12	13						
652	2	5	6	7	11	12						
653	2	3	5	11	12	13						
654	2	5	6	8	12	13						
655	2	3	5	7	8	12						
656	2	5	10	12	17	19						
657	2	6	10	11	12	13						
658	2	3	7	10	11	12						
659	2	8	11	12	17	19						
660	2	3	6	12	17	18						
661	2	6	7	8	10	12						

续表

注号	旋转矩阵系统序号						备选号码					
662	2	3	8	10	12	13						
663	2	7	12	13	18	19						
664	1	4	5	8	9	14						
665	1	4	9	10	11	14						
666	1	4	6	7	9	14						
667	1	3	4	9	13	14						
668	2	4	5	9	10	14						
669	2	4	8	9	11	14						
670	2	3	4	6	9	14						
671	2	4	7	9	13	14						
672	1	2	4	5	7	14						
673	1	2	3	4	11	14						
674	1	2	4	6	8	14						
675	1	2	4	10	13	14						
676	4	5	6	8	11	14						
677	4	5	10	11	13	14						
678	4	5	6	7	13	14						
679	3	4	5	14	17	18						
680	4	5	7	8	10	14						
681	3	4	6	11	13	14						
682	3	4	8	10	11	14						
683	4	7	11	14	18	19						
684	3	4	6	7	8	14						
685	4	6	10	14	17	19						
686	3	4	7	10	13	14						
687	4	8	13	14	17	19						
688	1	2	3	5	9	14						
689	1	2	7	9	11	14						
690	1	2	6	9	10	14						

续表

注号	旋转矩阵系统序号						备选号码					
691	1	2	8	9	13	14						
692	5	6	9	10	11	14						
693	5	8	9	11	13	14						
694	3	5	6	9	13	14						
695	3	5	8	9	10	14						
696	5	7	9	14	17	19						
697	6	7	9	11	13	14						
698	3	9	11	14	17	19						
699	7	8	9	10	11	14						
700	3	6	7	9	10	14						
701	6	8	9	14	17	18						
702	3	7	8	9	13	14						
703	9	10	13	14	18	19						
704	1	5	6	7	11	14						
705	1	3	5	11	13	14						
706	1	5	6	8	13	14						
707	1	3	5	7	8	14						
708	1	5	10	14	17	19						
709	1	6	10	11	13	14						
710	1	3	7	10	11	14						
711	1	8	11	14	17	19						
712	1	3	6	14	18	19						
713	1	6	7	8	10	14						
714	1	3	8	10	13	14						
715	1	7	13	14	17	18						
716	2	3	5	6	11	14						
717	2	5	7	11	13	14						
718	2	5	6	10	13	14						
719	2	3	5	7	10	14						

续表

注号	旋转矩阵系统序号						备选号码				
720	2	5	8	14	18	19					
721	2	6	8	11	13	14					
722	2	3	7	8	11	14					
723	2	10	11	14	17	18					
724	2	3	6	8	10	14					
725	2	6	7	14	17	19					
726	2	3	13	14	17	19					
727	2	7	8	10	13	14					
728	3	5	6	11	13	14					
729	1	2	3	4	9	11					
730	1	2	4	7	8	9					
731	1	2	4	9	17	18					
732	2	4	5	6	9	13					
733	4	5	6	9	11	13					
734	3	4	5	7	9	11					
735	4	5	8	9	10	11					
736	4	5	6	9	17	19					
737	4	5	6	9	17	18					
738	4	5	9	13	18	19					
739	4	6	7	9	10	11					
740	4	6	9	11	18	19					
741	4	9	11	13	17	19					
742	3	4	6	7	9	13					
743	4	6	8	9	10	13					
744	3	4	7	8	9	10					
745	3	4	9	10	18	19					
746	3	4	8	9	17	18					
747	4	7	9	10	17	18					
748	4	7	8	9	18	19					

续表

注号	旋转矩阵系统序号						备选号码					
749	1	4	5	11	18	19						
750	1	3	4	5	6	10						
751	1	4	5	6	7	8						
752	1	3	4	5	8	13						
753	1	4	5	13	17	18						
754	1	4	6	11	17	18						
755	1	3	4	10	11	13						
756	1	4	7	8	11	13						
757	1	4	6	13	18	19						
758	1	3	4	7	17	19						
759	1	3	4	8	18	19						
760	1	4	7	10	18	19						
761	1	4	8	10	17	19						
762	2	4	5	11	17	19						
763	2	3	4	5	6	8						
764	2	4	5	6	17	18						
765	2	3	4	5	10	13						
766	2	4	5	7	10	13						
767	2	4	5	7	8	13						
768	2	3	4	6	8	11						
769	2	4	6	7	10	11						
770	2	3	4	8	11	13						
771	2	4	11	13	17	18						
772	2	4	6	13	17	19						
773	2	3	4	7	18	19						
774	2	3	4	10	17	18						
775	2	4	7	8	17	18						
776	2	4	8	10	18	19						
777	1	5	7	9	10	11						

续表

注号	旋转矩阵系统序号						备选号码					
778	1	5	9	11	17	19						
779	1	5	6	9	17	18						
780	1	3	5	8	9	13						
781	1	5	7	9	10	13						
782	1	3	6	7	9	11						
783	1	3	6	8	9	11						
784	1	6	8	9	10	11						
785	1	9	11	13	17	18						
786	1	6	7	9	10	13						
787	1	6	9	13	17	19						
788	1	3	7	9	18	19						
789	1	3	9	10	17	18						
790	1	7	8	9	17	18						
791	1	8	9	10	18	19						
792	2	5	9	11	18	19						
793	2	3	5	6	9	10						
794	2	5	6	7	8	9						
795	2	3	5	8	9	13						
796	2	5	9	13	17	18						
797	2	6	9	11	17	18						
798	2	3	9	10	11	13						
799	2	7	8	9	11	13						
800	2	6	9	13	18	19						
801	2	3	7	9	17	19						
802	2	3	8	9	18	19						
803	2	7	9	10	18	19						
804	2	8	9	10	17	19						
805	1	2	5	6	11	13						
806	1	2	3	5	7	11						

续表

注号	旋转矩阵系统序号						备选号码				
807	1	2	5	8	10	11					
808	1	2	5	6	18	19					
809	1	2	5	13	17	18					
810	1	2	6	7	10	11					
811	1	2	6	11	17	18					
812	1	2	11	13	18	19					
813	1	2	3	6	7	13					
814	1	2	6	8	10	13					
815	1	2	3	7	8	10					
816	1	2	3	10	18	19					
817	1	2	3	8	17	19					
818	1	2	3	8	17	18					
819	1	2	7	10	17	19					
820	1	2	7	10	17	18					
821	1	2	7	8	18	19					
822	5	6	7	8	11	13					
823	5	6	11	13	17	18					
824	3	5	7	8	10	11					
825	3	5	10	11	17	18					
826	3	5	8	11	17	18					
827	5	7	10	11	17	19					
828	5	7	8	11	17	18					
829	3	5	6	7	17	18					
830	3	5	6	8	18	19					
831	5	6	7	10	18	19					
832	5	6	8	10	17	18					
833	3	5	7	13	18	19					
834	3	5	10	13	17	19					
835	5	7	8	13	17	19					

注号	旋转矩阵系统序号						备选号码				
836	5	8	10	13	18	19					
837	3	6	7	11	18	19					
838	3	6	10	11	17	19					
839	6	7	8	11	17	19					
840	6	8	10	11	18	19					
841	3	7	11	13	17	18					
842	3	8	11	13	18	19					
843	7	10	11	13	18	19					
844	8	10	11	13	17	18					
845	3	6	7	8	10	13					
846	3	6	10	13	17	19					
847	3	6	8	13	17	19					
848	6	7	10	13	17	18					
849	6	7	8	13	17	18					
850	3	7	8	10	17	18					

表 7-26 双色球 20 个号码中 6 保 5 型旋转矩阵的最低中奖保证表

开奖情况	出 6 保 5
出 6	中 1 注对 5 个号
出 5	中 8 注对 4 个号
出 4	中 61 注对 3 个号

第八章　附　录

　　本章对笔者所出版的彩票图书、配套图书开发的彩票软件以及为彩民学习技术搭建的交流平台——中奖快线网进行简单的介绍，希望彩民朋友在学习好技术、利用好工具的前提下不断提高自身的博彩技术，从而更有力地冲击1000万元大奖的高峰。

　　大奖总是留给有准备的人！

第一节　图书软件介绍

一、"职业彩民"系列丛书导读

　　"职业彩民"系列丛书是以我们多年实战经验总结及技术研发为蓝本，为广大彩民精心打造的最实用的专业彩票技术系列书籍。一切以实战为中心，帮助彩民朋友走向技术博彩、专业博彩之路。

1.《3D/排列 3 精准选号大揭秘——排序精选法实战分析》

　　《3D/排列 3 精准选号大揭秘——排序精选法实战分析》为"职业彩民"系列丛书的第一本。

本书深入浅出地详细讲解了作者独创的"排序精选法",力求破解困扰无数彩民的数字3型彩票选号难题。

排序法是经过无数彩民实战验证过的具有科学性和权威性的中奖技术,适用于福彩3D、排列3、时时乐和时时彩等所有数字3型彩票玩法。

排序法完全颠覆了福彩3D、排列3等数字3型彩票的传统战术战法,通过独特的角度透视中奖号码规律,完美融汇了6大类技术指标、13小类分指标,以史鉴今,直击彩票选号最高技巧。

只要严格地遵循书中介绍的原理和方法进行学习领悟,不断地模拟实战和复盘训练,作者可以断言——中奖是轻而易举的事情!作者更敢断言,只要熟能生巧并融会贯通地运用排序法技术,"时常中奖"不再是梦想!

2. 《双色球擒号绝技》(第二版)

《双色球擒号绝技》(第二版)为"职业彩民"系列丛书的第二本。

博彩,需要机会,更需要分析与把握;中奖,需要运气,更需要方法与技巧。

《双色球擒号绝技》(第二版)一书独创双色球立体高层次实战技术,从红球选号技术、红球组号技术以及红球优化技术三大战略出发,再结合独特的"一码定蓝"的蓝球选号绝技,深入浅出地详解双色球擒号绝技,是彩民进行双色球投注时必备的中奖宝典。

3. 《3D中奖精妙战术——胆码·合值·跨度》(第三版)

《3D中奖精妙战术——胆码·合值·跨度》（第三版）为"职业彩民"系列丛书的第三本。

本书详细介绍了目前彩民最关注的"定胆码、选合值、选跨度"三种锁定中奖号码的关键技术。作者凭借多年研究心得和实战经验，首次向广大彩民披露如何在一分钟之内快速确定2个高概率的胆码及如何利用合值、跨度精选中奖号码的神奇方法。

本书配备了大量的实战统计数据，开发了一整套实战性极强的对照图表，便于准确查找、快捷使用。此外，书中提供的经典的胆、合、跨实战技术，弥补了国内外彩票书籍重理论、轻实战的缺陷，让彩民朋友在学习掌握精准选号技术的同时，真正体会到中奖的无限乐趣，是彩民购彩的必备工具书。

4. 《超级大乐透终极战法》（第二版）

《超级大乐透终极战法》（第二版）为"职业彩民"系列丛书的第四本。

超级大乐透玩法自从在中国上市发行以来，以"2元也中1000万元"的巨额奖金吸引了所有人的眼球。在实战中，使用什么技术、如何进行选号才能高概率地中得大奖也自然成了所有彩民朋友最为关心的焦点问题。

《超级大乐透终极战法》（第二版）一书就是从真正、绝对实战的角度出发，利用科学系统的概率统计方法，通俗易懂地阐述了独特的排序定位技术、断区转换技术以及后区选号技术。其中最为顶级珍贵的是作者首次公开了历经多年研究、不断淬炼而成的最前沿的、最核心的、最科学的终极选号技术——断区转换法，能帮助彩民采用3D的模式并且以低于3D的难度来轻松地玩转超级大乐透，是堪称典范的终极技术，也一定会成为技术型彩民的最爱。

本书秉承"统计是生命，概率是科学，永远靠数据说话"的理念宗旨，详尽地告诉了广大彩民"千万大奖是怎样炼成的"，同时也揭示了一个永远不变的真理：只有"技术博彩"才是成就"千万富翁"的必然成功之路！

中奖才是硬道理，本书是决胜超级大乐透的不二法宝！

5.《双色球终极战法》（第二版）

《双色球终极战法》（第二版）为"职业彩民"系列丛书的第五本。

作者通过本书首次公开了通俗易懂、简约神奇的利用 3D 模式轻松玩转双色球玩法的顶级选号技术——断区转换法。应用断区转换法，不但可以轻松地降低双色球红球的选号难度，而且可以极大地提高双色球红球号码的中奖概率，帮助彩民把中大奖的概率从 1/17800000 提高到 1/10000，中二等奖的概率从 1/1100000 提高到 1/625，与中奖概率为 1/1000 的 3D 玩法相比，其中奖难度都降低了许多。

《双色球终极战法》（第二版）还展示了独家成功研发的双色球"断层覆盖算法"，在选择同等数量红球号码的前提下，可以把组合后的投注号码数量极度压缩掉 40%~98%，最为神奇的是，在达到极高压缩率的同时却依然保证 100% 的中奖概率。

断区转换法是目前彩票界最新的、最前沿的顶级双色球红球选号技术。以断区转换法为核心战法，再配合使用书中的高级蓝球选号技术，最终能立体化地帮助彩民打造围剿双色球大奖的天罗地网，堪称双色球选号技术的终结者。

百舸争流，群雄争霸；千万大奖，花落谁家？能让彩民中大奖的方法和技术就是好方法、好技术。事实会证明一切！

《双色球终极战法》（第二版）是《双色球擒号绝技》（第二版）的伴侣书，如能恰当地结合运用，一定威力无比，受益无穷！

6.《双色球蓝球中奖绝技》

《双色球蓝球中奖绝技》为"职业彩民"系列丛书的第六本。

《双色球蓝球中奖绝技》一书是对作者根据多年实战经验提炼并经过众多彩民验证的"一码定蓝"高效实战技术的详细讲解。

作者从独家汇总的八大类"蓝球走势图"入手，由浅入深地逐步介绍蓝球走势图的规律特征、指标实战攻略以及"一码定蓝"实战案例。它是帮助彩民降低双色球投注风险、保证投资收益、冲击千万元大奖必备的蓝球中奖宝典。

7.《时时彩技巧与实战攻略》

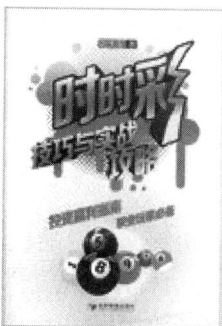

《时时彩技巧与实战攻略》为"职业彩民"系列丛书的第七本。

《时时彩技巧与实战攻略》从真正、绝对实战的角度出发，对时时彩选号技巧、时时彩投注攻略两大核心技术进行了由浅入深的剖析，简明易懂地展示出一整套稳定、高效并经过大量实战验证的时时彩实战技术。

本书不但是每个时时彩玩家必看的选号投注指南，更是每个职业玩家必备的投资盈利宝典。如果玩家能真正地融会贯通并学以致用，那么在高效规避投资风险的同时一定能最大化地获得稳定的投资收益。

二、"彩霸王"系列彩票软件

1. "彩霸王"系列彩票软件之一：【彩霸王】数字三专业版

软件设计开发：

【彩霸王】数字三专业版是根据《3D/排列3精准选号大揭秘》、《3D中奖精妙战术》两本书中核心选号技术理念而设计，由"中奖快线网"旗下的大智彩票工作室精心开发的彩票软件，配套图书使用效果最佳。

本软件被许许多多的读者和中奖用户冠以"排序中奖之王"、"彩民救星"、"中奖利器"等赞誉，堪称是"拓展彩民选号思路"、"解决彩民选号难题"的最新武器。

不论获得什么样的赞誉，为彩民打造最实用的彩票选号软件是我们永远不变的宗旨。

因为专注，所以专业。

软件综合特点：

（1）精简易用：界面友好，操作简单，好懂易用。

（2）功能强大：软件的特色功能精简强大、朴实高效。

（3）智能高概：内置的智能推荐功能实用无比，概率极高。

综合来说，运用本软件可以帮助用户使用最精简的条件选择最精简的号码，不但轻松地降低了失误率，更是极大地提高了彩民的中奖概率。

软件适用范围：

软件可在福彩 3D、体彩排列 3、上海时时乐、重庆时时彩四种玩法投注时使用。

软件特色功能：

（1）强大科学的数据统计功能。用户通过软件内的"排序定位"功能，可以轻松进行高端选号技术——"排序精选法"的分析使用，实用高效。

软件内置独特的排序图表、合值图表、跨度图表以及直选图表，并且每种图表附有精准的遗漏和惯性统计分析。这些图表通过科学的统计数据，可以帮助彩民高效精准地选择排序号码、合值、跨度以及百位、十位、个位等决定性条件，是彩民中奖的绝佳助手。

例如，彩民在实战中如果能通过"排序精选法"精准定位 1 个排序 2 号码，那么凭借这一个条件的选择，就可以把当期中奖号码轻松锁定在 10~30 注组选内。

（2）高效精准的智能推荐功能。智能超级稳定底推荐：高概率的智能超级稳定底推荐，不但可以智能化地为用户的每次选号保驾护航，更可以每期帮助用户过滤掉大量垃圾号码，从而节省不必要的资金。智能杀号分解式推荐：软件内置数种 80% 以上高概率的智能杀号分解式推荐，期期可以高概率使用，简单方便，威力强大。选号、杀号一键完成，高效快捷。

（3）精简实用的超级过滤功能。软件实用工具内包含组选和直选过滤器，过滤器的所有内置功能精简实用，过滤功能精准强大，运算速度堪称一流。

精简强大的过滤器不但可以进行排序号码和直选号码的超级过滤，而且对胆码、合值、跨度、和值、组型、智能大底、自定义两码、自定义分解式等在选号中占有重要位置的超级条件同样可以实现快速精准过滤，帮助彩民最大限度地层层过滤掉出现概率极低的号码，从而在最小范围内选择中奖号码；超级过滤器内置的高级限量容错功能，更是为彩民撑起了一顶大大的"保护伞"，在允许范围内，即使出现条件选择错误的情况下，也同样可以确保中奖号码的存在。

（4）方便快捷的辅助功能。一是，开奖数据支持手动和自动更新，快捷方便；二是，软件具有在线版本升级功能，也可以手动升级最新版本；三是，软件具有可信度计算功能，轻松计算指标中出可信度；四是，软件具有投资计算器功能，支持制订三种模式的投资计划。

2. "彩霸王"系列彩票软件之二：【彩霸王】乾坤定位大师

软件设计开发：

【彩霸王】乾坤定位大师是以科学独特的乾坤图、定位理论为技术核心，并完美地融合概率论、数理统计、软件工程等科学为一体而精心开发的专业用于直选定位选号的彩票软件。

【彩霸王】乾坤定位大师可以帮助彩民朋友通过独特的角度科学高效地进行直选定位选号从而达到中奖的目的，经过大量的用户长期验证，无愧于"直选定位王"的称号。

软件综合特点：

（1）精简易用：界面友好，操作简单，好懂易用。

（2）功能强大：软件的特色功能精简强大、实用高效。

综合来说，使用【彩霸王】乾坤定位大师可以帮助彩民高概率地选用最精简的条件，并通过强大的过滤功能获得最少的直选号码，不但降低了选号的难度，同时也极大地提高了彩民的中奖率。

软件适用范围：

软件适用于福彩 3D、体彩排列 3、排列 5、上海时时乐、重庆时时彩五种玩法。

软件特色功能：

（1）强大独特的统计功能。软件具有强大的数据统计功能，可以快速进行"乾坤定位图"的数据统计。

软件内置独特的定位乾坤图、两码合乾坤图、两码差乾坤图和两码积乾坤图，每种图形均附有精准的数据分析。乾坤图内天、地、人三条趋势线在乾坤定位论的精确导航下，再结合科学的统计数据和统计规律，可以帮助彩民高效精准地选择百位、十位和个位及各个位置的和、积、差等决定性中奖条件，是帮助彩民直选中奖的绝佳助手。

千招会不如一招精。只要应用得法，通过软件准确分析选择条件并过滤，在 10 注内即可命中直选中奖号码。

（2）精简实用的过滤功能。软件内置乾坤过滤器，功能精简实用，过滤功能精准强大，运算速度堪称一流。

乾坤过滤器不但可以进行定位号码的超级过滤，而且百十、百个、十个等任意两码和、积、差等在选号中占有极其重要位置的超级条件同样可以实现快速精准过滤，帮助彩民最大限度地层层过滤掉出现概率极低的号码，从而在最小范围内锁定直选中奖号码。

（3）软件其他功能。软件支持手动和自动更新开奖数据，快捷方便；软件支持在线自动升级最新版本功能。

3."彩霸王"系列彩票软件之三：【彩霸王】时时彩智能版

软件设计开发：

【彩霸王】时时彩智能版是一款运用独家算法，并完美融合概率论、数理统计、软件工程、投资学等科学理论于一体，专门针对数字型彩种研发的囊括独特【当期求中方案】和高概率【智能追号计划】两大核心功能的高级智能化彩票软件。

【彩霸王】时时彩智能版软件，是每个时时彩玩家的必备工具。

软件综合特点：

（1）界面友好，操作简单，好懂易用。

（2）软件基础功能强大，各种图表、走势、过滤器、投资计算等工具一应俱全。

（3）软件智能化程度极高，可实时自动更新图表数据，自动推荐投注计划方案，中出概率极高。

软件适用范围：

软件适用于福彩3D、体彩排列3、重庆时时彩、新疆时时彩、江西时时彩五种玩法。

软件特色功能：

（1）独特的当期求中方案。软件内置独特、科学的数据图表及强大的智能推荐功能，可帮助用户一目了然、高效率、高概率地判断选择当期选号的条件，仅需几个简单的步骤即可高命中率地锁定几注到十几注组选号码；如结合直选分析，投注号码更是少之又少，可极大地提高号码命中率和投资收益率。

（2）智能高概率追号计划。软件内置独特算法的前二直选、后二直选、前三直选、后三直选、前三组六、后三组六、前三双胆、后三双胆、前三独胆、后三独胆、各个位置定位胆等多种模式的追号计划方案，均为一键智能出号，实时验证，计划成功率极高；灵活使用计划方案，即可获得一定收益。

（3）软件其他功能。软件内置便捷的过滤工具、科学的投资计算器以及开奖报警器等，一应俱全。软件高度智能，自动更新开奖数据与官方永远保持同步，各种图表、方案均自动实时更新。

4. "彩霸王"系列彩票软件之四：【彩霸王】大乐透富豪版

【彩霸王】大乐透富豪版是专业用于超级大乐透玩法，配合本书内"排序定位法"、"断区转换法"两大核心选号技术独用的一款智能化彩票软件。

软件内配置先进的排序定位和行列断区图表统计系统，对各种图表有价值的各项数据参数进行精确、科学、完整的统计，帮助广大用户在实战中精确分析、高效使用。

软件内的"排序定位"和"断区转换"两大高级过滤功能采用独创的排序算法与断层覆盖算法，其科学、精密的极限算法由大智彩票工作室独创并首次应用于乐透型彩票软件。

"排序定位"功能通过对投注号码中每个排序号码尾数的定位限定来缩小中奖号码的选择范围，从而帮助用户提高中奖概率，是运用"排序定位法"的用户实现功效最大化的专业运算平台。

"断区转换"功能是帮助用户通过特殊的转换方式，把几十万注的超级大乐透前区号码转化为简易的几十注断区 3D 号码的形式进行科学分析，从而高概率选择中奖号码范围的高级过滤功能。用户只要针对几十注断区 3D 号码做到正确的分析判断，即可达到在最小范围内、最高概率地锁定超级大乐透前区中奖号码，因而这个功能也被形象地称为"乾坤大挪移"。

更为神奇的是，该过滤程序采用自创的超越常规的"断层覆盖算法"，在压缩率高达 40%~98% 的极限情况下，只要用户正确选择断区 3D 号码，在极少的号码范围内同样可以保证中出超级大乐透前区中奖号码，如果再辅以精准的后区号码选择，同样可以在最小的范围内中得高达近千万元奖金的一等奖。

软件不但拥有"排序定位"和"断区转换"这样强大的过滤系统，还内嵌了保证程度最高、矩阵算法最优化、矩阵结果最少的"超级大乐透旋转矩阵公式"。旋转矩阵是投注乐透型彩票必不可少的实用工具，可以帮助彩民在节省大量投注资金的情况下同样可以获得相应的奖项。超级大乐透前区选五型的"中 5 保 4"矩阵公式，可以帮助用户任意操作 6~34 个前区号码进行旋转矩阵，随心所欲，游刃有余；独有的后区"中 2 保 1"矩阵公式，也可以帮助用户在最少的号码范围内中得最大的奖项。

用户综合使用"排序定位"、"断区转换"与"旋转矩阵"三大过滤功能，完全可以实现"定位旋转矩阵"、"断层旋转矩阵"的战术运用，这也是本款软件的一大专业特色。在 100% 地达到相应旋转矩阵保证程度的前提下，可以极大限度地缩小中奖号码的选择范围，功效之巨大，绝无仅有。在帮助用户极限缩减投注数量，节省大量投注资金的情况下，却丝毫不会降低中得大奖的概率。

5. "彩霸王"系列彩票软件之五：【彩霸王】双色球富豪版

【彩霸王】双色球富豪版是一款专业用于双色球玩法，配合"排序定位法"、"断区转换法"两大核心选号技术专用的智能化彩票软件。

软件内置的"排序定位"和"断区转换"高级过滤功能采用独特的排序算法与断层覆盖算法，其科学、精密的极限算法由大智彩票工作室独创并首次应用于乐透型彩票软件。

"排序定位"功能通过对投注号码中每个排序号码的定位限定来缩小中奖号码的选择范围，从而帮助用户提高中奖概率，是运用"排序定位法"的用户实现功效最大化的专业运算平台。

"断区转换"功能是帮助用户在几十注断区3D号码与110万注双色球红球号码之间任意转换，从而高概率选择中奖号码范围的高级过滤功能。用户只要针对几十注断区3D号码做到正确的分析判断，即可达到在最小范围内、最高概率地锁定双色球红球中奖号码，因而这个功能也被形象地称为"乾坤大挪移"，是名副其实的二等奖选号之王。更为神奇的是，该过滤程序采用超越常规的"断层覆盖算法"，在压缩率高达40%~98%的极限情况下，只要用户正确选择断区3D号码，在极少的号码范围内同样可以保证双色球二等奖的存在。

软件不但拥有"排序定位"和"断区转换"这样强大的过滤系统，还内嵌了保证程度最高、矩阵算法最优化、矩阵结果最少的"双色球旋转矩阵公式"。旋转矩阵是投注乐透型彩票必不可少的实用工具，可以帮助彩民在节省大量投注资金的情况下同样可以获得相应的奖项。选六型的"中6保5"矩阵公式，可以帮助用户任意操作8~28个红球号码进行旋转矩阵，随心所欲，游刃有余！

作为一款智能化的软件，"智能排序"、"智能冷号"、"智能热号"也是本软件的亮点功能。一键点击后，不但自动统计相关数据，并且智能推荐超过90%准确概率的参数范围，方便、快捷、高概率，小小的功能可以发挥出巨大的能量，极大地缩小了中奖号码的选择范围。

软件取精华、去糟粕，操作简易流畅，功能强悍精妙，运算速度极快，绝对是双色球投资者最佳的中奖助手。软件不但可以实时在线升级版本、数据更新，而且图表分析、参数查询、组号过滤、投注条件的导入导出、投注结果的保存打印、中奖查询等为用户提供了全方位贴心周到的一条龙服务，让用户操作起来得心应手、方便灵活。

软件秉承"科学分析指标，高概率选择号码"的博彩原则，根据统计学、概率学原理详尽地统计指标，利用图表直观地显示各项统计数据及相关参数，通过独特的视角展示各种技术指标的规律，从而帮助彩民高概率地把握指标的趋势动态，精准地选择号码，为中奖保驾护航。

第二节 中奖快线网简介

中奖快线彩票网成立于 2008 年 1 月，简称中奖快线，是专业彩票技术门户网站，是国内首家自主研发彩票技术、出版彩票图书、开发彩票软件的顶级彩票网站。

网站以服务彩民为宗旨，围绕国内数亿彩民，打造出一个职业化、专业化的彩票技术平台。网站秉承"一切都为了彩民快速中奖"的服务方向，为彩民提供专业级别的彩票技术、软件和信息咨询服务。

中奖快线网设有"最新技术"、"软件中心"、"图书出版"、"金牌服务"、"官方论坛"等专业精品栏目，面向广大的彩民朋友提供彩票软件开发、彩票图书出版、图书软件销售、彩票资讯服务、彩票合买操盘、彩票教程讲座、彩票业务咨询等优质服务。

中奖快线网旗下"大智彩票研究工作室"拥有"彩票均衡论"、"排序精选法"、"直选定位法"、"两胆王速算法"、"排序定位法"、"断区转换法"等诸多核心彩票理论，自主研发了彩票技术及彩票软件，是彩票技术及软件行业当之无愧的领跑者。目前已经开发出来的"彩霸王"系列软件有【彩霸王】数字 3 专业版、【彩霸王】乾坤定位大师、【彩霸王】双色球富豪版、【彩霸王】大乐透富豪版和【彩霸王】时时彩智能版，这五款精品软件已经成为众多职业彩民必备的专业选号工具。

自主创作并在全国热销的"职业彩民"彩票系列丛书，目前已经出版了《3D/排列 3 精准选号大揭秘》（第二版）、《3D 中奖精妙战术》（第三版）、《双色球擒号绝技》（第三版）、《双色球终极战法》（第二版）、《双色球蓝球中奖绝技》、《超级大乐透终极战术》（第二版）和《时时彩技巧与实战攻略》。实用彩票技术图书的出版，在彩民中获得极大的反响，好评如潮。在给彩民带来技术和收益的同时，我们其他的技术专著也在陆续创作和出版中。

走进中奖快线网，了解中奖快线网，彩民朋友不仅可以学习到最新的、最前沿的设计理念和独特的专业技术，更可以亲身感受到网站所提供的专业、完美、周到的服务。

中奖快线网是彩民获得博彩技术的真正殿堂！

因为专注，所以专业。

中奖快线网网址：www.51caishen.com。

第三节　模拟复盘攻略

广大读者看了本书的前两版，笔者听到反馈最多的就是：如何才能更好地学习和使用本书内的技术？

想要学习好、使用好本书内技术，关键是必须做到两点：一是要不断地模拟训练，二是要经常地实战复盘，二者缺一不可。下面逐一展开说明，也算是对所有读者做一个统一的答复。

一、模拟训练

模拟训练是根据历史开奖数据所进行的一种自我的、虚拟的实战训练，包括指标训练和投注训练。

指标的取舍是彩票选号技术的关键要点，也直接关系到我们根据指标所选择的备选号码最后能否中奖。

很多读者最初在学习和使用选号技术时，在指标取舍的方面会感觉到有些难以把握或完全掌控。其实，解决这个问题的关键就是四个字：模拟训练。不断地进行"指标模拟训练"对每个读者来说至关重要，和学棋时的"打棋谱"有着异曲同工之妙，因此，这个过程必不可少。

在训练过程中可以训练自己对某个指标的分析判断，也可以训练自己对某一期全盘指标的研判取舍。我们通过不断的模拟训练，不但可以对某个指标不断变化的趋势有详细的了解，而且更重要的是在训练的过程中可以更好地领悟"均衡理论"在指标趋势变化中的动态规律，从而帮助我们在以后实战中更好地、高概率地进行指标的选择和应用。

我们在进行模拟训练时，可以任意选定某个阶段开奖期号的某个指标，然后把截至该期号前的 30 期或 50 期或 80 期数据作为本次训练的分析数据进行使用，最后结合指标的技术参数以及运用均衡理论，对所有数据进行综合分析后来决定指标的取舍。

投注训练是指利用历史开奖数据进行的组号投注实战训练。我们可以任选一期为截止开奖期号，通过分析判断选择截止期号前的所有条件指标，然后进行过滤后得出当期中奖号码的出现范围。根据多年的实战经验，初学者最好使用"金字塔作号法"进行投注训练，如图 8-1 所示。

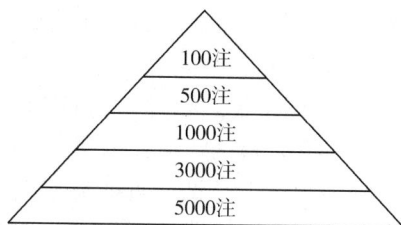

图 8-1　金字塔作号法

金字塔作号法就是由下到上分为五层来使用由多到精的条件进行号码过滤，过滤后得出的投注号码结果也是从多到少。根据实战经验，过滤的结果从第一层到第五层分别为 5000 注、3000 注、1000 注、500 注、100 注共五个档次，使用的条件根据实际情况也是由多到精进行具体调节，以过滤后的注数为标准。

每期利用金字塔作号法所得出的投注结果都应该记录存档，然后根据下期或最新开奖号码对每层投注结果的中奖情况核对并进行统计。这样做的目的，可以逐层提高自己的中奖概率，提升自身的实战能力，逐渐缩小投注号码数量。

如果我们通过训练后，在第一层的 5000 注范围内中奖概率很高，那么接下来就做其他四层的投注训练，依此类推递减到最后两层。如果我们在实际操作中通过不断努力能做到这个地步，并有一定的中奖概率，就完全可以进行实战操作了。初学者如果认为第一层 5000 注的范围有些苛刻，也可以增加到 10000 注左右，其他层也同样相应增加。初学者可以根据自身的提高以及实际情况再逐渐缩小范围，效果也是一样的。

我们无论做任何事情，要想成功都要持之以恒，模拟训练也不例外。只有通过不断的训练，才能逐步地提高我们自身的实战技能，也才能在实战中获得更大的收益。

有付出一定会有回报！

二、实战复盘

我们在学习中，"模拟训练"固然重要，可是"实战复盘"更是重中之重。实战复盘指的是每次进行模拟训练或者真正实战后，都要根据最新的开奖结果来核对之前所有指标的分析取舍是否正确。

如果在开奖之前我们针对指标的分析判断取舍都完全正确，我们也要在开奖之后及时进行复盘后总结一下，自问一下在本期分析中为什么能够正确研判取舍每个指标，有什么样的经验可以总结并且能够在以后的实战中借鉴使用。如果开奖之前分析判断取舍的指标有错误，在开奖之后更要仔细分析失误的原因，吸取失败的教训并在以后尽量杜绝类似的错误出现。

如果我们在每次模拟训练或实战后都能够进行细致的实战复盘，日积月累，我们的技术就会有显著的提高。

我们要记住，模拟训练和实战复盘永远是每个想中奖的彩民的必修课程。

第四节　彩票合买攻略

很多彩民在双色球选号投注中会遇到这样尴尬的情况：通过技术的学习和运用，每期选号结果达到一定数量时中奖概率非常不错，可是因为投注资金的制约以及中取大奖的不确定性，不可能在长时间里每期进行一定数量的投入，于是当某一期选号后因为投注数量少而与大奖擦肩而过，只能追悔莫及，捶胸顿足。

这种情况在彩民中间可以说时有发生，怎么办？

最佳的解决渠道只有一个——彩票合买。

在当今网络联通世界的高科技信息时代，网络购彩也成了时下流行的购彩方式之一，并且发展的势头与前景越来越好，彩票合买更是成了网络购彩的一大亮点。

彩票合买是由一个人或多个人选号后在网络上发单并由多个人共同出资投注，中奖后按照投入资金比例分配收益的一种购买彩票的方式。通常由多个人组成的彩票合买的购彩形式称为彩票合买联盟。彩票合买联盟一般是由几个人或几十人组成的合买小组，由几个预测、分析技术比较好的人每期选择号码制作计划，在信誉度极高的彩票网站上进行发单，发单后联盟成员可以共同购买这个投注计划内包含的所有号码。每个彩民购买的金额可以根据自己的经济能力而定，如果中奖，那么在扣税后由网站把剩余奖金按照每个人的资金投入比例自动分配到每个人的账户里。

一般彩票合买都是以联盟的形式进行，因为通过网络彼此间了解，信任度比较好，沟通的效果也是最好的。

最重要的一点是：合买联盟的所有人之间都没有任何的经济往来，每个人都有自己独立的资金账户，每个人的账户也都是个人独立操作并且托管在信誉度极高的网站上，因此合买联盟的每个成员之间更多的是一种技术上的合作。

2009年7月15日在淘宝网上由451人共同合买的双色球第2009082期中，仅仅购买1444注，投入2888元即中得当期的一等奖1注，喜获奖金1009万元。平均计算，每人投入6.5元，却换来人均22372元的奖金收益。

这种彩票合买的形式也被很多彩民引申到网下进行，在亲属、同事以及在投注站结识的志同道合的彩友之间进行同样的彩票合买操作。

据报道，黑龙江一下岗女工与两个同学合买彩票7年，终于在2007年中秋夜中取1100万元大奖。据悉，45岁的王女士是大庆一位下岗职工，买福彩已有几年时间。3年前她曾和两位同学合买彩票，中了个小奖，三人觉得在一起买彩比较"和财"，就一直坚持合买。此前三人都没有中过大奖。在双色球第2007112期，她们花了6元钱投注了3组号码，其中一组号码中得当期的头奖，其他两注彩票分别中得四等奖和五等奖，奖金分别为200元和10元。王女士称，每次选号都是由她和两位同学一起研究，最后三人各选出几个号码，反复组合。当期红球中奖号码07、11、14、16、25、32和蓝球11就是她们三人各选两个号码中出的。

一、彩票合买的优势

彩票合买的最大优势就是经济实惠。

购买彩票时，只买一组或几组的话很难中奖，如果买几十组、几百组或者上千组时就不一样了。但是因为个人的资金有限，这时和别人合资购买，就自然成为众多彩民的首选，这样既可提高中奖概率，又可分担风险，一举两得。

合买优势之一：提高中奖概率。

"众人拾柴火焰高"，合买的资金比较充足，有了充足的资金就可以操作比较多的号码，每期都可以制作出周密的投注计划进行高概率的捕捉中奖号码。因为操作的号码较多，从而极大地提高了中奖概率。

合买优势之二：降低投注风险。

合买的本质是大家共同出资购买同一个投注计划，从而降低了每个人的投注风险。例如，双色球每期投注 200 注。如果不参加合买，单独靠一个人每期投入是很难长期支撑下去的，因为谁也不能保证一次购买就可以 100% 中奖。但是大家进行合买的情况就完全不同了。假如有 20 人参加合买，每期购买 200 注号码，投入 400 元，算下来每个人每期只要投入 20 元就可以操作 200 注的投注计划。因此，彩票合买的优势就显现出来了。

彩市有句流行语说得好"投机十注，不如合买百注"，这正说明了合买的重要性。可以看出，合买既提高了中奖概率，又降低了投注风险，经济实惠，因此是未来大众博彩的主流形式。单打独斗的投注方式，在不久的将来只适合一些技艺高超的技术型彩民或资金比较雄厚的职业彩民使用了。

二、彩票合买的劣势

彩票合买的缺点就是容易引发合作者之间的经济纠纷，主要体现在网下合买方面。

在具体的彩票合买实施中，彩民们经常会因为对合买的相互约定不清而产生多方面的纠纷，甚至造成经济损失。尤其是中奖后在奖金分配上的纠纷，让彩民们对合买是既喜爱又惧怕，长期处在苦恼和郁闷中。

不少律师事务所均有彩民因合买产生纠纷后寻求法律帮助的记录，但很多都没有有效的法律依据，给审理带来很大难度，因而只有极少数的案例能得到正式受理。

浙江省杭州市首例合买彩票纠纷案就是一个典型的例子。2007 年 9 月，杭州彩民因合买第 2007067 期足彩中了 500 万元大奖，但持有彩票的周鸿在领奖后却拒绝与合买人王永一起分红，原因就是双方只是通过电话和 QQ 聊天简单约定，并没有签订有效的合购协议，最后只得走上法庭。为此，法院在审理和取证过程中也是颇费周折，通过浙江省体彩中心等多方取证，从周鸿发布的网络寻求合作购买足球彩票信息、周鸿与王永的 QQ 聊天记录、两人的电话通话记录以及周鸿支付王永 10 万元等得到证据，依法判决周鸿赔偿合买人王永 93.83 万元。

为什么彩票合买会产生问题呢？关键在于彩票合买双方（多方）之间约定不全。

彩民因合伙购买彩票而发生纠纷的案件，很多都不能予以受理，因为这些案件在协议上都呈现出约定不全的问题，关键在于彩民们对此缺少法律意识。

这些问题的主要表现有：其一，普遍都是口头协议，没有书面约定，出现纠纷时无凭无据，造成利益受损；其二，即使有文字协议也是很简单的粗略约定，协议中对权利和义务的约定不明确，如出资、分成、兑奖等关键问题没有做详细和具体的约定，容易产生歧义，造成纠纷；其三，在纠纷发生时不知道如何妥善处理，不懂得搜集证据、通过正当法律途径解决。

对于这些现象，如何保护好自身的利益、愉快合买是最重要的问题。这里建议彩民们关键要注意以下几个问题：首先，对这样的事情不要因为都是熟人或朋友，为了图省事而只做一个口头约定，一定要形成书面协议，因为没有白纸黑字的协议，不只是合买彩票有风险，任何一种合伙行为都会存在风险，口头协议的内容不易确定，一旦引起争议，举证难度大。其次，在约定时一定要注意将付款时间及方式、中奖后分成比例、违约责任清楚写明，并且保存好协议的原件。这样在发生纠纷时才能避免因无据可查而导致无法受理。最后，如果发生纠纷，首先要咨询律师，并在律师的指导下做好证据搜集和准备工作，最大限度地保护好自己的利益。

三、如何避免因为彩票合买产生的不必要纠纷

彩票是智者的游戏，不是愚者的赌局。

彩票合买可以在网上和网下进行。互联网上有一些小的彩票网站或骗子网站也提供这种合买服务，首先在此警告大家不要轻易相信并使用。要知道，双色球、超级大乐透等中大盘玩法的奖金动辄几十万元、几百万元乃至上千万上亿元，没有信誉度极高的网站作保障，即使中奖也极有可能领不到奖金。如果彩民在网下进行彩票合买，彩友之间必须用书面文字的形式共同签署一份彩票合买协议，明确每一个人的权利和义务以及号码的选择、每期的投入、奖金的分配等，以免中大奖之后产生不必要的纠纷。签署有效协议是避免纠纷的最好方式。由于协议是很正式的文件，所以它的内容最好能找到律师代写，以保证措辞的严谨、权利义务的明确，这样就可以最大限度地避免纠纷。

为了能减少彩民的损失，下面特附上一份彩票合买协议书，供彩民参考使用。由于每次的合买人数有多有少，所以使用时就需要在合买人的数量和分成比例的地方，按实际人数做相应调整。当遇到纠纷和有人违约时，协议是最有力的证据，这时要及时拿出才可以很好地保护自身权益。

同时，彩民朋友也需要注意，根据《民法》规定，合买协议的签署应是在双方平等、协商、自愿的前提下进行的，一旦签署就拥有了法律效力，任何一方出现违约行为都要按约定承担责任。协议签署后需人手一份，各自妥善保管。

附：彩票合买协议书

甲方：×××　　　　身份证号：××××××××××××××××××

乙方：×××　　　　身份证号：××××××××××××××××××

丙方：×××　　　　身份证号：××××××××××××××××××

上述各方本着自愿平等、诚实信用的原则，经友好协商，现就合买彩票事宜达成如下合作协议：

一、合作内容

各方共同出资×××元用于购买彩票，按×：×：×的比例进行出资，由出资各方共同进行选号、购买及领奖，合作收益按本协议第三条约定的分成方式分配。

二、权利和义务

1. 协议各方确保各自比例的出资分四季度、于每季度第一个月的 1 日汇入账号为×××的账户内，卡/存折由×××持有。各方必须保证资金的及时到位，如逾期不出资，视为违约，由违约方承担应出资金额的 20%作为违约金赔偿其他方。

2. 每期彩票的购买必须经各方一致同意，擅自购买造成损失要向其他方赔偿；如有分歧协商不成，可以自行购买，若中奖视为个人所有，但必须提供其他方以书面形式做出放弃购买该中奖彩票的书面声明，否则视为共同购买。

3. 各方约定，彩票中奖后，由各方共同到彩票兑奖机关领取奖金，除有书面的委托，否则不得由一方或其中几方代领；如擅自领取奖金，视为违约，守约方除有权要求其支付利益分成部分，还可要求违约方支付奖金数额的 20%作为赔偿金。

三、利益分成

各方约定，彩票中奖后，各方按×：×：×的比例进行分成。

四、协议的变更、解除

1. 本协议自各方签字盖章后生效，即具有法律约束力，任何一方不得随意变更。如需要变更时，各方应协商并签订新的书面协议。

2. 若在本协议履行过程中发生争议，各方应协商解决。任何本协议未尽事宜，各方应本着互谅互让的精神协商加以解决，如果不能解决，提交当地法院诉讼。

3. 协议各方中任一方未履行本协议条款，导致协议不能履行或不能完全履行时，其他方有权随时变更、解除协议，并有权追究其违约责任。

五、协议的生效及其他

本协议有效期为自××××年××月××日至××××年××月××日。协议自各方签字盖章后生效。协议期满后如需继续合作，可以续签协议。

甲方：×××	联系方式：×××××××	×××年××月××日
乙方：×××	联系方式：×××××××	×××年××月××日
丙方：×××	联系方式：×××××××	×××年××月××日

第五节　做合格的彩民

"2元可中1000万元"是国家福彩中心用于彩票双色球玩法的官方宣传口号。彩民为什么购买彩票？答案也就不言而喻了。抛开人所共知的公益性目的不说，吸引彩民投身彩票行业的一个巨大的动力，就是"高额奖金"的诱惑。

购买彩票是一种"以小博大"的行为，即期望用较小的投入获得巨大的回报。从某种意义上说，投注彩票可算是一种投资行为，因为它符合"将收入不用于消费，而是出于增值的目的去运作"的投资概念。

彩票投注具有范围性、灵活性和可操作性的优势，不逊于历史悠久的股票行业，且越来越被广大彩民所看好，尤其是奖金几十万元、百万元乃至千万元的超级大乐透、双色球等大盘玩法，更为彩民朋友所追捧。

不论何种彩票玩法，掌握一种最佳的选号投注技术，是向成功迈进的重要环节，好的博彩心态、好的风险控制意识、好的投注计划也是成功过程中必不可少的关键要素。

选号、组号的技术前面已经详细讲解，那么在购买彩票之前，每个彩民首先要从心态上、风险控制上以及制订投注计划三方面进行自我评定，选择最适合自己的好方法并长期坚持下去。

如果您做不到下面的第一点，您可能是个问题彩民，接下来要修正和调整自己的心态；如果您做不到第二点，您要十分小心您的资金链会断裂或因此影响到您的正常生活；如果您做不到第三点，您只能算一个最普通的初级彩民。如果这三点您都做到了，那么恭喜您，您一定是一名合格的职业彩民。

1. 第一点，心态最重要

买彩票，也是在买快乐，更是一种投资理财的方式。既是投资理财，就要遵循一定的原则。首先，要理智购彩并理智地看待彩票输赢。购买彩票，可能使您梦想成真，也可能让您血本无归，所以保持一个良好的心态，量力而行，理智地购买彩票是第一位的。输与赢辩证统一，相伴相生，彩票投注者千万不能将输赢看得太重，功利性也不可太强，一味贪图不劳而获，结果可能适得其反。

不想当将军的士兵不是个好士兵，同样，不想中大奖的彩民更不是一个标准的彩民。想中奖反映了彩民积极向上的心态，它是一种动力，支撑着每一位彩民继续朝自己既定的目标前进。这时，每个彩民千万要端正自己的心态，不能痴迷、盲目、不顾一切地追求大奖而成为问题彩民。

问题彩民的心理处于应激性的不健康状态，我们称为"彩票中奖综合征"。这些彩民平日里满脑子想的都是彩票号码，看到车牌号、房间号的瞬间都能和彩票号码联系起来，整天思考的也都是如何才能中大奖以及中了大奖后怎么办的问题，严重的甚至影响了自己的工作和家庭的生活。他们普遍具有一个共同的特点：在每期选择投注号码时总是信心百倍、底气十足，认为自己选择的号码一定会中奖，赋予极高的期望值；在等待开奖的时候总觉得心急如焚，坐立不安，患得患失，既想中奖又怕不中奖的复杂心理交织、碰撞在一起；开奖后突然发现没有中奖，立即变得垂头丧气，心理受到很大的打击，如果某一次因为小小的失误与大奖失之交臂，更是捶胸顿足、自责不已。

想中奖固然是好事情，但是把中奖看得太重了乃至影响了正常的工作生活，那说明心态已经转变了，已经往极端的不健康方面发展，而此时也会因为心态的变化，大脑思考和分析问题的角度出现顽固和偏执，从而严重影响思维和判断能力，必然会影响技术的使用和发挥，想一想又怎么会中奖？

作为一个合格的彩民，最重要的就是必须时刻保持头脑的冷静和思维的理性，而这些都是在良好的、正确的心态上才能建立的。虽然每个人都是冲着中大奖的目的而去的，但是具有良好的心态，就可以用清醒的头脑、理性的思维，再结合最佳的选号技术去正确地分析判断当期中奖号码的各种趋势变化，最后制订周密的计划去购买彩票，这样才能高概率地达到中奖的目的。因此，拥有和保持良好的心态是保证中奖的重要基础。

这里强烈建议大家一定要保持"心静、自然"的健康心态去研究、分析、投注彩票号码，那样会受益无穷。

2. 第二点，风险要控制

"2 元可中 1000 万元"，高收益一定伴随着高风险，它们是孪生兄弟。高风险、高收益使彩票市场成为一个风险与收益共存、挑战与机遇共生的地方，而充满挑战和机遇的博彩活动更需要理性的投资策略来指导。

投机是人的天性，无论是谁，无论在哪，都有某种投机性。投机是博彩者存有的普遍心态，这也无可厚非，毕竟不是每个人都能发现彩票的中奖规律。彩市复杂多变，既为投资者提供了盈利的机会，也给投机者带来了获利的可能性。投机者遵循的是风险原则，而投资者遵循安全大于风险的原则。投机的结果不可预知，而投资则要评估项目的风险和收益。投资是战略，投机是战术，赌博则是盲目蛮干。因此，投资眼光远比投机心理好。

众所周知，买彩票是有风险的，而且风险还不小。彩票的风险在于您如果没有中奖，那么您的投资就会颗粒无收。既然有风险，那么我们从投资开始就必须要想办法控制风险，而控制风险的过程其实就是提高中奖概率的过程。只有中奖概率提高了，投注的风险才会降低。

从控制风险的角度来说，一是彩民的投注资金要控制好。一般的工薪阶层每个月投入的购彩资金以不超过月收入的 5% 为宜，这样，彩民不会为购彩资金的支出而影响工作和生活，更不会引起心态上的连锁反应。有些人总想进行一次大的投入来翻本盈利，或总想靠投入所有资金达到中奖目的来改变目前的人生状态，那样只会导致越陷越深不能自拔。二是彩民的投注方法要控制好。双色球玩法蓝球 "16 选 1" 因为中奖率高，每期可选择 2~3 个蓝球进行投注来回收投入资金并控制风险。

目前，分散投资风险也是最常用的手法。"不要把所有的鸡蛋都放在一个篮子里"，应该是博彩者的格言。宁可收益少点，也要使资金安全一些。

3. 第三点，计划要周密

购买彩票，必须行之有法。法就是彩票投资时使用的技法、战法。没有规矩，难成方圆；没有计划，难有成果。彩票游戏之所以深受彩民朋友喜爱，不仅由于它简单有趣、天天开奖，更重要的是，彩票的中奖号码具有可预测性。正如足彩、进球彩游戏，在了解了赛事、球队、教练、队员等相关情况下，极可能对胜、平、负以及进球量有一定的判断把握，从而选对比赛结果，赢得奖金。在购买彩票时，同样可以通过好的选号技术分析历史中奖号码，判断近期或当期极有可能出现的号码，以此制订出彩票投注计划，在有计划的投资过程中获得回报。

以双色球玩法为例，每个彩民不但可以制订单式投注、复式投注的投注计划，更可以制订胆拖投注计划、旋转矩阵投注计划以及根据套餐制订计划进行投注。合买是目前网络上流行的一种由多个人合伙购买彩票的方式，不但降低风险，而且中奖概率还能得到很大提高，值得我们在实战中推广使用。每个人完全可以根据自己的实际情况或资金的使用情况，制订出适合自己的计划实施。

"彩票是智者的游戏，不是愚者的赌局"。通过以上可以清楚地知道，如果掌握一种好的技术，再配合好的心态、好的风险控制、好的投注计划，那么您一定是一个合格的彩民，更会在以后的博彩游戏中获得更大的收益。

第六节　双色球游戏规则

中国福利彩票双色球游戏规则

第一章　总　则

第一条　根据《彩票管理条例》、《彩票管理条例实施细则》、《彩票发行销售管理办法》（财综〔2012〕102号）等有关规定，制定本规则。

第二条　中国福利彩票双色球游戏（以下简称双色球）由中国福利彩票发行管理中心（以下称中国福彩中心）发行和组织销售，由各省、自治区、直辖市福利彩票销售机构（以下称各省福彩机构）在所辖区域内销售。

第三条　双色球采用计算机网络系统发行，在各省福彩机构设置的销售网点销售，定期开奖。

第四条　双色球实行自愿购买，凡购买者均被视为同意并遵守本规则。

第五条　不得向未成年人销售彩票或兑付奖金。

第二章　投　注

第六条　双色球投注区分为红色球号码区和蓝色球号码区，红色球号码区由1~33共33个号码组成，蓝色球号码区由1~16共16个号码组成。投注时选择6个红色球号码和1个蓝色球号码组成一注进行单式投注，每注金额人民币2元。

第七条　购买者可在各省福彩机构设置的销售网点投注。投注号码经投注机打印出兑奖凭证，交购买者保存，此对奖凭证即为双色球彩票。

第八条　购买者可选择机选号码投注、自选号码投注。机选号码投注是指由投注机随机产生投注号码进行投注；自选号码投注是指将购买者选定的号码输入投注机进行投注。

第九条　购买者可选择复式投注。复式投注是指所选号码个数超过单式投注的号码个数，所选号码可组合为每一种单式投注方式的多注彩票的投注。具体规定如下：

（一）红色球号码复式：指从红色球号码中选择 7 个号码以上（含 7 个号码），从蓝色球号码中选择 1 个号码，组合为多注单式投注号码的投注。

（二）蓝色球号码复式：指从红色球号码中选择 6 个号码，从蓝色球号码中选择 2 个号码以上（含 2 个号码），组合为多注单式投注号码的投注。

（三）全复式：指从红色球号码中选择 7 个号码以上（含 7 个号码），从蓝色球号码中选择 2 个号码以上（含 2 个号码），组合为多注单式投注号码的投注。

第十条　购买者可对其选定的投注号码进行多倍投注，投注倍数范围为 2~99 倍。单张彩票的投注金额最高不得超过 20000 元。

第十一条　双色球按期销售，每周销售三期，期号以开奖日界定，按日历年度编排。

第十二条　若因销售终端故障、通信线路故障和投注站信用额度受限等原因造成投注不成功，应退还购买者投注金额。

第三章　设　奖

第十三条　双色球按当期销售额的 50%、15% 和 35% 分别计提彩票奖金、彩票发行费和彩票公益金。彩票奖金分为当期奖金和调节基金，其中，49% 为当期奖金，1% 为调节基金。

第十四条　双色球采取全国统一奖池计奖。

第十五条　双色球奖级设置分为高奖级和低奖级，一等奖和二等奖为高奖级，三至六等奖为低奖级。当期奖金减去当期低奖级奖金为当期高奖级奖金。各奖级和奖金规定如下：

一等奖：当奖池资金低于 1 亿元时，奖金总额为当期高奖级奖金的 75% 与奖池中累积的资金之和，单注奖金按注均分，单注最高限额封顶 500 万元。当奖池资金高于 1 亿元（含）时，奖金总额包括两部分，一部分为当期高奖级奖金的 55% 与奖池中累积的资金之和，单注奖金按注均分，单注最高限额封顶 500 万元；另一部分为当期高奖级奖金的 20%，单注奖金按注均分，单注最高限额封顶 500 万元。

二等奖：奖金总额为当期高奖级奖金的 25%，单注奖金按注均分，单注最高限额封顶 500 万元。

三等奖：单注奖金固定为 3000 元。

四等奖：单注奖金固定为 200 元。

五等奖：单注奖金固定为 10 元。

六等奖：单注奖金固定为 5 元。

第十六条　双色球设置奖池，奖池资金由未中出的高奖级奖金和超出单注奖金封顶限额部分的奖金组成，奖池资金用于支付一等奖奖金。

第十七条　调节基金包括按销售总额的 1% 提取部分，逾期未退票的票款，浮动奖奖金按元取整后的余额。调节基金用于支付不可预见的奖金支出风险，以及设立特别奖。动用调节基金设立特别奖，应报财政部审核批准。

第十八条　当一等奖的单注奖金低于二等奖的单注奖金时，将一等奖和二等奖的奖金总额相加，由一等奖和二等奖的中奖者按注均分；当二等奖的单注奖金低于三等奖单注奖金的两倍时，由调节基金将二等奖的单注奖金补足为三等奖单注奖金的两倍。

第十九条　双色球的当期奖金和奖池资金不足以兑付当期中奖奖金时，由调节基金补足，调节基金不足时，用彩票兑奖周转金垫支。在出现彩票兑奖周转金垫支的情况下，当调节基金有资金滚入时优先偿还垫支的彩票兑奖周转金。

第四章　开　奖

第二十条　双色球由中国福彩中心统一开奖，每周二、四、日开奖。

第二十一条　双色球每期开奖时，在公证人员封存销售数据资料之后，并在其监督下通过摇奖器确定开奖号码。摇奖时先摇出 6 个红色球号码，再摇出 1 个蓝色球号码。

第二十二条　每期开奖后，中国福彩中心和各省福彩机构应向社会公布开奖号码、当期销售总额、各奖级中奖情况及奖池资金余额等信息，并将开奖结果通知销售网点。

第五章　中　奖

第二十三条　双色球根据购买者所选单式投注号码（复式投注按其包含的每一注单式投注计）与当期开奖号码的相符情况，确定相应的中奖资格。具体规定如下：

一等奖：投注号码与当期开奖号码全部相同（顺序不限，下同），即中奖；

二等奖：投注号码与当期开奖号码中的 6 个红色球号码相同，即中奖；

三等奖：投注号码与当期开奖号码中的任意 5 个红色球号码和 1 个蓝色球号码相同，即中奖；

四等奖：投注号码与当期开奖号码中的任意 5 个红色球号码相同，或与任意 4 个红色球号码和 1 个蓝色球号码相同，即中奖；

五等奖：投注号码与当期开奖号码中的任意 4 个红色球号码相同，或与任意 3 个红色球号码和 1 个蓝色球号码相同，即中奖；

六等奖：投注号码与当期开奖号码中的 1 个蓝色球号码相同，即中奖。

第二十四条　高奖级中奖者按各奖级的中奖注数均分该奖级奖金，并以元为单位取整计算；低奖级中奖者按各奖级的单注固定奖金获得相应奖金。

第二十五条　当期每注投注号码只有一次中奖机会，不能兼中兼得，特别设奖除外。

第六章　兑　奖

第二十六条　双色球兑奖当期有效。中奖者应当自开奖之日起 60 个自然日内，持中奖彩票到指定的地点兑奖。逾期未兑奖视为弃奖，弃奖奖金纳入彩票公益金。

第二十七条　中奖彩票为中奖唯一凭证，中奖彩票因玷污、损坏等原因不能正确识别的，不能兑奖。

第二十八条　兑奖机构可以查验中奖者的中奖彩票及有效身份证件，中奖者兑奖时应予配合。

第七章　附　则

第二十九条　本规则自批准之日起执行。

中国福利彩票发行管理中心

附：设奖及中奖奖金图表

奖级	中奖条件		奖金分配	说明
	红色球号码	蓝色球号码		
一等奖	●●●●●●	●	当奖池资金低于1亿元时，一等奖奖金总额为当期高奖级奖金的75%与奖池中累积的奖金之和，单注奖金按注均分，单注最高限额封顶500万元。 当奖池资金高于1亿元（含）时，一等奖奖金总额包括两部分：一部分为当期高奖级奖金的55%与奖池中累积的奖金之和，单注奖金按注均分，单注最高限额封顶500万元；另一部分为当期高奖级奖金的20%，单注奖金按注均分，单注最高限额封顶500万元	选6+1中6+1
二等奖	●●●●●●		二等奖奖金总额为当期高奖级奖金的25%，单注奖金按注均分，单注最高限额封顶500万元	选6+1中6+0
三等奖	●●●●●	●	单注奖金额固定为3000元	选6+1中5+1
四等奖	●●●●●		单注奖金额固定为200元	选6+1中5+0或中4+1
	●●●●	●		
五等奖	●●●●		单注奖金额固定为10元	选6+1中4+0或中3+1
	●●●	●		
六等奖	●●	●	单注奖金额固定为5元	选6+1中2+1或中1+1或中0+1
	●	●		
		●		